U0571733

本书获得国家社会科学基金项目"裁员频次与工作不安全感的全效应研究"（项目批准号：20BGL133）和2025年中央一流学科建设引导专项"华东理工大学工商管理学科博士点建设"（项目批准号：SLN00254003）的资助

裁员幸存者

心理与行为效应研究

A STUDY ON THE PSYCHOLOGICAL AND BEHAVIORAL RESPONSES OF LAYOFFS URVIVORS

关涛　殷玉芳 ◎ 著

经济管理出版社
ECONOMY & MANAGEMENT PUBLISHING HOUSE

图书在版编目（CIP）数据

裁员幸存者心理与行为效应研究 / 关涛，殷玉芳著.
北京 ：经济管理出版社，2024. -- ISBN 978-7-5096
-9981-2

Ⅰ. F272.92

中国国家版本馆 CIP 数据核字第 20246CU274 号

组稿编辑：杜　菲
责任编辑：杜　菲
责任印制：许　艳
责任校对：陈　颖

出版发行：经济管理出版社
　　　　　（北京市海淀区北蜂窝 8 号中雅大厦 A 座 11 层　100038）
网　　址：www.E-mp.com.cn
电　　话：（010）51915602
印　　刷：唐山玺诚印务有限公司
经　　销：新华书店
开　　本：720mm×1000mm/16
印　　张：15
字　　数：231 千字
版　　次：2025 年 1 月第 1 版　2025 年 1 月第 1 次印刷
书　　号：ISBN 978-7-5096-9981-2
定　　价：88.00 元

·版权所有　翻印必究·
凡购本社图书，如有印装错误，由本社发行部负责调换。
联系地址：北京市海淀区北蜂窝 8 号中雅大厦 11 层
电话：（010）68022974　邮编：100038

前　言

　　本书是国家社科基金项目"裁员频次与工作不安全感的全效应研究"（项目批准号：20BGL133）的研究成果，本书探讨的核心问题是"裁员幸存者综合症"的发生路径。企业裁员的目的是实现"减员增效"，但为什么企业在裁员后并没有达到预期？为什么企业减员的效果与实际增效结果不成正比？是什么因素在影响裁员后留用员工的工作表现？本书研究团队尝试找出上述问题的答案。在裁员已经成为普遍现象的今天，这个研究课题就有了很强的现实背景和时代特征。

　　"裁员潮"是全球经济发展中令人瞩目的现象。不少国内外知名企业都进行了不同比例的裁员，而不知名企业的裁员事例更是数不胜数。相关研究大多关注裁员原因及被裁员工善后事宜，对裁员后果主要关注是否实现"减员增效"，而少有文献关注裁员后留用员工，即"裁员幸存者"的心理和行为变化及其对企业的利弊影响。事实上，由于是否被裁的不可预测性及对企业未来裁员的不确定性预期，以工作不安全感为主要特征的"裁员幸存者综合症"在留用员工中普遍存在。现有文献主要关注裁员幸存者的负面心理导致的消极行为。事实上，员工在裁员之后的心理和行为是复杂的，裁员增加了员工的不确定性预期，有些员工为了以后不被裁掉，可能会积极表现，而有些员工存在"你不仁，我不义"的心态，导致更多的破坏行为，如贪墨侵占公司财产等，这是以往研究均未涉及的。另外，许多公司的裁员并非一次性的，而是分批多次实施，这种多频次裁员对员工心理和行为的影响尚未可知。特别是为什么裁员幸存者被留用后并没有表现出预想的工作积极性？裁员是为了实现"减员增效"，但留用员工的工作效率不升反降这一现象很容易就被观察到。回答这个问题的关键是剖析留用员工在裁员后的心理变化，只有解释了这个问题，才能真正理解裁员幸存者的行为反应。

从2013年关注裁员幸存者综合症开始，笔者持续观察留用员工在组织中的表现，并从国内外文献中收集相关的信息。经过持续数年大量的访谈调研发现，裁员次数的多少会显著影响裁员幸存者的心理反应，尤其对他们的工作不安全感的影响最为直接，同时工作不安全会进一步引发后续的负面心理和行为。不经意间笔者发现了裁员综合症的表现形式，并构建了裁员频次放大留用员工工作不安全感及引发后续心理和行为变化的链式调节中介模型。本书是经验研究的过程和结果记录，主要使用定量数据和定性资料检验相应的模型假说。本书的研究选题较为细致入微，聚焦于裁员情境下组织中的某一类个体特征，即裁员幸存者的心理和行为表现。就研究方法而言，如大多数经验研究一样，本书也不得不使用一些数据分析工具和方法。坦率的讲，本书用到的数据分析方法是最基本的，也是较为常见的，没有超出回归统计分析的范畴，对受过基本数据分析方法训练的读者来说，读这本书不应该有困难。

本书的理论逻辑根植于管理学的资源保存理论和社会交换理论，试图用基本的理论解释裁员幸存者综合症这个应被重视但又易被忽视的现象，这也是写作本书的一个目的。本书写作的另一个目的是希冀管理者能够打破裁员可以"提质增效"的常识，使管理者认清裁员背后的真实情况。虽然裁员是企业组织重构与战略调整的常用手段，但实际上，裁员幸存者作为留在组织工作的群体，对裁员事件的反应将直接影响裁员后的运营效率。在裁员形势日趋严峻的今天，如何做出裁员决策是管理者需要谨慎考虑的，这事关社会稳定，因而对裁员幸存者的研究也是当今和以后很重要的课题。

本书是研究团队集体合作的成果，具体分工如下：关涛负责选题构思、建模与国家社科基金课题的申请，并负责问卷和访谈设计、数据与访谈资料的收集以及统稿把关；博士生殷玉芳负责课题研究前期的文献梳理与课题论证，并负责本书初稿的修订和统稿工作。在本书的初稿撰写中，博士生钟舒婷负责本书第 3 章、第 6 章和第 7 章；博士生王睿负责第 5 章；硕士生钱勇、王苏杭和陈晓燕分别负责第 1 章、第 2 章和第 4 章。本书是对裁员幸存者综合症的发生路径进行详细解读的尝试，不可避免地存在一些不足和局限之处，恳请读者批评指正。

2024 年 9 月 6 日于华东理工大学商学院

目　录

1 引言

1.1 研究背景

"裁员"首次提出是在 20 世纪 70 年代，源于美国的汽车工业革命。当时，美国汽车公司为应对石油能源安全危机，不得不放弃生产超大尺寸的汽车，转而生产性能合理、经济实惠的小型家用汽车，这一生产措施正式被命名为"裁员"。此时，术语"裁员"仅用来定义汽车制造商缩小尺寸。直到 80 年代，美国政府和企业为应对经济衰退压力，开始大规模削减员工数量，"裁员"这一术语首次被用于人员削减的过程。

以前，裁员是组织为应对经济危机或外部市场困境的被动性手段；现在，裁员已经成为企业在全球化竞争中保持竞争力和利润率的主动性战略手段。它不仅是各个国家企业组织生活中的常态，更改变了数以万计的企业、政府机构及世界各地数百万劳动者的生活。

失业与裁员是如影相伴的，从宏观经济角度看到的失业就意味着微观角度的裁员，这也是经济危机时期的应对策略之一。

1.1.1　大萧条时期的失业与裁员

20 世纪二三十年代的经济大萧条影响了全世界的政治和经济格局。大萧条开始于 1929 年 10 月 24 日，美国华尔街股市突然暴跌，美国金融界崩溃，人们疯狂抛售手中持有的股票，美国企业和政府虽出招救市，但股价仍然狂跌不止，截止到 11 月中旬，美国股市中所有股票价格均下降 40% 以上，证券持有人损失高达 260 亿美元，从而引发了一场经济危机，致使美国的各个经济部门遭受重创（福克讷，1964）。首先，在金融行业，大量银行倒闭，且每年倒闭数量不断递增，从 1929 年的 659 家上升至 1932 年的 1353 家，每年倒闭数量分别为 5.6%、10.5%、7.8% 和 12.9%。到 1933 年，破产加上停业整顿的银行数量达到 4000 多家，所占比例将近 28.2%。至 1933 年底，美国至少有 5000 家银行倒闭，仅有危机前的一半银行在继续经营。其次，在工业方面，美国工业企业开工率大幅度下滑。1929 年，制造业开工率达到 82%，但到了 1933 年只剩下 42%，下降了将近一半；炼钢业开工率从 88.5% 下降至 19.5%，甚至在 1932 年 7 月，仅以 12% 的生产能力运转。工业产量大幅度下降，1930 年工业产量较 1929 年下降 17%，整个大萧条期间，工业总产量下降将近一半。汽车工业下降将近 95%，即使是通用汽车公司，其生产量也从 1929 年的 550 万辆下降到 1931 年的 250 万辆。再次，在农业方面，自第一次世界大战之后，美国农业发展就处于萧条状态，农产品价格除了偶尔几次的上涨之外，大部分时间均以下跌为主，加之与工业制造业争夺劳动力，农业工人的工资涨幅巨大，农业税费也有显著提升，农场主的经济境况十分恶劣。而大萧条时期的到来，使农业发展陷入更深的困境。在股市崩盘后，农产品价格迅速下跌，整个大萧条期间农产品价格下跌幅度超过 54.1%，是工业产品下跌幅度的两倍。农业收入不断下降，1930 年农业收入下降 20%，到 1931 年，农业收入再次下降 30%，大萧条对美国农业经济的影响如图 1-1 所示。最后，在商品贸易方面，由于出现商品严重供大于求的局面，企业家为了保障价格，出现销毁过剩产品的现象，但商品批发价格仍下跌了近

1/3，商品贸易下降 2/3 以上。

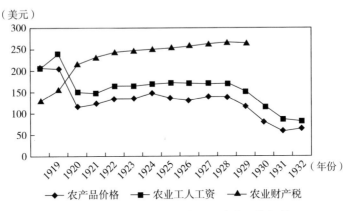

图 1-1　1919~1932 年美国农业经济主要指标情况

资料来源：福克讷．美国经济史（下）［M］．商务印书馆，1964.

　　大萧条时期除了重创美国经济，也极大程度地影响了美国人民的生活，导致很多人失业，甚至经历着饥饿和无家可归的痛苦。大萧条时期到来之后，美国失业人数激增，1930 年就业指数下降 12.8%，失业人数达到 434 万人，1931 年就业指数继续下降 12%，失业人数达到 802 万人；1932 年就业指数再次下降 12.6%，失业人数达到 1206 万人。根据当年 9 月的《财富》杂志估计，当时美国有 3400 万成年人没有任何收入，占到美国当时人口总数的 28%，且该数字不包含 1100 万农业人口；至 1933 年就业指数虽有上升，但失业人数继续增加，突破 1300 万人，如表 1-1 所示。据统计，大萧条时期美国至少 1600 万人失业，占美国劳工总数的 1/4，并且失业率高达 25% 左右，共有 8 万多家企业破产。

表 1-1　1930~1933 年美国就业指数和失业人数

年份	就业指数（%）	失业人数（万人）
1930	84.7	434
1931	72.7	802

续表

年份	就业指数（%）	失业人数（万人）
1932	60.1	1206
1933	64.5	1300

资料来源：美国劳工部。

同时，德国、法国、英国等老牌资本主义国家也无法顶住经济大萧条的压力，破产的企业数不胜数，若干员工失去工作机会，失业率居高不下。在整个大萧条期间，德国工业总产值较 1928 年下降 70%，工人实际工资下降 70%，导致德国工业人口失业率一度高达 35%，最高峰时以每月 6 万人的数量增加。截至 1932 年，当时只有 6400 万人口的德国失业人数高达 600 万人，并且失业人口持续增加，到 1933 年达到 800 万人。法国经济在危机中也出现严重衰退。首先，工业生产下降了 36%，其中，煤产量下降 15.8%、生铁产量下降 46.6%、钢产量下降 41.9%、棉花消费量下降 38.3%。其他工业部门的生产量都下降 40% 以上。其次，大企业生产萎缩，大量中小企业、银行倒闭破产，失业率激增。1930 年，法国有 6000 多家企业宣告倒闭破产，1935 年破产企业达 13370 家。在危机期间，还有 670 家银行倒闭破产，其中包括著名的老字号滨海布格涅的亚当银行。再次，失业人数猛增，1932 年法国失业人数为 26 万人，1935 年飙升为 43 万人。此外，还有成千上万的半失业者。同一时期，英国在 1929 年失业人数为 116 万人，1930 年上升 70 多万人，达到 191 万人，1931 年更是飙升至 271 万人，1932 年继续上升为 284 万人，1933 年降为 250 万人。在整个危机期间，英国的平均失业率为 22% 以上。

大萧条时期带来的通货紧缩让全球农产品价格暴跌，给当时的中国带来了严重影响，使中国的农产品价格连年下跌，致使中国农民现金收入急剧减少，失去了基本消费能力，对棉纱、棉布、煤油等工业品的需求大大降低，而且由于全球经济萎缩，需求大大减少，导致中国蚕丝业出口量和出口额严重下滑。根据资料显示，美国在 1929 年对华进口生丝量为 4.06

万公担，从 1930 年开始下降 0.3 万公担，降为 3.72 万公担，1931 年再次
下降为 2.78 万公担，到 1932 年仅进口 1.81 万公担，如表 1-2 所示。整
个危机时期，美国对华进口生丝量比 1929 年压缩 55%，严重阻碍了刚刚
兴起的民族工业。

表 1-2　1929~1932 年中国生丝出口至美国情况　　　单位：公担

年份	白丝	白经丝	白厂丝	黄丝	黄经丝	黄厂丝	灰丝	灰厂丝	总计
1929	—	3753	24732	—	10	3664	—	8486	40645
1930	—	1101	23847	—	10	3630		8676	37264
1931	5	1120	17491	1	—	5443		3787	27847
1932	40	533	16680	10		869		10	18142

注："—"为数据不详。

资料来源：China the Maritime Customs Statistical Series：No. 3 to 5，Foreign Trade of China，Part
Ⅱ：Analysis Vol. Ⅱ：Exports，Published by Order of the Inspector General of Customs. Shanghai
1925-1933.

另外，随着世界主流国家放弃金本位制，当时中国的货币大幅贬
值，汇率急速上升，商品竞争力进一步下降，出现巨额贸易逆差，加剧白
银外流速度。据估计，仅 1934~1935 年这两年，中国白银净流出 4.3 亿盎
司，导致国内通货紧缩，上海金融市场崩溃，上千家企业一夜之间倒
闭，成千上万人失去工作，无家可归。

大萧条时期的裁员虽没有称为裁员，但从宏观经济层面来看，失业确
实是被动的裁员。对于没有倒闭或破产的企业而言，裁员已经真实发
生，也是他们渡过经济危机和大萧条的一种手段。

1.1.2　石油危机时期的裁员

20 世纪 70 年代发生的两次石油危机，造成当时资本主义世界范围内
全球性的通货膨胀和经济衰退，这两次能源危机与 30 年代的"大萧条"
被经济学家并列称为"20 世纪全球经济的两大黑暗时刻"。

第一次石油危机爆发于 1973 年，石油输出国组织（OPEC）为声援第四次中东战争中的埃及和叙利亚，对以美国为首的支持以色列的国家实行了石油禁运和减产，使油价暴涨，这次危机造成了第二次世界大战之后最严重的经济危机，西方工业化国家无一幸免。在长达 3 年的石油危机中，全球石油产量下降了 8.8%，而需求却持续增长，导致石油市场严重失衡，对全球经济造成巨大冲击，由此引发了通货膨胀、经济衰退、人员失业、贸易逆差等。其中美国经济下降 14% 左右，工业生产总值从 1973 年 10 月的 1.46 万亿美元下降到 1975 年 6 月的 1.31 万亿美元，降幅高达 8%；同期 CPI 由 6.2% 上升至 11%，GDP 由危机前的 5.6% 下降为 -0.5%，如图 1-2 所示。日本经济则遭受更为严重的冲击，经济下降超过 20%，GDP 由 1973 年的 8.03% 下降至 1974 年的 -1.23%，降幅超过 9%。同期英国经济下滑将近 1 年，GDP 下降了 3.97%。联邦德国经济下滑则持续 1 年以上。

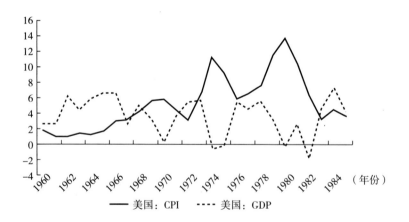

图 1-2　1960~1984 年美国的 CPI 和 GDP 指数

资料来源：美国劳工部。

第二次石油危机始于 1978 年底，由于"两伊战争"爆发，再次导致国际原油价格飙升。美国工业总产值下降 0.23%，GDP 由 5.5% 下降至

-0.3%，同期 CPI 飙涨至 14% 附近，如图 1-2 所示。英国 GDP 则是下降 2.06%；唯独日本因严控通货膨胀和汽车产业的迅猛发展而获益，避免了大幅冲击，GDP 虽从高位的 5.48% 下降至 2.82%，但仍然保持了正增长。

两次石油危机不仅严重打击了美国、日本等资本主义国家经济，也导致其生活水平严重下降，企业接连倒闭，失业人数暴增。美国在石油危机之前的失业率保持在 4% 左右，但在第一次石油危机期间达到 8% 左右，在 1982 年底飙升至 10.8%，出现恶性失业，直到 1988 年才下降至 5.4%，如图 1-3 所示。危机爆发后，面对高昂的石油价格，美国传统工业如钢铁、汽车等产业一蹶不振，其中汽车行业在此期间不断出现亏损和倒闭，即使是美国最大的三家汽车企业也出现亏损，亏损金额高达 10 亿美元，无数汽车产业工人失业（宿景祥，1992）。

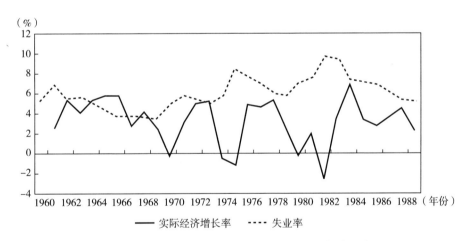

图 1-3　1960~1989 年美国实际经济增长率与失业率

资料来源：宿景祥. 美国经济统计手册 [M]. 时事出版社，1992.

同期日本企业倒闭数量不断攀升，据统计，1973 年日本企业倒闭破产事件高达 8202 件，且 3 年内不断上升，1974 年上升至 11681 件，1975 年上升至 12696 件。与之对应的完全失业者和失业率不断上升，1973 年完全失业 67 万人，失业率为 1.2%；1974 年失业人数达到 74 万人，失业率为 1.3%；1975 年失业人数飙增 20 多万人，达到 100 万人，失业率达到高点 1.8%。

英国也有大量中小企业破产，仅 1974 年上半年破产企业就达到 2661 家，比同期增加 10%，其中连一些垄断集团也活在破产的边缘。例如，英国最大的造船工业和旅游集团之一——考来因集团，造船工业在同年 6 月被政府收购，旅游产业在同年 8 月停止经营；英国最大的国防和电子企业之一——法朗蒂在透支 1800 万英镑贷款后仍濒临破产，最终只能向政府求救。企业倒闭带来失业人数的增长。根据资料显示，英国 1974 年下半年失业人数不断攀升，7 月失业人数达到 60 多万人；8 月增加至 69 万人，环比增加 15%，成为"二战"后失业人数增长最多的一个月；10 月失业人数达到 62 万人，并在当月，英国最大的航空公司之一——喀里多尼亚航空公司宣布裁去 12% 的英国职工，裁去 25% 的国外职工，共裁员 800 多人；当年 11 月失业人数再次上升至 65 万人，占当时英国就业总数的 2.6% ~ 3%。

1.1.3 日本经济泡沫时期的裁员

日本经济泡沫是在 20 世纪 80 年代后期逐渐形成的。1985 年，日本同美国、德国、英国、法国四国在美国广场酒店签订《广场协议》后不断升值日元，使市场上的金融资本不断涌入日本股票和房地产领域，并最终在 1990 年双双硬着陆。从 1990 年开始，日本的房地产价格一路下跌，以东京为例，1993 年，商业用地的价格下降了 72.5%，其中 1997 年的价格比 1993 年还要低；而住宅用地的情况略好一些，但价格也下滑了 55%。另外，日本股票市场迅速崩溃，日经指数由 1989 年的 39000 点狂跌到 1992 年的 14000 点，少了近 2/3。根据西方经济学家估计，日本泡沫经济所带来的直接损失超过了 6 万亿美元。

同时，泡沫经济破裂后，日本企业承担的债务额不断上升，很多日本企业不得不破产倒闭。日本企业破产倒闭在 1991 年突破每年 1 万件的关口，在 1993 年达到每年 1.5 万件，在 1998 年突破每年 2 万件。另外，即使在破产倒闭中存活下来的企业，也不得不进行大规模裁员，一些日本著名大企业裁员少则千人，多则十几万人。根据统计，泡沫破灭后，日本电信电话总计裁员 11 万人、日产汽车裁员 3.5 万人、日立裁员 2 万人、东芝裁员 1.8 万人、富士通裁员 1.6 万人、三菱汽车裁员 1.4 万人等，如表 1-3 所示。

表 1-3　经济破灭后，日本著名大企业裁员人数　　单位：万人

实施大裁员的企业	裁员人数
日本电信电话（NTT）	11
日产汽车	3.5
日立	2.0
东芝	1.8
富士通	1.6
三菱汽车	1.4
三菱电机	0.8
松下电器	0.5
马自达汽车	0.65
NEC	0.4
丰田汽车	0.2
本田	0.1

资料来源：蔡林海，翟锋 . 前车之鉴：日本的经济泡沫与"失去的十年"［M］. 经济科学出版社，2007.

企业倒闭、破产或裁员必然导致失业率攀升，据统计，1991～2000 年日本的完全失业率从 2.1％上升到 4.7％；失业人口从 1990 年的 134 万人增加到 1999 年的 317 万人；2001 年年平均失业率在 5％上下，曾达到 5.3％的历史高位。

1.1.4　次贷危机时期的裁员

2007 年，次级抵押贷款市场动荡引起的金融危机开始在美国酝酿。随着美国经济的恶化，美元持续贬值并跌破历史低点。2008 年 3 月，美元深幅下挫，全球通胀接近失控，越南爆发恶性通胀，其金融体系顷刻崩溃。

2008年9月，资产规模达6000多亿美元的雷曼兄弟银行申请破产，规模更大的美林银行被美国银行收购，"两房"被联邦政府住房金融局接管。10月，全球股市恐慌暴跌，全球六大央行联袂降息，但仍然未能缓解市场忧虑情绪，道琼斯指数失守9000点大关，全球股市继续暴跌。在整个危机期间，美国失业率不断攀升，2007年失业率为4.6%，2008年上升到5.8%，2009年1月失业率为7.6%，2009年5月上升到9.4%。

雷曼兄弟破产和美林公司被收购，标志着金融危机的全面爆发。全球金融银行和投行都受到波及，高盛在2008年裁减了10%的工作岗位，甚至包括400名昂贵员工，同期欧洲最大的银行——汇丰银行因次级债亏损8.8亿欧元，难以维持业务，选择关闭部门，裁员750人。同年3月，美林银行宣布停止旗下次贷业务，裁员650人。综合2008年前5个月的数据显示，全球金融大鳄累计减持3190亿美元，各银行和投行先后裁掉4.8万个职位，并且根据统计显示，截至2008年10月，全球金融界裁员超过13万人。

同时，次贷危机引发的裁员浪潮蔓延至各行各业，同期百事可乐裁员3000多人；工业仪器生产商——丹纳赫集团裁减千余工人；连续亏损长达1年的美国第二大电子零售商——电路城也被迫考虑关闭150家分店，同时裁减数千员工；网络公司雅虎裁员1000人以上；日本索尼公司更是裁员超1.6万人，并且据调查显示，56%左右的高管预期2009年开始实施裁员紧缩政策。

2012年继次贷危机之后，因通货膨胀等问题，新一轮的全球裁员再次席卷而来。此次裁员浪潮从2011年便初现端倪，首当其冲的是金融业。2011年6月开始，英国莱斯银行和劳埃德银行便以削减开支为由宣布裁员计划，紧接其后，汇丰银行于8月初宣布裁员3万人，占其员工总量的10%，英国巴克莱银行和苏格兰银行宣布分别裁员3000人和2000人。此外，瑞士银行、瑞士信贷、西班牙Bankia银行、意大利联合圣保罗银行和法国巴黎银行等多家欧洲银行均披露裁员计划。

2012年后的裁员事件同样引人关注。金融行业延续了裁员的做法，如摩根士丹利计划从当年 1 月起裁减 1600 名员工。美国运通公司宣布裁员 5400 人以削减成本，并借此进行业务调整。2012 年底，花旗集团同样进行了规模超万人的裁员，英国的银行、保险和其他金融企业在 2012 年最后 3 个月间裁员约 2.5 万人，据统计全球金融企业 2012 年 1 年裁员超过 11.5 万人。

同时，裁员也蔓延至其他行业。在科技行业，松下集团于 2012 年 5 月对外宣布了裁员计划，将其全球员工数量缩减至 33 万人，裁员 10%，人数达 3.6 万人之多。几乎在同时，惠普宣布削减 3 万个工作岗位，削减 8% 的员工数量。紧接着，诺基亚宣布在 2013 年底前节约 16 亿欧元的生产成本，裁员约 1 万人。此外，索尼、夏普、摩托罗拉等公司也纷纷计划缩减员工规模。其他行业也陷入裁员浪潮，宝洁宣布裁员 4100 人，百事可乐裁员 8700 人，Hostess Brands（美国著名面包生产商）宣布由于要出售资产、关闭业务，裁员 1.85 万人，成为 2012 年第二大裁员来源。

1.1.5　中国发展过程中的几次裁员潮

中国改革开放 40 多年来，经济不断朝着新方向发展，但这 40 多年间，也出现过几次规模较大的裁员潮。20 世纪 90 年代中后期，随着改革开放和市场经济的发展，产业结构发生变化，许多国有企业面临连年亏损和冗员过多等问题，国有企业迎来了规模宏大的改革浪潮，在全国范围内掀起声势浩大的下岗潮。1993~2001 年，共有 40 万家国有企业倒闭，超过 4000 万工人下岗等待就业。《2000 年国民经济和社会发展统计公报》披露，2000 年末国有企业下岗职工 657 万人，山东省在当年 5 月比上一年失业人数净增 8 万人，再就业率仅为 19.8%；广东省 1~4 月新增下岗职工 7 万人。据统计，当年国有企业职工从 7500 万人精简至 6000 万人。

2008 年的次贷危机也给我国带来了严重影响，我国沿海一大批出口企业倒闭，大批工人被裁或被迫无限期休假。2008 年 10 月 15 日，全球最大玩具制造商之一——合俊集团旗下两家工厂倒闭，6500 名员工面临失业，这是受金融危机影响，我国实体企业倒闭规模最大的案例。2008 年浙江温州大部分中小企业精简的人员约占企业总人数的20%。至2008年11月底，广州城镇登记失业率为2.35%，比2007年底的2.23%高出0.21个百分点，这个百分比上升带来广州净增失业人数1万多人。珠三角7万家港资企业中，有1/4倒闭。图1-4和图1-5为2008~2009年全球和中国裁员人数变化，描述了全球与我国裁员情况的变化趋势。从曲线可以看出，国内裁员情况与国际基本趋同，裁员事件和裁员人数都于2008年11月前后达到最高点。

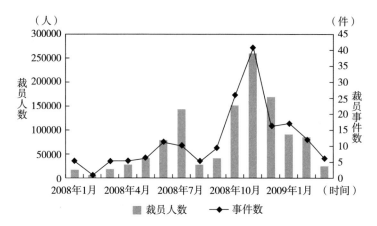

图1-4　2008年1月~2009年3月全球裁员人数及变化

资料来源：中国人力资源网．裁裁减减这一年．

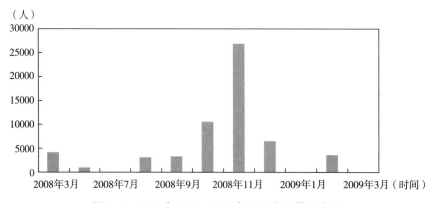

图1-5　2008年3月~2009年3月中国裁员人数

资料来源：中国人力资源网．裁裁减减这一年．

2019 年，中国各大互联网企业开始裁员，有些企业的裁员比例高达 60%。例如，知乎裁员超过 300 人，裁员比例高达 20%；锤子科技裁员 60%，仅剩下 40%的员工；滴滴宣布对非主业进行"关停并转"，并对业务重组带来的岗位重叠和绩效不达标的员工进行减员，整体裁员比例占全员的 15%，涉及 2000 人左右；摩拜对与美团有业务重叠的部门人员进行优化，如市场、财务、技术等，整体裁员比例在 20%~30%；京东集团开年大会上宣布 2019 年将末位淘汰 10%的副总裁级别以上的高管。

2021 年 7 月，随着"双减"政策的出台，裁员浪潮席卷整个行业，字节教育、高途、好未来、猿辅导、新东方、掌门 1 对 1、火花思维等教育机构纷纷启动裁员程序。当年 9 月，新东方总经理俞敏洪公开露面，宣布新东方将调整业务方向，重新回归大学生业务，逐步关停中小学科业务，共裁员超 4 万人；成立刚 3 年的字节教育急流勇退，调整教育业务，优化业务线，仅留下智能学习对公、大力智能、成人业务，优化人员达到 3000 人，仅留下 5000 人；高途教育宣布裁员 30%，其中关停少儿启蒙业务就涉及裁员近 1000 人；猿辅导此前在职员工 6 万人，政策出台后仅保留 1 万员工；其余教培机构也纷纷砍掉 K12 教育业务，近百万教培从业人员被裁。

1.1.6 裁员对员工的影响

裁员不仅仅给被裁员工带来了经济、心理的多重伤害，也给裁员幸存者带来一些"变化"。一些留下的员工心情复杂，既有劫后余生的惊喜，也伴随恐慌，害怕自己下一次就有可能成为公司放弃的员工，所以他们不得不改变。首先，员工可能改正已经懒散的态度，开始认认真真工作，公司内浑水摸鱼的人减少了；其次，员工更加节省，许多员工对金钱更加精打细算，对于日常开支更加有规划。

其实，相较于被主要关注的被裁人员，那些在裁员浪潮中存活下来的幸存者的命运更加艰辛。无论是否被裁，首先，员工都得面对失去同事、朋友的痛苦，重新开始"新生活"；其次，裁员带来的变动会导致幸存者的不满和不安，进而影响后续的工作表现和工作态度。根据大量对裁员幸存者的报告显示，当幸存者与被裁人员之间没有特别关系时，幸存者会说服自己裁员的合理性，这种解释会提高自身的生产力，但却降低了士气；另一种更常见的心理是幸存者内疚，幸存者对同事被解雇感到痛苦、愤怒和厌恶，从而导致生产率下降，甚至离职。

大量关于裁员幸存者的研究显示，当公司发生裁员后，会对幸存者产生极大的工作不安全感（Brockner，1992），这种不安全感与其投入的工作努力呈倒 U 型关系。当裁员比例较低时，幸存者对裁员无所畏惧，不安全感较低，甚至可能因自满而没有动力，他们不相信会有更多的裁员，从而导致工作投入的降低；反之，当裁员现象频繁发生或超额裁员时，幸存者认为会有更多的裁员，且他们相信自己后续也会失业，就会产生无助感，从而削弱工作动机；而只有中等水平的工作不安全感会增加更多的工作努力。同时，尚航标和郑爱欣（2022）发现裁员行为给员工带来的工作不安会加速能量消耗、产生身心健康问题。具体而言，一方面幸存者会产生焦虑与担忧，另一方面他们又需要投入大量精力来应对不安全感，而个人精力、能量的损耗会导致员工身心健康状况下降，产生失眠、体力下降、疲劳和抑郁等。

在市场竞争日益激烈的今天，裁员已经成为企业进行资源重新配置的战略手段，裁员会牵连三类人，分别是裁员执行者、被裁员工和裁员幸存者。此前大量研究主要集中在被裁员工层面，忽视了对裁员幸存者心理和行为的探究，认为裁员幸存者可能会因为保住工作而暗自高兴，从而更加积极地投入到工作中。但事实并非如此，裁员幸存者在经历"裁员事件"后，可能会如惊弓之鸟，战战兢兢，对组织失去信任，工作不安全感增加，害怕自己可能会成为下一次被裁人员，从而表现出士气低下，工作效率降低，甚至可能表现出对组织的憎恶，最终主动离职；但裁员幸存者也可能会因为"裁员事件"带来的不安全感，为了避免以后被裁员，从而更加努力的工作，不断提高工作效率。因此，对于裁员幸存者不同的"灾后余生综合症"现象，裁员幸存者系统性的行为表现、原因、发展路径和多样化的结果是亟须研究的重要课题。

1.2 研究内容

本书以裁员幸存者为研究对象，使用多频次裁员后的工作不安全感为诱因，通过资源保存理论和社会交换理论，深入揭示了裁员幸存者多种负面行为的产生路径和不同的心理路径。此外，考虑了职业高原等权变因素的影响。为了增加研究结论的可靠性，还将从未发生过裁员活动的企业员工设为对照组进行比对分析。本书内容主要从以下六个方面展开：

（1）验证裁员频次对幸存者工作不安全感产生的促进作用。研究结果表明，与未裁员的企业相比，经历过裁员的企业会使幸存者对未来的裁员风险产生不确定性的预期，这种预期会导致工作不安全感的产生。而且，过去的裁员经历越多，幸存者对未来企业是否会再次裁员的不确定性预期就越强烈，从而使工作不安全感随之升高。

（2）验证裁员幸存者的虚幻控制感及其行为反应。在面对工作不安全感时，幸存者会产生对未来工作前途的焦虑和不安，导致心理压力和其他负面情绪反应。这些负面心理和情绪意味着情绪资源的流失，从资源保存理论的角度来看，幸存者有保存或弥补自己情绪资源的动机。为了减少不安全感，幸存者会积极与企业进行社会交换，用努力工作来换取未来不被裁掉的机会，从而"保住工作"。然而，当幸存者发现无法有效阻挡资源流失时，他们会认为裁员会更加频繁，未来的资源只会继续减少。为了避免进一步的损失，幸存者会及时止损，降低工作状态。这种态度转变会降低幸存者的虚幻控制感，进而导致他们的工作投入和组织公民行为（OCB）的降低。

（3）验证裁员幸存者的组织承诺和工作满意度及其行为反应。从社会交换理论的角度来看，如果裁员幸存者因工作不安全感导致情绪资源减少，他们可能会选择降低自己的组织承诺和工作满意度来匹配较低的情绪资源，从而实现与企业的交换平衡和个人心理平衡。具体而言，当裁员幸存者发现自己的情绪资源减少时，他们可能会降低对组织的承诺和工作满意度，以减少对组织的依赖和期望。这种降低承诺和满意度的行为会导致他们的工作投入和 OCB 相应减少，而幸存者在面对工作不安全感时会努力保持心理平衡，并适应新的工作环境和任务。

（4）验证裁员幸存者的心理契约违背及其行为反应。工作不安全感导致幸存者情绪资源流失，为了减轻由资源流失带来的心理压力和焦虑，员工可能会选择与企业进行消极的社会交换来弥补这种损失，从而获得一定的心理平衡。具体而言，当裁员幸存者面临工作不安全感时，他们可能会认为企业不再仁慈，而他们不再尽心尽力地为企业付出。这种消极的思维模式导致他们采取与企业进行消极交换的方式来弥补情绪资源的流失。这种消极的社会交换可能表现为员工对企业产生心理契约违背，并进一步导致反生产行为。

（5）将职业高原作为裁员频次与工作不安全感的调节变量。试图验证处于职业高原的幸存者是否会经历更高程度的工作不安全感，并观察这种不安全感对他们后续的心理和行为反应产生何种影响。研究结果表明，对于处于职业高原的幸存者，裁员频次与工作不安全感之间的相关性更强，这种不安全感也会对他们后续的心理和行为反应产生更为显著的影响。

（6）综合分析裁员幸存者各种负面行为的多种心理路径，并将职业高原等调节效应纳入其中，验证了有调节的链式中介作用。根据分析结果，本书归纳出裁员幸存者"灾后余生综合症"（以下简称裁员综合症）的主要特征。同时，比较了各类效应的表现形式及作用大小，并借此对裁员的利弊得失进行分析。通过探讨这些复杂心理路径及其调节效应，我们可以更好地理解裁员对幸存者心理和行为的影响，为企业提供有针对性的管理建议，以降低裁员对员工和企业的影响。

1.3　研究目的和意义

　　"裁员潮"是近年来全球经济发展中令人瞩目的现象之一。国外知名企业如因特尔、三星、西门子、飞利浦等，国内知名企业如华为、腾讯、京东、苏宁等，都在 2019 年进行了不同比例的裁员。此外，不知名企业的裁员事例更是数不胜数。相关研究大多关注裁员原因及被裁员工善后事宜，对裁员后果主要关注是否实现"减员增效"，而少有文献关注裁员后留用员工，即裁员幸存者的心理和行为变化及其对企业的利弊影响。事实上，由于是否被裁的不可预测性及对企业未来裁员的不确定性预期，以工作不安全感为主要特征的裁员综合症在裁员幸存者群体中普遍存在。关注裁员幸存者的工作不安全感引发负面效应，有助于全面认识裁员后果，帮助企业做出裁员利弊的理性判断，对激励裁员幸存者进行合理的组织干预。

　　现有文献主要关注裁员幸存者的负面心理导致的消极行为。事实上，员工在裁员之后的心理和行为是复杂的，裁员增加了员工的不确定性预期，有些员工为了以后不被裁掉可能会积极表现，还有一些员工存在"你不仁，我不义"的心态，导致更多的破坏行为，如贪墨或侵占公司财产等。这是以往研究均未涉及的。另外，许多公司的裁员并非一次性的，而是分批多次实施，这种多频次裁员对员工的心理和行为的影响目前尚无研究。本书以资源保存理论和社会交换理论为基础，从裁员频次入手，研究其引发裁员幸存者的工作不安全感，进而产生破坏性的心理和行为，可以细化裁员综合症的表现形式，有助于认识裁员的全面效应，增加裁员理论领域的知识积累。本书的应用价值在于帮助管理者全面认识裁员积极和消极后果，做出理性的裁员决策；还可以帮助管理者对裁员幸存者的消极或破坏性心理与行为做组织干预，激励他们重振士气。

1.4 研究方法

本书遵循实证研究范式，即从现实出发，运用证据验证和归纳理论，并最终将理论回归现实。在综合分析国内外裁员活动和裁员幸存者的相关文献后，我们发现并提出了以下问题："裁员幸存者的工作不安全感会引发何种效应？""这些效应是如何实现的？"为了初步构建裁员幸存者心理不安全感的全面影响模型，我们运用了社会交换理论和资源保存理论。首先，进行了两个阶段的预调研，以构建研究内容和模型框架。在第一阶段，对相关案例进行了模糊集定性比较分析（fsQCA），详细观察并比较了不同案例内的前因因素和结果因素，并根据理论和统计指标进行筛选。在第二阶段，对典型企业的员工进行了结构化访谈，选择了从未裁员、裁员一次和裁员多次的典型企业进行访谈，归纳整理了员工对不同裁员频次的心理和行为反应，并最终确认理论模型。接下来，参考国内外成熟的量表，针对研究涉及的变量进行了可操作化的测量设计，并制定了一套针对裁员幸存者心理不安全感的全效应模型问卷。通过问卷调研获取样本数据，进一步验证和优化本书的理论模型。

本书采用多种渠道收集问卷数据，遵循随机原则，涵盖不同地区、行业、企业性质和规模的各类企业。在问卷填写者的选择上，确保其在性别、婚姻状况、教育程度、职级和工作内容等方面尽量符合随机要求。在收集问卷时，考虑了如何在不同时点、不同被测者填写不同子问卷方面进行合理操作，以避免或减少同源误差的影响。

在数据处理方法上，为了保证结论的可靠性，我们采用了多种方法，包括普通回归（含残差诊断和稳健检验）、结构方程模型（SEM）以及有放回重复抽样（Bootstrap）来相互验证数据分析结果。由于本模型是一个包含了调节效应和双重中介效应的链式中介模型，因此常见的验证方法是使用 Bootstrap 构建非参数百分位（P）和误差矫正（BC）95%的置信区间来验证链式中介效应。但本书通过 R 语言编程，在 P 和 BC 置信区间的基础上进一步计算误差校正与加速（BCa）的置信区间。这会使包含控制变量、多个调节变量和多重中介变量在内的复杂链式中介效应的检验结果更加稳定可靠。

1.5　研究思路与结构

本书的研究思路如图 1-6 所示。

本书的内容框架包括以下部分：

第 1 章是引言。首先，基于现实背景，揭示了裁员在组织生活中的普遍性。从过去几十年的趋势来看，裁员已从应对市场和经济环境变化的被动策略转变为实现组织战略和财务目标的主动策略。然而，随着时间的推移，裁员的战略和财务效果并未如预期般显现，反而给企业财务绩效、组织层面及已经涉及的员工带来了负面影响。其中，裁员幸存者的心理行为反应大多为负面的，但通过文献和非正式访谈，我们发现这些幸存者因工作不安全感引发的心理行为可能存在建设性、中性和破坏性的多种可能。因此，全面探讨裁员幸存者心理不安全感的全效应模型具有重要的学术研究和企业管理价值。其次，介绍了理论背景，详细探讨了裁员的原因、行为和结果，并重点介绍了与裁员幸存者相关的理论背景。通过深入了解"裁员幸存者综合症"及其前因，为研究提供了坚实的理论基础。最后，明确了本书的研究内容、所采用的研究方法以及整体研究结构。

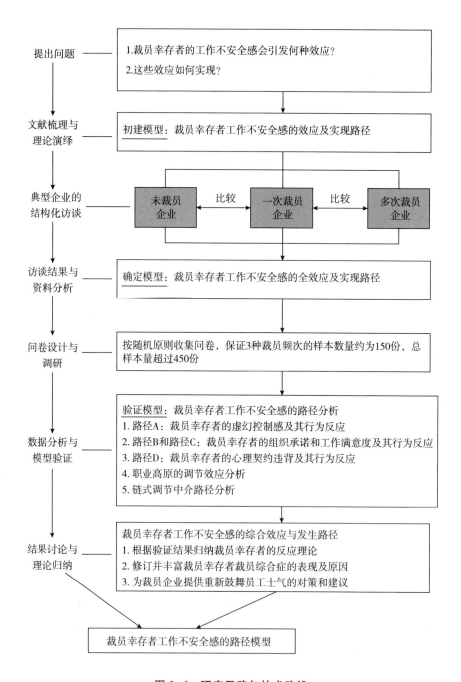

提出问题 —— 1.裁员幸存者的工作不安全感会引发何种效应?
2.这些效应如何实现?

文献梳理与
理论演绎 —— 初建模型:裁员幸存者工作不安全感的效应及实现路径

典型企业的
结构化访谈 —— 未裁员企业 —比较— 一次裁员企业 —比较— 多次裁员企业

访谈结果与
资料分析 —— 确定模型:裁员幸存者工作不安全感的全效应及实现路径

问卷设计与
调研 —— 按随机原则收集问卷,保证3种裁员频次的样本数量约为150份,总样本量超过450份

数据分析与
模型验证 —— 验证模型:裁员幸存者工作不安全感的路径分析
1.路径A:裁员幸存者的虚幻控制感及其行为反应
2.路径B和路径C:裁员幸存者的组织承诺和工作满意度及其行为反应
3.路径D:裁员幸存者的心理契约违背及其行为反应
4.职业高原的调节效应分析
5.链式调节中介路径分析

结果讨论与
理论归纳 —— 裁员幸存者工作不安全感的综合效应与发生路径
1.根据验证结果归纳裁员幸存者的反应理论
2.修订并丰富裁员幸存者裁员综合症的表现及原因
3.为裁员企业提供重新鼓舞员工士气的对策和建议

裁员幸存者工作不安全感的路径模型

图1-6 研究思路与技术路线

第 2 章是理论背景与文献综述。首先详细介绍了自 20 世纪二三十年代以来的裁员历史，并对国内外关于裁员原因、裁员行为、裁员后果以及裁员幸存者的心理和行为反应等方面的文献进行了综述。在梳理文献的过程中，提炼出现有研究的不足与后续可能的研究方向，为后续的模型构建和研究假设的提出奠定了坚实的基础。

第 3 章是模型与假设。以裁员频次引发幸存者工作不安全感的不确定预期和负面情绪为理论基础，将幸存者工作不安全感和其他负面情绪视为员工资源的流失。通过资源保存理论和社会交换理论的视角，演绎推理了幸存者心理不安全感的全效应模型。在此基础上，添加职业高原作为调节变量，比较处于职业高原的幸存者，是否会因裁员而导致更明显的工作不安全感，进而影响后续三类心理和行为反应。

第 4 章是研究方法介绍。详细介绍了如何通过调研问卷收集不同地区、行业、企业性质和规模的企业裁员信息的相关数据，以及如何确保数据的真实可靠性，并说明了如何选择合适的数据分析方法对数据进行分析比较。

第 5 章和第 6 章是假设检验。分别通过定性比较和问卷调研做假设检验，对所收集的数据进行系统的分析。在定性比较中，通过模糊集做组态分析。在问卷调研中，按照实证研究方法的步骤，首先对样本中的各变量进行了信度、效度和多重共线性分析，以验证样本数据的质量；其次，通过结构方程模型（SEM）和有放回重复抽样（Bootstrap）等多种方法对数据分析结果进行互证，以增强研究结论的稳定性；最后，在分析调节效应和调节中介效应时，分别绘制了调节效应斜率图和 Johnson-Neyman 边际调节作用图，以便直观地呈现相应的研究结果。

第 7 章是结论与讨论。简要回顾了整个研究过程，强调了研究结论在管理实践中的重要性和应用价值。通过对比分析国内外文献，明确了本书对裁员幸存者心理不安全感的四条路径、资源保存理论和社会交换理论等理论研究的贡献。基于分析结果，深入探讨了研究结论在管理实践中的重要意义。首先，研究结论将帮助管理者全面了解裁员的正面和负面后果,从而做出更加理性的决策。同时,为企业提供了深入了解裁员幸存者负面或破坏性心理与行为的前因及发展过程的机会,这有助于企业采取有针对性的组织干预措施,以最大化利益并避免潜在的危害。其次,为企业提供了合理激励幸存者、重振团队士气的有效方法,并且详细阐述了本书对企业管理者在进行裁员决策时的实际贡献,包括提供关于裁员幸存者心理不安全感的前因及发展过程的深入理解,以及对策建议。最后,讨论了研究中可能存在的问题以及未来需要改进的方向。

2 文献综述

2.1 裁员浪潮

  裁员这一术语起源于汽车业。随着 1973 年石油危机的出现，对性能和经济性合理的小型家用汽车的需求应运而生，促使美国汽车行业创造了"缩小规模"（Downsize）一词，用来定义汽车制造商缩小汽车尺寸的行为（Appelbaum et al.，1987）。在组织环境中，当美国企业和政府在 20 世纪 80 年代开始大幅削减员工基数以应对经济衰退压力时，该术语首次适用于裁员过程。随着裁员越来越普遍，这个词被应用于更广泛的管理工作，以提高公司的业绩，并在 90 年代成为一个重要的研究课题。作为 Cameron 等（1991）提出的组织缩编的三大战略之一，组织裁员主要集中在裁员本身和减少雇员总数上。其目的是战略性地减少组织劳动力，以降低劳动力成本，提高营利能力，并在严重的经济冲击（如经济衰退）时期防止组织崩溃（Frone，2018）。"裁员"一词与减少劳动力、精简、终止、解雇、重新设计、重组和自愿离职等概念同义，并经常与之联系在一起（Mujtaba & Senathip，2020）。当代资本主义的雇佣关系正在发生根本性的变化。管理层不断寻求降低劳动力成本和更灵活地利用劳动力，部分是通过用定期合同取代永久合同，增加使用外包和以裁减劳动力作为组织改组的基础（Blyton & Bacon，2001）。过去，裁员（Layoffs）是企业面对困难市场条件的被动反应。而现在，裁员已成为实现战略和财务目标的主动策略，与之相关的更为广义的概念为调整规模（Resizing），是指为了实现公司的战略目标而对员工队伍进行重新定位，它更准确地反映了 21 世纪的组织希望变得敏捷、灵活和积极主动的目标（Marks & DeMeuse，2005）。

自 20 世纪二三十年代以来，全球范围内的裁员潮引起了学者的关注。在"二战"后美国和其他国家的经济衰退期间，尽管失业率居高不下，但货币工资和薪水普遍没有下降。为了探究经济萧条期间雇主宁愿裁员也不愿意降低工资来应对外部环境挑战的原因，Bewley（1998）在 90 年代初的经济衰退期间，对美国东北部的 300 多位商界人士、劳工领袖、失业者顾问和商业顾问进行了深入采访以寻求答案。他总结了以下原因，首先，裁员可以立即减少公司的人力成本，而降低工资虽然也能降低成本，但需要花费更长的时间。其次，裁员可以减少公司的固定成本，如办公空间和福利等，而降低工资只能减少可变成本，如工资和福利。再次，裁员能使公司在市场不确定的情况下更加灵活，更容易调整，而降低工资可能会导致员工离职或工作不积极，影响公司的生产力和竞争力。又次，裁员可以确保公司留下最有能力的员工，而降低工资可能会导致最有能力的员工离职，从而损害公司的长期发展。最后，一些公司认为，裁员可以通过减少员工数量来提高员工的工作质量和效率，从而提高生产力和竞争力。

同样地，韩国通过实施经济结构调整政策，成功地从经济危机中迅速恢复过来。然而，研究人员发现，除了直接受到裁员影响的人之外，裁员幸存者的心理健康也会受到影响。Kim（2003）论述了 1997 年的韩国经济危机后的失业幸存者综合症。通过对包括大型企业集团（财阀）、银行和中型公司在内的一系列韩国公司的裁员幸存者进行调查，发现幸存者对裁员前后的工作条件以及裁员过程本身（公平、领导力）的看法都会影响他们的心理健康。具体而言，裁员后，受访者对职业发展的期望和对个人技能价值的评估都下降，这表明幸存者可能会放弃在公司晋升的希望并感到有被解雇的风险。因此，工作保障的下降可能导致幸存者不能继续积极地认同自己的组织，从而导致工作承诺和对工作的敬业精神的下降。此外，幸存者对裁员期间补偿的公平性和劳工参与的问题反应非常消极。进一步地说，失业幸存者的心理健康与信任、自我认同和工作满意度相关。组织成员的负面心理健康表现为压力、内疚、痛苦、恐惧等所谓的幸存者综合症，这会减少组织成员之间的信任，导致组织内部成员之间、与客户之间的非正式网络崩溃，并可能导致交易成本增加后的生产率下降。特别是作者还发现，裁员后尽管总体工作量增加，但由于同事数量的减少，未被解雇的幸存者可能会获得更多的工作自主权。

Hallock（2006）使用两个完全独立的数据来源，包括美国 4600 多份裁员公告的数据（涵盖了 1970～2000 年财富 500 强中曾经存在的每一家公司）以及 2001～2002 年对高级管理人员的 40 次采访，旨在探讨 1970～2002 年美国大公司的裁员类型和裁员特征。他调查了与裁员相关的 6 个主要问题，包括裁员时间、裁员原因、裁员的实际执行情况、国际工人、工会以及按职业和薪酬类别划分的工人类型。在裁员时间方面，数据显示，周五宣布的裁员人数比其他时间多，而且这种情况一直在持续。在采访中，许多经理表示在"假日"附近裁员会令人反感。关于裁员原因，大多数管理者认可商业媒体所报道的消息部分属实，但并非全部原因。作者还描述了裁员的实际执行方式以及如何应对裁员幸存者。大多数管理人员认为，如果那些被要求离职的人受到良好的待遇（如良好的沟通、遣散、尊重），那么剩下的幸存者也会对公司感到满意。一些经理指出，从长远来看被解雇可能会给工人带来"福音"。

即使美国公司大规模裁员，但白领的生产力并没有显著提高。在很多行业里，管理费用和成本仍然明显高于全球最佳竞争对手。针对这一现象，Cameron 等（1991）对汽车行业的 30 个组织进行了为期 4 年的组织精简和重新设计研究，旨在确定管理者在面临裁员需求时应遵循的"最佳实践"。在对美国汽车行业裁员的研究中，他们发现有 6 个关键战略是公司裁员最有效的特征，包括：①裁员无论是自上而下还是自下而上发起，管理者与员工的有效互动及参与都非常重要；②最成功的裁员是短期的和全面的，但也有长期的和选择性的重点；③关注失去工作的人，为失业带来的转变承担了责任；④精确地识别出存在冗余、成本过高和效率低下的地方，并专门针对这些领域进行攻击；⑤最佳精简的目标是生产专业化、柔性、松散耦合的单元，同时生产普遍化、协调化、集中化的单元；⑥强调裁员是达到目的的手段，但也强调裁员是有针对性的目的。

尽管已经有大量文献试图量化失业的成本，但仍然缺乏对失业长期后果的具有代表性的全面评估。为了填补这一空白，Von Wachter 等（2009）基于 1974~2004 年的美国行政数据，结合了包含 30 多年来美国人口收入的大量随机样本和就业历史的纵向信息，以评估 20 世纪 80 年代初的失业对收入和就业发展的长期影响。研究结果显示，80 年代初的失业导致了长达 20 多年的大规模持续收入损失。相比那些在此期间没有经历永久性失业的工人，那些在 1974~1979 年稳定就业并在 1980~1986 年的大规模裁员中失业的工人初始收入损失高达 30%，并且在失业 20 年后也没有恢复到之前的水平。此外，作者比较了不同年龄和性别的收入损失，发现收入下降在各个年龄段都有所体现，而女性的收入损失虽然相对较小，但损失的百分比却更大。即使对于那些离职前任期较短的员工，损失依然很大。这表明尽管组织调整可能有利于整个劳动力市场的调整，但在生产率损失和个别工人的收入方面，其代价可能更为高昂。

自 90 年代中期开始，澳大利亚和新西兰的银行业便开始了一系列的裁员行动。Gandolfi（2005）对 2003 年 10 月~2004 年 3 月的 8 个案例进行了深入研究，对高级和中级运营经理进行了面对面访谈和电话会议。这项研究比较了澳大利亚和新西兰大型银行的裁员实施策略，并试图找出主要银行之间实施的裁员战略的模式、一致性和异常情况。本书研究得出了三个重要结论，首先，澳大利亚银行经理人更倾向于将缩减劳动力作为首选策略，而新西兰银行经理则认为组织重新设计战略是首选的裁员实施战略；其次，澳大利亚银行在裁员方面的深度较大，相比之下，新西兰的银行经理更倾向于采用更全面、更广泛的实施战略；最后，澳大利亚人倾向于采取激进、高水平的裁员方法，而新西兰人则更倾向于采用渐进式的裁员方法。另外，Gandolfi（2007）在研究 20 世纪 90 年代澳大利亚和瑞士的大型银行持续裁员的情况时，试图比较澳大利亚和瑞士的银行在采用裁员策略方面是否存在可观察到的差异。这项研究揭示了三个关键发现：首先，澳大利亚银行主要采用裁员策略，而瑞士银行则采用了组织重新设计、裁员和系统战略的混合策略；其次，澳大利亚银行在裁员方面有相当大的深度，而瑞士银行在总体战略上有更大的广度；最后，澳大利亚银行倾向于重新定位方法，而瑞士银行则采用强化方法。

21 世纪初，全球力量和经济冲击浪潮对会计师的职业安全构成了威胁。Sweeney 和 Quirin（2009）将先前对裁员幸存者的研究扩展到会计领域，在"911"事件后需求锐减的背景下，借鉴管理学和心理学文献中的理论和实证研究，采用实地调查方法对一家美国飞机制造商的裁员幸存者（125 名会计师）的感知、心理状态、态度和意图之间关系的综合模型进行了检验。研究结果表明，会计幸存者对程序性和交互性组织公平的感知会对他们的离职后压力和工作不安全感产生影响，并进一步直接或间接地影响工作满意度、情感承诺和离职意向。经历过裁员后，那些认为程序和互动公平程度较高的管理会计师表现出较少的工作压力和工作不安全感。此外，感觉压力较小、不安全感较低的会计师通常对自己的工作更满意，对组织更忠诚，并表现出较低的离职倾向。

自 2022 年开始，美国科技企业的裁员潮进一步加剧，涉及多个行业，包括金融、媒体、零售业、旅游、医疗保健和房地产。据中国现代国际关系研究院美国研究所的分析，美国科技企业裁员的主要原因有以下三个：一是实体经济重新崛起，导致互联网企业的业务量减少，因此不得不削减运营成本；二是美国宏观经济环境持续收紧，美联储多轮加息政策增加了企业的融资成本，同时研发资金减少，企业选择裁员以缩小业务规模；三是部分互联网企业面临创新步伐放缓、创新动能减弱的问题（李志伟等，2023）。

2.2 裁员原因

2.2.1 裁员的外部环境原因

2.2.1.1 宏观环境因素

全球化推动组织规模的调整，相较于过去，某一地区的经济衰退相对孤立，如今在新的全球经济中，它们影响到世界所有地区，这一发展将进一步伴随全球竞争（Foster et al.，2019），因此许多组织通过裁员、关闭或剥离业务来应对不利的全球经济状况（Marks & DeMeuse，2005）。例如，2008 年在美国开始的经济衰退对全球组织产生了影响，导致了全球范围内大规模的裁员浪潮（López Bohle et al.，2017）。据国际劳工组织的统计，自全球金融危机以来，全世界有超过 2000 万人失去工作（Kawai，2015）。近年来，在全球经济增长放缓、美联储快速加息的背景下，美国企业开始裁员计划，以削减成本和应对市场需求疲软的局面。分析人士指出，在通胀水平高企、金融环境收紧、市场需求放缓等多重不利因素的冲击下，市场对经济衰退的担忧加剧，美国企业可能将继续加快裁员步伐（廖冰清，2023）。许多研究能够解释企业选择裁员的原因，其中 Cascio（1993）对 500 篇有关裁员的文章的回顾以及对 25 位高管的访谈发现，裁员率在经济低谷时上升，在经济高峰时下降。在经济低谷时，公司的债务压力增加，市场份额和利润下降，导致裁员率上升；而在经济高峰时，公司的营利能力强，市场份额增加，裁员率下降。然而 Budros（2000）的研究没有发现经济状况与员工裁员之间的任何显著关系；事实上，他发现公用事业和工业部门的公司经常在经济高峰期裁员。此外，来自美国雇员调查的数据显示，在繁荣和萧条时期之间的重组活动显着增加（Russell &

Mcginnity，2014）。

经济压力和社会制度压力都会影响裁员的实施。经济压力会引发裁员，而社会和制度压力则塑造了裁员蔓延的速度和过程。制度因素，如裁员被视为一种有效的战略并模仿基准公司，会激励公司采取裁员措施。例如，1990 年的就业法案增加了私有化、解除了对工资和价格的管制、减少了国家补贴，这些因素的共同作用使裁员现象加剧（Redman & Keithley，1998）。Ahmadjian 和 Robinson（2001）考察了 1990~1997 年日本上市公司逐渐放弃永久雇佣制度的原因和过程，他们以 1638 家公司为样本，观察了这些公司在 8 年间的裁员情况。通过控制收入增长率、外销比例和行业差异等变量，发现裁员对不同类型和不同经济环境下的公司具有不同的影响。在对日本上市公司裁员的考察中，大型、老牌、全资国内所有、声誉卓著的日本企业起初不愿裁员，同样高工资所反映的人力资本水平高的企业也不愿裁员，但随着裁员现象的日益突出，任何一家公司的裁员行为都可能被忽视或批评，这表明曾经限制裁员的社会和制度压力逐渐减弱。Alakent 和 Lee（2010）研究了后亚洲金融危机时期韩国 574 家非金融公司的裁员模式，发现裁员的动机植根于历史规范（经验）。经验可以提供内部学习机会，使组织更好地应对裁员带来的社会压力。此外，政治环境和选举制度也是影响企业裁员倾向的重要因素。Goergen 等（2013）通过对 16 个西欧国家和以色列的大规模调查数据进行分析，试图了解企业裁员实践在不同国家之间的差异及其所受到的影响。具体来说，右翼政府更加关注雇主的利益，而左翼政府更加关注工人和失业者的利益。因此，左翼政府领导下的企业更不愿意裁员。此外，选举制度也会对企业裁员倾向产生影响。在相对代表制度下，政党需要更多地考虑不同利益群体的利益，因此企业裁员倾向会相对较小。这些研究表明，政治结构和选举制度比法律起源之类的更严格的制度特征更能影响裁员倾向。

关于人口特征与裁员策略之间的研究，目前还存在一些不足。随着人口老龄化趋势的加剧，老年人口数量逐渐增加，而年轻人口数量相应减少，这可能导致劳动力市场供给不足。同时，为了维持生计，许多老年人选择继续工作，导致老年劳动力参与率上升，这可能对年轻人的就业机会产生一定的影响（Noveria，2006）。然而，尚未有研究探讨人口老龄化与企业裁员策略之间的具体关系。另外，尽管很多雇主声称遵循平等机会政策，但他们在实际招聘中仍然对老年员工存在偏见和歧视。一些雇主更倾向于雇佣年轻员工，认为他们在身体健康和灵活性等方面占有优势。在某些情况下，雇主甚至将老年员工视为廉价的"后备军"或边缘劳动力，使他们更容易遭受解雇或被迫退休（Noveria，2006）。

2.2.1.2 产业环境因素

对市场与行业的研究表明，裁员受到行业特定因素的强烈影响，衰退的行业状况与裁员的程度呈正相关（Filatotchev et al.，2000），行业放松管制和私有化往往引发裁员（Redman & Keithley，1998）。Budros（1999）基于 20 世纪 80 年代以来美国企业的年报信息和文献的梳理发现，处于放松管制行业的企业裁员率高于处于受管制行业的企业。在放松管制的环境下，企业需要面对更加激烈的竞争，因此需要采取裁员等措施来提高效率和降低成本。而受管制行业由于存在管制保护，企业更容易保持较高的稳定性和员工福利，因此裁员率会相对较低。同时，Coucke 等（2007）在对比利时公司员工裁员的研究中发现，制造业公司比服务业公司更有可能裁员，制造业（工业）公司的裁员活动比非制造业（非工业）公司的裁员活动更大，这种差异的原因是制造商面临的竞争压力更大。Baumol 等（2003）发现，在竞争加剧的市场，即美国制造业，员工裁员更有可能普遍存在；此外，他们注意到雇员的缩减与外国竞争有直接关系。在需求下降的情况下，员工裁员可能更为普遍。从经济学的角度来看，需求变化是劳动合同的基本决定因素（Ehrenberg & Smith，2016），也是组织规模和增长的环境因素（Harrigan，1980）。市场份额的丧失，以及随之而来的营利能力的损失，刺激了更多的裁员（Cascio，1993）。

尽管短期内产品需求的波动可能会对裁员产生影响，但长期来看，生产效率可能更为关键。这种效率在很大程度上受到技术的影响，科技的进步有时需要企业调整劳动力以缩小或扩大规模。通过对制造业的二手面板数据分析，Baumol 等（2003）发现，在技术进步因素中，研发强度（从事研发的科学家和工程师人数占总就业人数的比例）对企业就业变动有负向影响，这意味着高技术强度行业的企业不太可能经历裁员（Baumol et al.，2003）。Appelbaum 等（1999）指出，技术进步和创新导致了生产力的提高和所需工人的减少。然而，Dunford 等（1998）持不同观点，认为技术改进通常会导致招聘额外的工人，而不是取代现有的员工。DeVries 和 Balazs（1997）认为导致裁员的不是技术本身，而是信息和通信技术革命性变革的行政影响，这导致了传统的中层管理人员的冗余。

2.2.2　裁员的组织层面原因

2.2.2.1　企业归因

Budros（1997）分析了 1979~1994 年，财富 100 强公司采用裁员计划的原因，并将这些原因的过程与裁员联系起来。研究结果表明，一系列涉及危机和决定性事件的变量，如股东价值、外资并购、市场份额、生产率、员工薪酬、放松管制和商业言论都会影响裁员计划的蔓延。同时，所有权状态和公司规模也能够解释裁员趋势。作者认为公司规模加速了裁员，这一发现有两个普遍的原因：第一，技术效率的观点认为，大公司裁员是因为他们人手过剩；第二，制度的观点认为，大型非裁员公司的公众知名度使他们容易受到利益相关者的指责，他们缺乏最先进的创新（裁员计划），这是一个可以通过执行裁员来避免的漏洞。在员工薪酬压力方面，对薪酬水平高的公司可以通过裁掉昂贵的员工迅速大幅降低成本的认识，导致了近几十年"美国的去工业化"公司已经放弃了中西部和东北部的高工资市场，转向了南部尤其是国外的低工资市场，产生大量失业工人。对员工特征的研究，Iverson 和 Pullman（2000）以澳大利亚维多利亚州一家医院为背景，证实年龄和全职工作都与裁员呈正相关，即年龄越大、工作时间越长的员工越容易被裁员；而同事的支持和超负荷的工作则与裁员呈负相关，即同事之间的支持越强，员工的工作负荷越合理，被裁员的可能性就越小。

关于市场业绩对裁员的驱动有丰富的研究，传统观点认为，当一家公司因销售下降、成本上升和竞争加剧而陷入困境时，削减组织规模以减少冗余和浪费是一种正常而有效的形式（DeMeuse et al.，2010）。与该观点一致，Schulz 和 Wiersema（2018）发现，当企业面临业绩不足时，管理者将利用企业裁员来降低企业的固定成本并提高其收益，以解决公司未来业绩与分析师共识收益估计之间的潜在差距。就盈利压力对裁员程度的实际影响而言，盈利压力每增加一个标准差，企业裁员程度就会增加9.6%。这被解释为，利润下降的企业应该存在人员效率低下的问题，特别是员工数量与企业积累的利润不匹配，从而通过裁员来消除人力资源的闲置（Budros，2004）。2023 年 11 月，美国企业家埃隆·马斯克以 440 亿美元完成对推特的收购后，推特启动裁员计划，裁员比例将近50%，约3700人，以期改善推特面临的亏损和债务问题（廖冰清，2023）。组织效率观点认为裁员是解决组织绩效下降的可行策略。在绩效表现不佳的公司中，裁员被视为传达组织意图，努力弥合利益相关者期望与实际绩效之间差距的重要信号。在绩效表现良好的情况下宣布裁员可能被视为旨在保持当前竞争优势的主动措施（Gandolfi & Hansson，2011）。管理团队通过裁员来削减成本，把现有的、据称效率低下的管理取代为更有效的管理，以此作为提高股东价值的一种手段（Budros，2004）。此外，裁员活动可以作为资本市场的关键信号。高管通常将裁员作为实现短期积极股价波动的手段，投资者和金融分析师可能会看好宣布出的裁员计划，从而导致股价上涨（Budros，1997）。

Dimaggio 和 Powell（1983）认为，模仿是一种社会过程，组织通常在技术和环境不确定性的情况下运作，很难确定什么是有效的实践，因此，他们会模仿其他人采用的行为，以此视为正确（尽管不是有效）的做法。Lee（1997）将模仿与裁员联系起来，指出企业可能会解雇员工，因为"如果竞争对手也采取了同样的成本削减措施，他们会感到模仿裁员趋势的压力"。Budros（2000）指出，模仿在企业采用裁员策略方面发挥了关键作用，大型企业实际上构成了一个自我认同、符号联系的"同龄人"

群体，相似的（大型）组织将彼此作为社交参照，通过进入文化组织网络进行创新流动。金融型公司的模仿程度比工业型公司高，因为金融型公司更关注通过成本控制来解决企业困境，而工业型公司则更关注如何在竞争环境中提高绩效。Ahmadjian 和 Robinson（2001）发现在 5% 和 10% 的裁员水平下，同行公司的裁员水平越高，裁员的可能性就越高，对于那些裁员幅度在 5% 的公司来说，更大、更老、更知名的公司更倾向于因其他公司裁员而裁员。Budros（2004）关注财富 100 强企业 1979~1995 年采用裁员计划的情况，并报告了经济和制度因素如何影响了整个时期的裁员；强调了 1979~1982 年，汽车、石油和钢铁公司的利润损失与模仿、裁员之间的联系，揭示了经济危机——全球竞争对公司业绩的破坏——导致部分公司的裁员产生模仿压力，刺激这个行业网络中其他公司也这样做。这同样支持了这一观点，即模仿有助于维持合法性，同时降低了长期消除社会中嵌入的现有制度所产生的成本（Datta et al.，2010）。

2.2.2.2　企业战略

关于公司战略和裁员之间关系的研究非常有限。尽管多元化企业可以通过在不同部门之间转移资金和劳动力来避免裁员，但 Hillier 等（2007）却发现，在多元化程度更高的公司中，裁员的发生率更高，裁掉非核心部门的员工可以使公司重新专注于核心业务，并提高效率。Ataullah 等（2022）研究了企业多元化对经营不善时裁员决策的影响，使用大型跨国数据集发现，多元化公司更有可能在应对重大不利冲击时裁员。这表明多元化企业存在过剩的就业，重大不利冲击促使这些企业通过裁员来减少效率低下的问题。组织效率观点被用来证明合并和收购（M&A）后的裁员是合理的，当类似的公司通过并购合并时，业务整合会产生裁员，从而削弱财务业绩。在这样的背景下，裁员被视为合并后的实体能够消除冗员和实现业务协同效应的一种工具。

2.2.2.3　公司治理

裁员也可以归因于现行治理机制的变化，对公司治理层面的研究主要使用代理理论来评估治理机制（董事会特征、所有权结构和薪酬制度）对裁员的影响。代理理论认为，薄弱的治理机制会导致管理者从事损害股东利益的活动（Eisenhardt，1989）。有效的监督机制，如独立的董事会和更大的机构所有权，可以减轻代理问题，并帮助管理人员更愿意通过裁员来提高效率（Datta et al.，2010）。董事会的主要职责是监督而非管理公司，Perry 和 Shivdasani（2005）使用 94 家业绩下降的公司的样本发现，董事会中外部董事占多数的公司在业绩不佳的情况下缩减规模的倾向会更大。同样，由于机构股东和大股东的重大所有权股份和投票权，出于提高公司价值的目的可能会更积极地监督管理层，并要求高层管理人员选择采取缩小规模（Datta et al.，2010）。有学者基于西班牙最大公司的三个所有权特征开发了一个解释裁员的模型，证实了所有权特征在裁员行为中发挥着重要作用，结果表明，与私营公司相比，即将私有化的股份公司和国有公司更有可能采取裁员做法（Vicente-Lorente & Suárez-González，2007）。Budros（1997）在对美国裁员的研究中发现，美国公司的规模越大，裁员的可能性也越大。他指出，如果大型美国公司不缩减规模，它们更容易受到美国股东的关注，从而更有可能引发不必要的审查。此外，外资持股与企业裁员之间存在正相关关系，表明全球资本市场在传播新的管理理念方面发挥着重要作用。这一发现与 Fligstein（1996）的研究一致，他们认为组织变革来自外部或外围的参与者，这些参与者对如何开展业务持有不同的观点，并且不太关心保持现状。

2.2.2.4　人力资源政策

人力资源政策对组织裁员的成功与否有着显著的影响。一些人力资源管理实践，如招聘、评估和认可等，能够最大限度地减少裁员对经济绩效的负面影响。研究还发现，人力资源政策可以推动创新，促进动态组织能力的发展，并在裁员过程中发展组织记忆，从而缓解裁员的负面影响（Céspedes-Lorente et al.，2019）。学者深入研究了高承诺工作实践（HC-WP）在人力资源管理实践中对劳动力减少的影响。Osterman（2000）的研究显示，相对而言，高效工作组织（HPWO）裁员率更高。Iverson 和 Zatzick（2007）的研究支持了这一结论，并解释道，在这些工作场所中，采用 HCWP 能够培养出更有能力、更忠诚的员工队伍，实现人员精简，提高效率和生产力。另外 HCWP 较多的工作场所更倾向于采用对员工更友好的裁员方式，如自愿裁员和提前退休。

Shi 和 Zhang（2019）深入研究了管理能力与企业裁员和失业之间的关系，发现管理能力与裁员之间存在负相关关系，这验证了能力高的管理者不太可能通过裁员来提高企业效率的观点。在管理决策中，短视倾向可以被视为一种影响裁员行为的潜在的认知局限。短期主义，即组织或决策者的一种特征，它高估了短期回报，低估了长期后果（Laverty，2004）。短期主义可能会对一系列广泛的管理行为产生影响，其中裁员决策尤其容易受到短期主义的影响（Vicente-Lorente & Suárez-González，2007）。由于投资者在转让股票时产生的成本较低，股份公司往往表现出比私营公司更分散的所有权结构。因此，与私营公司相比，股份公司在做出投资和雇佣决策时更有可能表现出"短视行为"，选择更严厉、更迅速的裁员模式（Laverty，2004）。

Fligstein（1996）提出，由于 CEO 具有不同的职能背景和意识形态，这种差异会对企业的战略和结构变化产生影响，因此，公司的裁员决策可能受到 CEO 个人偏好的影响。具有金融背景的 CEO 往往将公司视为可支配资产，他们以财务标准（如资本回报率）来评估管理，并注重短期利润。为解决竞争问题，他们会削减成本，特别是对无利可图的业务进行撤资、重组和裁员（Fligstein，1996）。有财务首席执行官的文献也表明，这些领导者往往展现出激进的底线取向，这促使他们通过裁员来获取短期成本节约（Davis & Stout，1992）。Aaken 等（2021）研究了高层管理人员的社会阶层对其裁员态度的影响，他们采用德国 2500 多名高层管理人员的独特数据进行了测试，研究发现，高层管理者社会地位的总体影响是各种资本类型影响的总和：文化程度高但社会和经济资本低的管理者最不愿意解雇员工，而文化程度低且社会和经济资本含量低的管理者对裁员的态度最为开放。Gupta 等（2019）推测 CEO 的人格特质会影响公司战略，保守的 CEO 更倾向于关注股东价值最大化，优先考虑效率、生产力和资源的最佳利用，而将员工等次要利益相关者的利益置于较低的优先级。为了进一步实现资本化的主体（股东）的目标，保守的 CEO 可能更倾向于认同"将缩小规模作为一种需要定期部署，以消除过剩产能和浪费的基本战略"的观点。相比之下，自由派的 CEO 不太可能将裁员视为一种主动的、有规律的战略活动。

2.3　裁员活动与实施过程

2.3.1　裁员决策

20 世纪 80 年代中期之前，裁员作为一种被动应对外部事件和短期需求的策略，与经济周期有着密切的联系（Kozlowski et al.，1993）。然而，自 80 年代中期以来，裁员或精简已经转变为一种积极主动的人力资源战略和选择性策略（Datta & Basuil，2015）。裁员的规模已经从最初的蓝领工人扩展到所有工作岗位的人，不仅小时工受到影响，而且越来越多的白领员工也有可能被裁员（DeVries & Balazs，1997），特别是高级白领、专业人员和中层管理人员（Littler，1998）。同时，裁员已经蔓延到网络公司和其他高科技公司（Deueuse et al.，2004）。Budros（2002）从概念上区分了两种关键的裁员策略——非自愿和自愿，并在 1979~1995 年的财富 100 强公司中测试了一种裁员策略理论。该理论提供了两个一般假设：一种观点是将相对较低的雇员福利保护与相对较高的短期成本节约相结合，非自愿裁员应源于要求削减成本的经济压力，以及将这些行为定义为自然行为的社会进程。另一种观点是由于自愿裁员将相对较高的员工保护与相对较低的短期成本节约相匹配，因此，当公司免受经济压力或社会偏好时，这种裁员策略应该发生。Bruton 等（1996）基于 100 家裁员公司的集体经验得出结论：无论公司是在健康期还是在衰退期选择裁员，都有可能获得好处，但前提是将裁员计划与公司的具体情况相匹配，积极管理其投资组合，以建立新的竞争优势或加强现有的竞争优势。对于健康的组织来说，裁员可能需要更有针对性，规模相对较小。Dahl 和 Nesheim（1998）从制度角度探讨了组织环境对企业裁员策略的影响。他们指出，企业在考虑裁员时需要面对与法律、规定和规范相关的环境压力，这些因素在以前的研究中通常被忽略。他们研究了挪威公司在 1990 年和 1995 年的实践和策略，发现使用不同的裁员策略受法律条款、集体协议和国家保险法的影响。同时，在采取不同的裁员策略时，公司会积极采取反裁员的社会规范措施以保护自己的声誉，通过不同的印象管理策略来维护其声誉。例如，公司会通过媒体积极传达他们采用自然淘汰和提前退休等不那么严厉的裁员策略，以此来保持公司的形象和合法性。

在进行任何裁员活动之前，组织必须进行深入的分析，这包括确定公司的未来使命、愿景和核心竞争力，并为裁员工作设定清晰的最后期限和目标。Cameron 等（1993）对美国一家公司进行了研究，该公司在裁员宣布前一年为所有员工推出了新的人力资源系统。这一积极主动的措施使公司取得了积极的财务和组织成果，同时减少了幸存员工和离职员工的压力和痛苦。研究表明，裁员方法的清晰性对幸存者随后的态度有积极的影响，因为如果员工对分析的本质和应用方法有更好的理解，那么他们对组织本身的动机和满意度也会随之提高（Komazec et al.，2023）。相反，没有制订适当计划的裁员会导致幸存者对雇主的承诺和忠诚消失，员工开始不信任最高管理层（Appelbaum et al.，1999）。少数几家公司如福特汽车公司和通用电气公司在思想上为重组做好了最充分的准备，制定了明确的长期战略来重新部署人力和物力资源。然而，大多数公司对裁员往往"准备得很差"或"准备得不充分"，而且没有预料到随后出现的各种问题。有观察家指出："在这个过程中，他们滥用和疏远了许多中层管理人员和低层雇员，卖掉了坚实的业务。他们忽视了研究和开发，搞混了生产车间的现代化（Murray，1989）。"Cameron 等（1991）指出，最有效的裁员策略是那些由公司员工实际推荐和设计的策略。Cascio（1993）将幸存者综合症与缺乏员工参与联系起来，他建议，通过积极地让所有员工参与裁员的计划，有可能避免幸存者感受到的负面后果。

2.3.2 裁员类型

裁员活动包括临时裁员和永久裁员（Beaumont & Harris，2003）。对于一些员工来说，裁员意味着他们将永久离开公司，不再回来。而对于另一些员工来说，裁员只是暂时的现象，因为他们预计在某个时间点会重新被雇主聘用。临时裁员是一种独特的失业现象，表现在工人失业一段时间后重新回到原公司工作的情况。它的典型特征是工人与公司的高度依恋、高回忆期望和低寻找替代雇主的倾向（Mavromaras & Orme，2004）。Nekoei和Weber（2020）使用奥地利的行政数据分析了关于临时裁员的7个事实，文中记录了所有在2004~2013年发生的裁员类型（临时性TL或永久性PL）以及裁员后的预期重新雇佣日期。通过这些数据，他们得出了7个关于临时性裁员的重要结论：①在公司或行业层面的临时性裁员份额与其工人的未来就业前景呈正相关，公司或行业中离职行为的比例越高，无论是临时性还是永久性裁员的被召回的可能性就越高，员工未来被解雇的可能性越低；②临时性裁员和召回率在工资分布的中高部分更高；③同时裁员的人数越多，临时性裁员和召回率也越高；④经济衰退伴随更高的召回率；⑤大多数召回会指定一个预计的重新雇佣日期，对于临时性裁员来说，召回日期越晚，预期的新工作工资就越低，对公司有更高价值的员工则会选择等待，因而临时性裁员相对于永久性裁员具有更早期的筛选作用；⑥在失业期间，如果召回可能性降低，找到新工作的风险会增加，接受新工作的薪资会下降；⑦延长失业救济金的时间，会增加对密集型行业的裁员召回。

考察裁员特点对裁员公告的市场反应的研究表明，相比小规模裁员，大规模裁员会引发更强烈的负面市场反应。永久性裁员公告相较于临时性裁员公告具有更大、更具统计意义的负面效应。与没有裁员历史的公司相比，最近有裁员史的公司发布的公告效应较小。有研究也证实，裁员的直接影响往往是不利的，且连续裁员会导致从员工满意度到工作场所冲突，再到工作场所绩效等一系列负面后果的重复出现。根据受访者在裁员方面的经验，受访者被分为四组：1995 年和 1999 年都裁员的组织（重复裁员），1995 年才裁员的组织（早期裁员者），1999 年才裁员的组织（后期裁员者），以及 1995 年或 1999 年都没有进行永久性裁员的组织，这四类裁员情况作为自变量；而因变量则是总体员工满意度、工作场所冲突、工作场所绩效和雇主绩效。研究结果显示，那些在 1995 年调查之前就进行过裁员，但在 1995 年之后未再进行过裁员的组织表现出了业绩水平的恢复，这表明裁员对业绩的负面影响随着时间的推移而显著减少。后期裁员者表现出各种绩效指标水平的下降，从而再次证实了裁员的直接影响往往是负面的结论。对于重复裁员，与员工个人相关的结果（如满意度、工作场所冲突以及工作场所绩效）存在负面关系，但与雇主绩效的关系不明显。尽管与雇主绩效的关系不显著，但其他三个变量可能有助于衡量雇主绩效。

Carriger（2017）对 2008 年和 2014 年的财富 500 强公司进行了研究，发现裁员次数与公司盈利率和市场估值呈负相关。值得注意的是，那些在 2008 年或接近 2008 年实施过裁员的公司，相较于研究期开始时未进行裁员的公司更有可能再次裁员，这反映了当一家公司实施过一次裁员计划时，重复裁员的发生率很高。IBM 就是连续重组的典型例子，新泽西州泽西城（Jersey City）的基金经理戴维·德雷曼（David Dreman）对此评论道："一次重组可能没问题，但这是一盏闪烁的琥珀灯。一旦重组不止一次，那就是红灯了。多次重构就像多次骨折。"（Dorfman，1991）裁员不仅会损害组织的关键技能和组织记忆，还会使留下的员工面临过度工作的压力，有时甚至需要承担他们没有接受过培训的任务，这可能导致组织不得不花费高昂的费用聘请外部顾问。这种恶性循环导致公司的状况进一步恶化，进而引发更多的裁员，最终使高管和员工都陷入"变化疲劳"的状态（DeVries & Balazs，1997）。

2.3.3　裁员活动

组织变革的文献（特别是在重大事件的背景下，如裁员）表明，变革的结果在很大程度上取决于变革过程管理得如何（Cascio，1993）。Guest（2017）特别指出了人力资源咨询等实践在缓解严重变革对员工福祉的潜在威胁方面的作用。Dolan 等（2000）通过对经历重大裁员的三家加拿大大型公司高管的访谈，探讨了企业如何管理裁员对幸存者的动机、承诺和情绪健康的影响，并试图解答人力资源部门是否可以采取一些方法来缓冲裁员对幸存者的负面影响。他们因此得出结论，企业可以提前为裁员做计划，如主动制订再培训和继任计划等人力资源政策、谨慎管理、与所有员工沟通、尊重员工的资历权利、当需要非自愿离职时将年资视为申请选择员工离职的最公平标准。Tzafrir 和 Eitam-Meilik（2005）探讨了高科技企业中管理者对员工的信任对人力资源管理（HRM）实践和组织绩效的影响，以及企业裁员时这种关系的稳定性。他们的研究表明，管理者对员工的信任会促进 HRM 实践的执行和组织绩效的提高，并考察了裁员期间信任与组织过程的关系。具体来说，裁员对企业的管理层有负面影响，可能会导致员工对企业失去信任和归属感，影响他们的工作积极性和创造力。最重要的发现是，在裁员过程中，领导者对员工的信任是加强和维持组织绩效的重要工具。

裁员并未实现预期的经济效益和组织优势，其部分原因在于未能打破传统的建立在指挥、控制和划分原则基础上的组织设计和管理方法（Cascio，1993）。Miller 等（1994）认为，一个有效且开放的沟通氛围至关重要，员工的信息环境极大地影响了他们对组织变革的看法。因此，及时、恰当地获得充足信息能够减轻裁员幸存者对变革的焦虑。Gilliland 和 Schepers（2003）通过对 543 名人力资源经理的调查，研究了裁员信息公正和人际公正的预测因素，发现行业类型与裁员的信息分享活动相关。在倾向于以知识为基础的行业中，将观察到更多的公正裁员行为，包括提前通知、通知方式和信息共享量等。此外，与因经济困难（如市场下滑和合同失效）而导致的裁员相比，由于组织变革活动（如业务合并、分拆和重组）而导致的裁员将会有更多的提前通知和更多的信息共享。Mishra 等（1998）强调了在裁员期间和之后进行开放和诚实沟通的必要性，以促进整个组织的信任感。当幸存者知道那些被解雇的人得到了善待时，他们的信任感和忠诚感就会增强。根据 Mansour – Cole 和 Scott （1998）的说法，裁员的预期利润没有实现的一个原因是公司没有让员工感到受到尊重和重视。沟通的途径有很多，包括备忘录、演讲、部门会议、视频和公告栏。研究人员测试了幸存者的公平认知模型，发现当幸存者从经理那里得知即将裁员的消息时，会感受到更大的程序公平性。研究结果强调了直接主管在裁员公告中的关键作用，并提供了程序公平性对幸存者承诺的长期影响的证据。尽管如今很多沟通都依赖于技术手段，但 Cascio（1993）指出，人际互动不能完全被计算机网络和视频会议取代，开放和诚实的沟通需要人际互动。组织的总体愿景、战略和方向必须源自高层管理（Appelbaum et al.，1987），而高层管理人员的出席能够向员工表明他们受到了重视。然而，仅仅高层管理人员在场并不足以增加信任和实现开放、诚实的沟通，他们还必须愿意并准备好帮助员工，回答可能出现的任何问题。如果员工认为高层管理人员的行为完全是出于自身利益，他们很可能会对高层管理人员和组织产生强烈的反感和怨恨（Mishra et al.，1998）。

2.3.4　裁员伦理

从伦理视角出发，裁员情境下的公平感对后续行为具有深远影响。当程序在个人和时间维度上保持一致性、无偏见、吸纳且体现受影响者的声音，并符合道德和伦理标准时，该程序就被认定为公平。裁员幸存者对裁员的必要性、决策者的中立性、事实基础、裁员决策标准的适当性以及受害者在裁员后是否得到公平对待和安置等方面的认知，均会影响他们对正义的评价，进而影响他们的组织承诺（Mengstie，2020）。成功裁员还涉及对幸存者和受害者的支持程度。受害者的支持可能涵盖预警、经济利益、咨询和再就业服务，而幸存者则应获得培训、交叉训练和再培训（Cameron et al. , 1993）。然而，许多公司在裁员后果方面的准备不足，缺乏再培训或重新部署计划，从而迅速面临比预期更多的问题（Mabert & Schmenner, 1997）。Feldman（2006）在八项组织政策和干预措施中强调了向失业工人提供裁员预警、遣散费和延长福利、教育和再培训计划、新职安置援助以及私营和公共部门组织之间合作产生的其他服务的必要性。为了协助幸存者在裁员的情况下完成他们的工作，避免在公司留下的员工中出现高流动率，并保持员工的承诺感和工作投入感，他们建议将幸存者与裁员受害者置于同等重要的位置。DeMeuse 等（2010）也强调下岗员工和裁员幸存者都在裁员过程中受到影响，为了帮助下岗员工，企业可以在再就业服务、重新部署、培训、公私部门合作以及获得政府财政援助等方面提供帮助。

2.4　裁员的后果

2.4.1　裁员后的财务绩效

裁员涉及裁员的目标，并在经济假设下，裁员将提高效率和绩效（Datta et al. , 2010），因为它能够使管理层消除冗余、精简业务、降低劳动力成本，但关于裁员与公司营利能力和裁员的绩效结果之间关系的研究结果是模棱两可的（Datta & Basuil, 2015）。Mabert 和 Schmenner（1997）指出，对于裁员而言，有以下三种情况：员工生产率增加、员工生产率降低以及员工生产率相对稳定。根据他们的模型，即使是负的生产率变化也会带来净效益（利润）的情况，如果生产力增长和损失可能性是一样的，裁员预期盈利的情况比亏损的情况更多。有研究证明裁员对企业营利能力和效率的提高有积极影响，Axmith（1995）对加拿大 1034 家缩减规模的公司进行的一项研究发现，大多数被调查的公司都报告了收入水平、员工生产力和客户服务水平的提高以及总体成本的降低。DeMeuse 和 Dai（2013）的纵向研究考察了 2003～2007 年经济持续繁荣期间财富 1000 强公司裁员对财务业绩的影响，通过比较裁员公司与未裁员公司在同一时间框架内收集的几个财务绩效指标，旨在最大限度地减少裁员对经济的影响。值得注意的是，在裁员后调查的五项财务指标中，裁员公司在三项指标（总资产收益率、利润率和收入增长）上的表现优于非裁员公司，表明裁员通过从根本上取消中层管理，减少管理费用、管理层级（Cascio，1993），可以降低成本和提高收益。同样，美国通用汽车公司（GM）在感恩节假期（2018 年 11 月 26 日）一结束就宣布关闭 5 家工厂并裁员约 1.5 万人，以每年节省约 60 亿美元，并缩减管理层（Lynch & Telford，2018）。

为了在市场上保持竞争力，公司希望在业务的所有领域削减成本。根据公司劳动力的数量和质量削减人力资源，使公司可以用更少的劳动力成本以更低的价格销售产品，是公司可以迅速显著降低成本的途径之一，但是这种裁员可能只会给公司带来暂时的竞争优势以避免破产（Lynch & Telford，2018）。然而，大部分证据表明，裁员活动无法满足财务和组织目标，特别是对于那些为了提高效率而进行大规模裁员的企业，表现似乎并不尽如人意（Goesaert et al.，2015），甚至有可能降低公司生存的可能性（DeMeuse et al.，2004）。美国管理协会进行的年度调查显示，在裁员的公司中，只有 41% 的公司实现了生产率提高，37% 的公司实现了股东价值的长期收益（Fisher & White，2000）。一家欧洲公司报告称，在有争议的裁员后，新员工的招聘增加了 40%，培训和发展成本增加了 30%，这些意外的开支远远抵消了通过裁员节省的生产成本（Gandolfi，2001）。Gandolfi（2008）对澳大利亚和瑞士的小型企业的财务绩效进行了广泛的纵向研究，发现大多数缩小规模的公司无法削减总体成本，裁员本身并不能改善财务业绩。Guthrie 和 Datta（2008）发现，裁员有损组织营利能力，行业背景调节裁员与组织绩效之间的关系，在高研发、高增长和高劳动强度（低资本强度）的行业中，裁员的不利影响尤其突出。他们的解释是，在以低资本密集度为特征的行业中，企业绩效更多地受到劳动力投入的影响，进而受到裁员对人力和组织社会资本的不利影响，随着劳动强度的增加（资本强度的降低），裁员后的绩效效应会有所恶化。Kawai（2015）通过研究 67 家在欧洲制造业中运营的日本跨国公司的样本，验证了裁员对市场绩效的感知，即裁员不利于销售增长。造成这种因果关系的可能原因有：宝贵的人力和社会资本的流失；企业声誉的受损；沟通渠道的减少；由于组织与员工之间的心理契约被破坏，导致组织承诺的急剧恶化等。Powell 和 Yawson（2012）采用泊松回归模型研究了内部重组的两种常见方法——裁员和剥离——对英国企业生存率的影响。通过数据分析发现，剥离可以通过降低市场退出的概率和速度来提高企业的生存率，而裁员则会增加企业通过破产的方式退出市场的概率和速度，并且无论企业财务状况如何，都会增加破产的风险从而增加公司退出市场的可能性，即使在控制了包括业绩、破产轨迹和行业因素在内的许多其他因素后，裁员的公司宣布破产的可能性明显高于未裁员的公司（Zorn et al.，2017）。对比裁员公司和不裁员公司的财务结果，发现裁员对短期业绩有积极影响，但对长期业绩有负面影响，对于高科技和专业服务公司，长期业绩的不利影响尤其深远（Sheaffer et al.，2009）。Dorfman（1991）对裁员前后公司股价变化的研究发现，在宣布裁员消息的那一天，股价通常会上涨，但随后股价通常会开始缓慢地下滑，而通过裁员形式以改善股票回报往往需要一段时间才能实现（Cascio et al.，1997）。

还有一种观点认为，市场对裁员的反应与投资者的看法有关，投资者的反应可能取决于公司宣布裁员时的状况。如果做出缩减规模的决定是为了停止螺旋式下降，并使公司恢复更高的营利能力，那么市场对裁员的看法就会更有利。例如，20 世纪 90 年代初，联合技术公司（UTC）成功裁员 3.2 万人，作为 10 亿美元成本削减计划的一部分，由此恢复了营利能力，并实现了 18% 的股本回报率（ROE）。相反，如果一家公司已经被认为是健康的，即没有处于财务下行轨道，那么裁员行动就会被认为是更消极的。Hillier 等（2007）使用事件研究方法对与裁员公告相关的股东财富效应进行了研究，结果表明，虽然裁员通常与负面财富效应有关，但围绕裁员公告信息对市场的看法有重要影响，证实了与关闭工厂和亏损业务相关的裁员公告会带来股票价格的负面反应。另外投资者的看法可能会随着劳动力市场结构的重大变化而发生改变，Chatrath 等（1995）的研究结果表明，虽然在 20 世纪 80 年代经济衰退和繁荣时期，裁员公告带来了负的异常回报，但在 90 年代初，这些公告带来了正的异常回报。这一证据表明，美国劳动力市场可能正在发生重要的结构性变化，导致投资者对裁员的看法也发生了巨大变化。

裁员对研发、竞争力关系及运营效率的长期影响仍有待进一步研究。Bruton 等（1996）发现裁员公司确实减少了研发支出，这些减少会提高绩效，积极的业绩结果在裁员后似乎会持续 4 年或更长时间。然而 Hillier 等（2007）并没有发现样本企业的经营绩效在裁员决策后有所改善，也没有发现负债下降。但以每位员工的销售额和营业利润来衡量，确实发现了运营效率显著提高的证据，同时样本公司也在裁员后的一段时间内增加了业务重点。同时，他们认为运营效率提高这一结论可能反驳了裁员的幸存者综合症理论，即剩余员工士气低落，最终员工生产力进一步下降。

2.4.2 裁员的组织后果

对裁员组织后果的研究旨在探讨裁员是否会提高组织绩效，一些研究揭示了积极的组织结果，包括更低的开销成本、更少的官僚机构、更快的决策、更顺畅的沟通、更高的士气以及更高的员工生产力水平（Burke & Cooper，2000）。这一流派的研究观点分为两个方面：一方面企业绩效的提高可以来自劳动力成本的降低，且剩余员工以更高的生产力水平工作；另一方面对裁员持批评态度的人认为，尽管裁员可能会导致劳动力成本的短期降低，但它也会侵蚀技能基础，破坏组织关系网络，从而损害长期的竞争优势（Datta et al.，2010），这可能导致公司的整体沟通受到限制，并且随着特殊利益集团的组织和发声，组织氛围会变得更加政治化（Burke & Cooper，2000）。其他研究考察了裁员后的其他组织结果，包括组织间信任、员工士气、学习能力、组织竞争力以及高管薪酬等。

Marks 和 DeMeuse（2005）强调，无论出于何种经济理由，选择裁员而非采取其他措施（如减少工作周、强制使用休假时间、减少高管薪酬等）的组织都会被视为追求利润而抛弃员工的企业。此举常被视为管理层贪婪的表现，而不是对客户或员工的关心，往往会导致员工对组织和领导失去尊重。此外，多数公司在进行规模调整时都会导致员工士气下降。在裁员过程中，雇主有时会在无意中伤害到那些对组织忠诚的员工。根据世界大型企业联合会 1992 年的调查显示，在过去五年中，90% 的大型公司进行了大规模裁员，这使员工对当前工作及未来就业前景都产生了担忧。裁员产生的员工不安全感会导致士气下降，降低员工对公司的忠诚度和承诺度（Emshoff，1994）。

另外，公司缩减规模可能裁减具有关键能力和资源的员工，导致拥有独特知识（如解决问题的技巧、客户偏好、运营策略及公司历史）的员工流失。他们离职时带走了公司重组过程中的一些信息资源（Acevedo，2017），这不仅损害了与其相关联的社会网络和组织记忆，还影响了组织学习能力。根据 Céspedes-Lorente 等（2019）的观点，裁员会对组织的营利能力产生负面影响，虽然公司可能会试图留住最有价值的员工，但结构调整可能会造成意外的人力资本损失。例如，在一个由 20 人组成的网络中，删除一个人相当于减少 5% 的人数，但可能会导致该网络中高达 50% 的学习能力损失（Fisher & White，2000），剩余的员工难以弥补这些空白，知识流失通过组织剩余员工"幸存者"的工作行为影响组织人力资本、社会资本、结构资本和关系资本（Massingham，2008）。这种集体知识的破坏对生产力会产生戏剧性和永久性的负面影响（Adler et al.，1999）。

而当那些具有更长期战略思维的员工被解雇时，"新"高管往往倾向于采取短期决策，导致公司整体疏离感增强，并对研发部门、资本投资、培训和发展以及组织的整体绩效产生严重的负面影响（Appelbaum et al.，1999）。尽管在裁员过程中特定职位被消除，但工作量却维持不变，这使剩余员工承受了更多的责任和要求，会影响他们预期执行的工作量。如若管理不当，工作压力会迅速增加，并可能侵蚀最初的生产力提升（Acevedo，2017），降低员工对组织的满意度（Ivanovic et al.，2020），进而导致生产率下降、产品服务质量下降及质量成本上升，这是返工、加班、报废和检查增加的结果，也会使公司面临提高劳动工资或附加福利的压力（Mabert & Schmenner，1997）。在裁员对组织产生普遍负向影响的观点下，有学者研究了信息技术（IT）的实施对组织绩效的调节作用。IT的实施与获取、传播和解释信息的能力密切相关，并且与组织记忆一起被认为是知识管理、创新管理和组织学习的关键（Limaj et al.，2016）。Céspedes-Lorente 等（2019）通过对西班牙化学工业企业的样本分析发现，IT的使用可以缓解裁员对组织学习的负面影响，从而提高组织绩效。通过这种方式，IT对组织能力的积极影响可以抵消缩小规模对组织学习可能产生的负面影响。

在一项关于裁员、高管薪酬和股价之间联系的研究中，Hallock 发现了一个有趣的现象。虽然横截面数据显示，上一年宣布裁员的公司相比没有裁员的公司，给予首席执行官的薪酬更高，加薪比例也更大。但是，在控制了其他决定 CEO 薪酬的因素（如公司规模和未观察到的其他因素）后，裁员对 CEO 薪酬的影响实际上非常微小（Hallock，1998）。Schulz 和 Johann（2018）进一步研究了裁员对公司声誉的影响，并分析了裁员措施的不同方面如何影响这种关系。他们通过对 S&P 100 公司 1990~2000 年的面板数据进行分析发现，裁员确实对公司声誉产生了负面影响，这种影响的大小取决于裁员公告的具体内容和背景。具体来说，裁员动机、公告时间以及之前裁员规模的程度显著影响了与企业裁员相关的声誉处罚。随着经济衰退和报酬的增加，企业需要节省成本，从而使企业的成本结构变得更加简单和高效。然而，裁员的目的是提高效率，而不是满足客户的需求，这意味着裁员对声誉的负面影响将更大。如果公司在之前就已经进行了大规模裁员，那么后续的裁员措施对声誉的影响也会更大。

2.4.3 裁员对个体员工的影响

2.4.3.1 裁员对执行者的影响

裁员执行者是受托计划、执行和评估裁员活动的雇员、经理或顾问（Dugan，1996），通常将他们称为执行者（Dugan，1996）、裁员者（Burke，1998）、裁员代理人（Clair & Dufresne，2004）和"刽子手"（Gandolfi，2006）。一些执行者纯粹负责与裁员有关的行政工作，不太可能与受害者直接接触，也不太可能经历情感痛苦和创伤；相反，有些"刽子手"需要选择受害者，执行实际裁员，甚至在裁员后处理受害者，因此，他们更容易受到情感痛苦，在履行"刽子手"职责时会感到焦虑和不安（Gandolfi，2009）。作为这类"刽子手"的领导者总是要面对多重组织角色、相互冲突的需求和繁忙的日程安排。然而，在一次裁员过后，组织似乎注定要更多地受到重组、变革和混乱的支配。在个人层面上，裁员的领导者将越来越多地面对"刽子手"和梦想家这两个看似矛盾的角色。此外，他们的角色要求很高，因为他们不仅要计划、发展和实施裁员战略，还需要向受害者和幸存者推销这一战略，并向他们自己的家人和朋友推销这一战略（Wright & Barling，1998）。Wright 和 Barling（1998）采用定性的、扎根的理论方法从来自加拿大各地的约 200 名高管中有目的地选取了曾领导过裁员活动的 8 人进行了研究，同时为了形成对比，另外选择两位高管，对这 10 个人进行了深入的访谈，以了解"刽子手"的心理感受及行为特点。研究表明，不仅下岗员工和幸存者受到影响，而且实施裁员政策的管理者的士气也受到了负面影响。具体来说，第一步是"刽子手"看到受害者经历了一系列情绪（愤怒、感激、麻木、毁灭、否认、担心和恐惧）并试图控制自己的情绪时，会感到内疚和角色超载。因遭遇而引起的紧张感会引发个人的战斗或逃跑反射，他们比以前工作更努力、工作时间更长，通过工作来隐藏自己的情绪，或者逃避自己可能成为下一个被解雇的人的恐惧。第二步是所引发的相关结果，裁员者开始经历工作和家庭角色之间的冲突，情绪疲惫，总体幸福感下降。前两步会导致裁员者内疚、负担过重、工作与家庭冲突、情绪衰竭和幸福感下降，导致在第三步中他们感到孤独和工作疏离。同样地，O'Neill 和 Lenn（1995）采访了一家正在进行大规模裁员的公司的中层管理人员，以便了解中层管理人员对裁员计划的看法，以及他们对自己在裁员计划实施过程中所扮演角色的不确定性，采访关注了裁员执行者对策略的情绪反应——愤怒、退缩和怀疑。研究发现不仅仅是幸存的员工会因为裁员的经历而感到士气低落，负责实施裁员的管理人员也在这个过程中被疏远。

无论是对组织还是对个人来说，裁员对各方都是痛苦的经历，裁员决策对管理者和员工都是高度情绪化的挑战（Mujtaba & Senathip，2020），裁员的实施者遭受了与受害者和幸存者相似的心理和情感影响。对于裁员执行者来说，执行死刑是很痛苦的，没有人愿意延长这项"肮脏"的工作。即使是最强硬、最注重利润的高级管理人员，也很难进行裁员。抽象地说，需要降低成本是一回事，做出影响人们生活的决定则完全是另一回事（Marks & DeMeuse，2005）。在很多人来看，决定谁将被解雇"非常困难""艰难"，而且"对我来说有很多焦虑"（Gandolfi，2009）。在潜意识里，大多数高管可能害怕这些被伤害的人会以伤害他们作为回应（DeVries & Balazs，1997）。一些"刽子手"提到，考虑到认为自己对他人经历痛苦负有责任，他们试图同情被解雇的受害者，据他们说，这导致了相当大的心理疲劳和倦怠，这被描述为继发性创伤应激（Grevin，1996）。此外，Gandolfi（2009）的研究结果表明，具有裁员经验的资深"刽子手"更有可能达到"情绪麻木"的状态，同时，他们既是变革的推动者，又是接受者（Dewitt et al.，2003）。这也与 Ashforth 和 Kreiner（1999）的研究结果一致，应对扮演肮脏角色的能力随着反复的经历而增强。

2.4.3.2 裁员对被裁员工的影响

在经济扩张的情况下，大多数被裁员工能够找到新工作。例如，根据 1998 年美国劳工局的统计，92%的下岗求职者找到了薪水相当或更高的工作（Dolan et al.，2000）。然而 Von Wachter 等（2009）的研究表明，被裁员工的收入损失远远超出了通常研究的 5 年时间，并在失去稳定工作后持续长达 15~20 年。他将纵向行政收入数据与企业就业数据合并，以研究工作分离对 1982 年经济衰退期间失业的男性高资历工人收入的长期影响，并将他们的收入发展与年龄和收入潜力相似但没有离开雇主的工人的结果进行比较。调查数据显示，与那些在调查期间没有永久性失业的工人相比，失业人员的初始收入损失高达 30%。这些损失在 10 年后下降到 20%，但即使在失业 20 年后也并没有恢复更多。除了短期影响和损害之外，裁员还会通过与之相关的负面刻板印象影响个人的长期计划，特别是对于那些在获得新工作时经常受到歧视的老年工人。研究表明，即使裁员受害者能够应对眼前的挑战，从长远来看，长期失业（持续超过 6 个月）也会给个人带来污名，进一步减少未来的就业机会。为了抵消长时间的失业，大多数成年人会寻找任何类型的工作，包括初级兼职职位和志愿者机会，以增加他们稳定就业的机会。不幸的是，长期缺乏成功的再就业可能会导致一些人放弃找工作，这进一步降低了他们的自信，导致内在动力和自我价值感降低（Mujtaba & Senathip，2020）。

除了重新就业后的创伤影响，大量研究表明，裁员导致的非自愿失业会给受害者带来压力，并导致各种不利后果，如身心健康不佳和过度饮酒，在经济危机期间，失业对健康问题的影响被放大（DeGoeij et al.，2015）。Havlovic 等（1998）在加拿大和美国的医疗保健系统正在经历重组的背景下，就医院关闭对雇员的影响进行了研究，结果发现受影响的下岗工人在接下来的新工作中的工作满意度下降。Macky（2004）以在新西兰全国抽取的 440 名工人为样本，探讨了组织裁员的经验，发现年龄较大的员工由于裁员失业的时间更长，他们对重新就业所需时间的看法也更差。受害者的心理过程可能经历三个阶段，第一阶段为混乱的阶段，在这个阶段，受影响的个体通常会经历一种麻木感、恐慌和愤怒的爆发；第二阶段通常是一段渴望和寻找失去的东西的时期，并可能伴随着怀疑和否认新现实的感觉，受到裁员努力的影响，他们开始怀疑自己是否能适应及在哪里能适应，会有什么机会及未来会是什么样子；第三阶段可能经历一个自我审视的过程，然后重新定义自己甚至重塑自己。

DeVries 和 Balazs（1996）通过与各利益相关者进行开放式访谈，探索裁员活动对被裁员工、幸存者（留在公司的员工）以及实施裁员的执行者（负责裁员的人）的个体反应模式。作者区分出几种被裁员工面对裁员活动的反应模式：第一类是针对适应性强的被裁员工，他们通常有很高的技能水平，能相对容易地在相似的领域找到另一份工作，裁员会给他们学习新事物的动力，并在他们身上创造出一种更强烈的活着的感觉。第二类是将裁员当作新的机会，将被裁员视作一种新的生活，一种长期以来渴望的彻底改变职业的机会。第三类反应与抑郁症相关，由于被裁者的自尊感与组织身份紧密相连，失去熟悉的环境会导致他们崩溃，产生逃避现实、注意力分散、拖延及易怒的情况，在情感和生理上表现为忽视自己的外表、有失眠和食欲不振的倾向、陷入消极的恶性循环。由于他们对事物的悲观看法，他们对找不到工作的恐惧变成了一种自我实现的预言，其中一些人可能会完全退出就业市场。酗酒、药物滥用、婚姻问题、自杀是常见的后果。第四类反应是愤怒，与抑郁反应者将攻击向内不同，这些人的攻击性可能导致他们在新工作中表现出粗鲁的行为，这反过来又会导致他们再次被解雇。

尽管裁员对被解雇员工的影响往往是负面的，但组织在员工在职期间的公平对待与良好关系或许能调节下岗员工与原雇主的关系。相关的组织文献表明，在员工任职期间的社会交换关系可以预测有利的组织结果，Herda 和 Lavelle（2011）的研究考察了这种有益的结果是否会在就业期结束后继续下去。他们在大型公共会计师事务所开展研究，因为在这些行业，前雇员往往处于相对独特的地位，能够为其前公司带来重大利益。在这项研究中，74%的受访者向有兴趣来工作的人推荐了他们以前的公司，50%的受访者将公司推荐给了寻求专业服务的人，30%的受访者实际上从他们以前的企业购买了专业服务（如审计服务）。这项研究证明了在员工自愿或因裁员离开公司很久之后，公平对待员工以及由此产生的与组织之间的社会交换关系可以继续为组织带来利益（以离职后公民身份的形式）。

2.4.3.3 裁员对幸存者的影响

在裁员过程中，受害者和幸存者所经历的命运看似完全相反。然而，通过比较他们的经历，可以发现他们对事件的认知和情感反应存在明显的相似之处。这两组人都必须面对压力极大的事件，承受失去同事和朋友的痛苦，并"开始一种新生活"——一种失去了控制自身工作身份的虚假安全感的生活（DeVries & Balazs，1996）。几项实验室和实地研究的结果显示，幸存者的工作行为（如生产率、离职率）和态度（如对组织、同事和工作）可能会受到同事被裁员的影响。例如，2011 年对波兰工人的一项研究发现，与未经历裁员的工人相比，裁员幸存者报告的定量工作要求和工作不安全感明显更高，而工作自主性、任务清晰度和与工作相关的社会支持水平显著降低（Widerszal-Bazyl & Mockałło，2015）。Dlouhy 和 Casper（2021）依据两个大型的德国员工代表样本，同样证实了幸存的员工表现出更高的工作不安全感和工作负荷。此外，裁员幸存者的敬业度也可能会受到影响，因为他们感受到主管支持和发展机会的减少。Frone 和 Blais（2020）广泛地评估了组织裁员与工作条件和员工成果的关系后发现，裁员与 12 种工作条件中的 9 种（较高水平的工作要求、角色冲突、主管攻击、功能失调领导、工作不安全感、就业不安全感以及较低水平的友谊形成、分配公正和晋升机会）和 15 种员工结果（无法从工作中解脱出来：消极的工作反思、下班后无法放松；精力枯竭：身体、精神和情绪上的工作疲劳；消极影响：抑郁、焦虑、愤怒；积极影响：快乐、自信、活力；健康：身心健康；工作态度：工作满意度、组织承诺、离职意向）存在负相关。此外，裁员对员工绩效的影响是间接的，由 9 种工作条件共同中介。Harney 等（2018）研究了组织重组和裁员对员工幸福感的影响，并运用工作需求—资源模型（JD-R 模型）探讨了这种影响的机制。该研究基于对爱尔兰共和国在 2009 年进行的全国性员工调查数据进行分析，发现组织重组和裁员会导致员工的工作强度增加，丧失工作资源和社区感，从而对员工的幸福感产生负面影响。幸存者会感到他们失去了对工作和生活的控制，无论工作表现有多好，都可能在下一波裁员浪潮中受到打击。在那些已经调整了规模的组织中，玩游戏的数量急剧增加，人们通过游说以维持自己的控制感。员工会花时间向高管和经理推销自己的价值，并提醒他们注意任何突出的好处。他们与来自组织外部的朋友和同事建立联系，导致同事关系变得紧张（Marks & DeMeuse，2005）。个人主义和脱节程度的增加会阻碍团队合作，同时领导能力差以及对变革的抵抗会产生保守主义和威胁刚性反应，导致保护主义立场（Shaw & Barrett-Power，1997）。

幸存者在裁员后的反应，无论是选择与被解雇的受害者保持距离，还是选择与公司保持距离，都会对个人、人际关系和公司产生深远而复杂的影响。当幸存者与被解雇的受害者没有特别的联系时，他们可能会选择与其保持距离。幸存者试图说服自己，裁员是合法的、离开的人是应该离开的，这种反应有助于提高生产力，但却降低了团队士气（DeVries & Balazs，1997）。在与公司保持距离的反应中，幸存者可能会表现出对公司不利的行为和态度，如降低工作满意度（Jones et al.，2016）、工作投入、组织承诺以及对公司的忠诚度，这些负面影响可能导致员工主动离职。此外，裁员会对员工的经济状况产生压力，因为他们可能会失去收入来源，需要花费时间和精力寻找新的工作机会（Trevor & Nyberg，2008）。这与 Brockner 等（1987）的研究结果一致，Brockner 指出这是一种幸存者综合症，即那些在裁员后留下来的人变得狭隘、自私、厌恶风险，士气低落，生产力下降，不信任管理者。Aldarmaki 和 Kasim（2019）认为，无法信任人力资源组织的管理者和下属，以及当前的工作压力和紧张氛围，可能促使幸存者寻求退出解决方案，并积极参与新的组织。另一种常见的心理反应是幸存者内疚，Cameron 等（1993）指出，幸存者加班或领取工资时，可能会认为同事的表现至少和自己一样好，甚至更好，他们对同事被解雇感到的痛苦、愤怒和厌恶可能会导致幸存者内疚（Appelbaum et al.，1999）。

尽管许多裁员幸存者的反应是消极的，但也有一小部分幸存者不受影响，或者实际上反应更积极（Mishra et al.，1998）。这些员工选择像鸵鸟一样把头埋在沙子里，希望变革之风会吹走（Marks & DeMeuse，2005）。Brockner 等（1985）通过在模拟的工作环境中观察参与者完成任务的表现，探讨了裁员对幸存者随后生产力的影响，同时对其情感状态和态度进行了调查。所有参与者都需要完成一个任务，其中一半人见证了同事被解雇的情况（裁员组），另一半没有（非裁员组）。与公平理论一致，裁员组的员工绩效数量大于不裁员条件下的员工绩效数量（而非质量）。此外，工作者自尊心和裁员之间的交互作用表明，裁员效应完全归因于低自尊心的参与者，而不是中等或高自尊心的参与者。裁员导致参与者经历了更强烈的悔恨感，并且对同事产生了更消极的态度，这会激发幸存者的积极不平等感，进而提高他们的工作动机和生产力。

通过对文献的梳理，我们发现裁员对幸存者产生了一系列负面结果。这些结果包括内疚感（Devine et al.，2003）、正向不公平感（Brockner et al.，1986）、压力与低幸福感（Harney et al.，2018）、工作质量下降（Wisetsri et al.，2021）、焦虑（Staw et al.，1981）、工作不安全感增加（Brockner et al.，1986；Campbell – Jamison et al.，2001）、缺勤率上升（Sigursteinsdóttir & Rafnsdóttir，2015）、整体工作疲惫度上升、员工流动率增加（Brockner，1988）、员工参与度降低（Beylerian & Kleiner，2002）、风险承担能力降低（Dunford et al.，1998）、员工承诺度降低（Trevor & Nyberg，2008）以及对管理层的不信任（Greenhalgh & Rosenblatt，1984；Cascio，1993）等。有些学者将这些幸存者的反应沿着两个维度排列：建设性/破坏性和主动/被动（Mishra & Spreitzer，1998）。其中，建设性与主动组合为"乐于助人"，这些幸存者愿意等待条件改善，并坚持工作；建设性与被动组合为"充满希望"，充满希望的幸存者不害怕冒险或开发新方法来提高组织的竞争力，这种充满希望的回应在裁员的文献中被记录为良好的公民行为和工作投入；破坏性与主动组合为"愤世嫉俗"，他们可能会在裁员过程中挑战或"诋毁"管理；破坏性与被动组合为"恐惧"，这些幸存者表现出无助和疏离或沉默和不作为（Spreitzer & Mishra，1997）。特别地，Jiang 和 Klein（2000）的研究发现，组织裁员对幸存者的影响还可能导致职业管理策略发生改变，包括更多地寻求外部职业机会或者更加努力地在组织内部发展。具体来说，直接裁员方法会导致幸存者对裁员持更加负面的态度，并更倾向于采用内部导向的职业管理策略。而组织实施的干预计划越完善，幸存者对裁员的态度越积极，并更倾向于采用外部导向的职业管理策略。

2.5　裁员幸存者的心理和行为反应

Brockner 等（1987）对影响裁员幸存者的工作行为和态度的因素进行了深入研究，成功地分离出影响幸存者的各种因素。作者的研究基于正义理论框架，假设幸存者认同裁员受害者，以对受害者的认同、组织补偿作为自变量，工作表现、组织承诺作为因变量在实验室条件下进行了模拟，发现当幸存者意识到被解雇的同事几乎没有得到任何补偿时，他们会产生更为消极的反应（从组织的角度来看），以至于他们对被解雇的员工有某种心理上的亲切感。这种消极的反应在实验室研究中表现为降低工作绩效，在实地研究中表现为减少组织投入。当裁员幸存者面临工作不安全感时，他们会对其他幸存者产生更为消极的情绪。这种情绪可能导致竞争加剧，每个人都竭尽全力去工作，以生产出最多的产品，从而确保自己在未来的裁员中能够留下来。他们可能会采取一些策略，如让公司更加盈利或证明自己值得留下，即使其他员工被解雇。

Brockner 等（1987）所做的研究集中在将感知公平作为幸存者反应的关键决定因素，为了对幸存者反应的决定因素提供更完整的解释，他们在1992 年的研究中使用了一种略微不同的理论基础，强调幸存者对其工作不安全感的看法。Greenhalgh 和 Rosenhlatt（1984）认为，幸存者的不安全感水平取决于感知到的威胁和感知控制，前者受到失业可能性等因素的影响；后者受到幸存者相信他们或他们的雇主可以采取一些行动来帮助他们抵消失业的负面后果的影响。Brockner（1992）在对工作不安全感测量的同时评估了感知威胁和感知控制，研究发现，幸存者在工作中的不安全感和工作努力之间表现出非线性关系，非常低和非常高的工作不安全感与减少工作努力有关（Brockner·et al.，1992）。在这项研究中，受访者是一家拥有 773 家全国零售连锁店的员工，在收集数据前的 12 个月内该公司关闭了许多家门店。在因变量的选择上，受访者被要求报告自裁员以来工作努力程度的变化及幸存者相对于停工前的担忧程度。研究结果支持了他们的假设：工作不安全感与工作努力程度之间呈倒 U 型关系。具体来说，首先，与低工作不安全感（低威胁和高控制）或高工作不安全感（高威胁和低控制）相比，中等水平的工作不安全感（低威胁和低控制或高威胁和高控制）导致了更大的工作努力增加；其次，幸存者对工作的经济需求缓和了这些影响，而只有对工作的经济需求高的人才会将工作不安全感转化为他们的工作努力程度。作者对此的解释是，如果工作不安全感较低，幸存者可能会因为自满而没有动力，他们不相信会有更多人被裁员，因为他们感觉到的威胁很低。此外，即使发生额外的裁员，他们也相信自己或组织可以采取行动来帮助他们避免或减少失业的负面后果，即感知控制程度高。如果工作不安全感较高，幸存者也可能缺乏动力，但这与工作不安全感低的原因不同。他们认为可能会有更多的裁员，即感知到的威胁很高，此外，他们认为自己或组织几乎无法帮助他们抵消失业的负面影响，即感知控制很低。这些认知很可能导致无助感，而无助感反过来又会削弱工作动力。

长期的全职雇佣关系逐渐结束，被短期雇佣关系取代，随着资本寻求更快的投资回报，工作不安全感日益增长，这是资本主义转变的征兆，这可能会腐蚀员工的忠诚度、信任、承诺和职业观念（Blyton & Bacon，2001）。许多组织采用一波一波裁员的方式，而不是一次性裁员，这带来了不确定性，使幸存者怀疑裁员到底是永久的还是暂时的，因而职业发展受到威胁，预期损失如薪水缩减、个人地位丧失等（Greenhalgh & Rosenblatt，1984）。对于裁员幸存者来说，之前裁员的记忆以及未来可能裁员的不确定性给他们的就业前景带来了困扰（Sweeney & Quirin，2009），因此，裁员后的幸存者可能会经历更强烈的不安全感（Marks &

DeMeuse，2005）。怀亚特公司于 1992 年对 1000 家裁员公司的调查显示，不到 1/3 的公司在一轮裁员后实现了更高的利润目标，这导致了更多的裁员以试图达到财政目标。每宣布一次新的裁员，员工的悲观情绪就会加剧，生产率差距也会扩大，很少有公司对员工做出关于未来的任何承诺，这加剧了员工对工作的不安全感和对未来就业选择的担忧（Emshoff，1994）。Cappelli（1999）认为，企业重组的后果是"员工缺乏承诺，更注重个人主义和短期目标"，并强调这对企业有意想不到的后果，即工作不安全感可能会鼓励技能过时的蓝领工人变得更加努力。不安全感实际上可能对组织有益，会刺激员工愿意接受变革并表现出承诺，因为他们想努力获得更安全的职位（Blyton & Bacon，2001）。

King（2000）的研究为这场争论提供了一个可能的解决方案。该研究参与者为美国大西洋中部一所大型商学院的 521 名校友，他的研究结果支持了白领工人在面临工作不安全感时，会对他们的组织表现出更少的支持。但这种支持的减少不容易被发现，因而观察者可能会觉得其对该组织的支持并没有改变，甚至增加了。虽然表面上白领专业人士可能不会受到更高程度的工作不安全感的影响，但实际上他们对组织目标的支持程度较低；虽然他们的工作时间一样多，但是他们对高质量工作付出的努力在减少，参与的组织公民行为减少，对组织的忠诚度降低，倾向于将职业目标置于组织目标之上，并且更积极地寻找替代工作（King，2000）。Brandes 等（2008）将"愤世嫉俗"的幸存者与工作不安全感的交互作用纳入对工作努力的预测中，具体来说，他们首先界定了什么是"愤世嫉俗"的幸存者，即持有愤世嫉俗等态度的员工会伴随贬低和批评行为，包括较低程度的努力。他们引用 Mishra 等（1998）的观点，认为愤世嫉俗的员工可能会对经理发起"挑战"或"恶言相向"，在极端情况下可能会参与破坏或报复行为（Mishra et al.，1998）。随后，研究人员收集到来自一家全国性包装公司地区分公司管理层的 171 份调查问卷，这些员工在一个月前的裁员中幸存下来。研究发现，随着不安全感的增加，愤世嫉俗的裁员幸存者会报告更高水平的工作努力。对这些人来说，当他们对当权者感到不信任并同时对失业有高度预期时，他们会认为工作环境尤其具有威胁性。如果生存是目标，他们别无选择，最大限度的努力可能是确保有利结果的最佳方式（Brandes et al.，2008）。

根据 COR 理论，个体拥有的情感资源是有限且既定的。当组织内部员工察觉到情绪资源枯竭时，他们会采取行动来保护自己的情绪资源，调节外在情绪的方法包括深层扮演和表层扮演。工作不安全感作为一种消极情绪，促使员工采取表层扮演行为。然而，由于表层扮演只是掩饰了外在情绪，并不会真正改变心理认知。因此，其内心情感与外在情绪之间存在较大差异，这种差异会导致心理认知失调和情绪资源消耗（关涛等，2020）。幸存下来的员工经常把自己的处境比作一只无头苍蝇——疯狂地四处移动，没有任何方向感，也没有生存的希望，每个人都在更努力地工作，但却感觉自己完成任务更少（Marks & DeMeuse，2005）。裁员幸存者通过与企业进行积极的社会交换来减少不安全感，并出现力争"保住工作"的态度和行为。这些幸存者愿意等待条件改善，并坚持工作，无论是顺境还是逆境（Rusbult et al.，1988；Robinson，1992），同时不害怕冒险或开发新方法来提升自己在组织中的竞争力，这种充满希望的回应在裁员的文献中被记录为良好的公民行为（Bies et al.，1993）和工作投入（Brockner，1988）。

然而，更常见的观点是，不安全感的上升违反了个人与组织的"心理契约"（Robinson & Rousseau，1994）。DeMeuse 等（2004）的跟踪研究发现，裁员公司的利润率、资产回报率、股本回报率和市净率在接下来的一年或两年后都大幅下降，裁员不仅不能带来财务健康状况的迅速好转，反而会被员工认为是对心理契约的主要侵犯，会对他们的态度和行为产生不利影响，最终对公司的主要业绩产生不利影响。心理契约是基于员工个人对他们与雇主组织的跨层次和互惠关系的看法或信念（Rousseau，1989），员工用自己的工作来换取公平的薪酬和积极、安全的工作环境。契约关系在组织环境中很重要，因为它不仅影响传统的情感状态，如满意度和承诺，而且还影响对组织产生长期积极影响的行为，如组织公民行为（OCB）、员工在组织环境中的服从、忠诚和参与。OCB 与心理契约之间存在密切关系，员工对于组织的认同和投入程度会影响他们是否愿意展示OCB（Ocampo et al.，2018）。因此，当雇员对这种单方面违背义务行为做出反应时，可能导致一些不利影响。这种对心理契约的违背实际上破坏了以契约关系为基础的积极组织公民行为。个人对集体实体（如特定关系或社区）的认同越强烈，感觉受到重视和重视这种联系，就会成为组织的积极贡献（Van Dyne et al.，1994），而在一个不太安全的环境中，员工不太愿意将交换视为公平的交换，因此不太可能全心全意地投入工作，从而保留一定程度的"自由裁量劳动"（Appelbaum et al.，2000）。一项针对智利多个组织的615名员工的研究，确定了大规模裁员与员工工作行为之间的关系，证实了员工的工作不安全感和心理契约破裂感是导致员工绩效和组织公民行为下降的主要因素。具体来说，大规模裁员会导致员工的心理契约破裂感增加，即员工认为组织没有履行其应有的承诺，如提供稳定的工作和职业发展机会等。这会导致员工的工作不安全感增加，进而影响其工作绩效和组织公民行为（López Bohle et al.，2017）。

简而言之，裁员的不确定性是一种威胁，幸存者感到无法控制或对抗这些威胁，就会产生强烈的心理压力，这种压力反过来又会恶化工作态度（如组织承诺）和行为（如工作绩效）。当员工在组织中经历裁员时，他们可能会预期组织中未来的裁员，因此他们会对未来的工作感到不安全（López Bohle et al.，2017）。这些裁员幸存者往往通过减少个人兴趣或努力工作来避免让情况恶化，他们在身体上与不满的根源保持距离，或者通过旷工和迟到来"逃避"，因为这些行为有助于他们更好地控制自己（Robinson，1992）。员工可能会减少对组织的贡献（如动机、敬业度、忠诚度）或避免执行有利于组织目标的任务（如高水平地执行或启动组织公民行为）。在极少数情况下，员工还可能会从事盗窃、破坏或其他适得其反的行为（DeMeuse & Dai，2013）。

交换理论为解释雇员与雇主之间的关系提供了一个框架，有助于理解工作压力对员工的有害影响。这种关系可以描述为一种交换伙伴之间的相互信任和互惠互利，社会交换的结果与较高的公民身份、在角色中的表现以及较低的缺勤和迟到有关（Coyle-Shapiro & Shore，2007）。在员工—组织社会交换关系中，互惠原则尤为重要。基于互惠原则，交换理论假设人们会根据他们认为自己从关系中的另一方得到的或没有得到的东西来"回报"。如果员工感受到组织的关怀，如公平对待员工、提供有趣的工作、建立高质量的交换关系等，他们更愿意通过超越职责范围的行为来回报组织，成为组织的积极贡献者，这种回报包括对组织的依恋和组织公民等行为（Harvey et al.，2018）。组织公民行为的一个重要动机是组织关怀，即员工对组织的情感感受和归属感。当员工在工作场所感受到的压力越多时，他们就越有可能认为组织没有善待他们（Brockner et al.，2004）。失业（失业的威胁）会让人感觉失去对环境的掌控和控制，并威胁到一个人的内化自我概念，这似乎是一个强大的压力源（Zaleznik et al.，1977）。对于裁员活动中留下来的幸存者，他们担心的不仅仅是完全失去工作，还担心如何保住重要的工作特征，如他们在组织中的地位或晋升的机会（Blyton & Bacon，2001）。结果，他们可能会表现出更多消极的态度（如减少组织承诺）和行为（如降低工作绩效）。这一推断——压力和绩效之间的负线性关系——得到了 Jamal（1984）对工作压力与员工绩效和退缩行为的关系研究的数据支持。而 Brockner 等（1987）对幸存者的研究验证了幸存者的工作环境可能对他们的压力水平产生影响，研究发现，裁员越严重，幸存者的组织承诺越少，并且对公司的承诺与裁员严重程度的关系比对工作的承诺更强（Brockner et al.，1987）。同样，由 Marjorie Armstrong-Stassen 领导所作的四项研究，证实了裁员幸存者的组织承诺水平在裁员后的 9 个月内、14 个月内持续下降（Morrow，2011）。换言之，社会交换理论的互惠准则被用来解释员工感知到的违约的消极态度和行为后果，也是解释员工在雇员—组织关系中的情感承诺的基础，这种员工对组织对员工的承诺的感知与其出勤率（员工对组织承诺的一种形式）有关（Meng et al.，2019）。根据社会交换理论，当裁员破坏了雇主与雇员之间的互惠关系，幸存员工会减少组织公民行为并降低工作投入度。

2.6　文献述评

在动态的组织中存在三类员工：未被裁减的员工、可能会被裁减的员工以及确定要被裁减的员工。前两类人被称为"幸存者"，他们产生的反应被称作幸存者综合症。这个术语最初源自医学领域，描述了被严重迫害的幸存者经历的各种临床表现（Niederland，1968）。其症状主要包括焦虑，认知和记忆障碍，慢性抑郁状态，孤立、退缩、隐居的倾向，精神病和精神病样作用，改变个人身份，身心疾病等。而在组织行为领域，幸存者综合症被定义为"在组织裁员后留下来的员工经常表现出的行为和情绪的混合体"（Doherty & Horsted，1995）。Appelbaum 等（1997）详细描述了这种综合症的症状，包括感知到的工作不稳定性、不公平、抑郁、焦虑、疲劳，减少冒险和动力，不信任和背叛，缺乏相互承诺，对计划和沟通不满意，对裁员过程不满，怀疑组织长期战略的有效性，缺乏管理信誉，对未来的担心及永久改变的感觉。Ferrara-Love（1998）探讨了医护行业裁员对留下工作的员工所带来的压力和负面影响，重点介绍了"裁员幸存者症候群"的表现和应对方法。作者指出，"幸存者病"最常见的症状是愤怒、幻灭、抑郁、恐惧、不信任、内疚、冒险欲望降低、对工作的投入减少、缺乏自发性、客观性降低、缺乏创造力和创新能力。这些症状中有许多是因为医护人员从未想过会发生在他们身上，这就是引发愤怒和幻灭的原因。恐惧源于这样一个事实，即如果这种情况发生过一次，它可能而且很可能会再次发生，下一次可能就是幸存者自己。不信任源于组织试图保守裁员的秘密，谣言层出不穷，加剧了恐惧和不信任，尤其是当谣言被证明是真的的时候。许多长期雇员尤其是在 20 世纪 70 年代聘用的员工，将医院视为自己家庭的一部分，对医院极为忠诚，组织的利益往往高于个人或家庭的利益。由于裁员导致的抑郁和普遍的背叛态度造成护士在工作中缺乏自发性、创造力和创新精神，对工作的投入减少（Ferrara-Love，1998）。Tiwari 和 Lenka（2020）对幸存者综合症的文献回顾表明，幸存者综合症是由于员工对组织行为的负面感受和态度而产生的，缺乏工作保障、职业发展机会、违反心理契约会损害幸存者的身心健康，增加压力、焦虑和社会孤立；而愤怒、焦虑、悲伤、冲突、抑郁、士气低落和信任丧失等负面情绪会导致低自尊。员工被一系列消极的心理和行为反应所包围，对组织绩效和生产力产生不利影响。失去同事的不公平感和悲伤会降低他们对组织活动的承诺和参与，危机后的背叛感和违背心理契约的感觉足以成为他们脱离组织和极端消极的理由。由于短期利润导向和缺乏战略方向，修订后的目标和预期业绩标准没有明确传达，这会让幸存者陷入困境，让他们感到与自己的工作角色脱节，缺勤率上升，有辞职的意愿。

在 Science Direct 中输入"survivor's syndrome"得到了 78425 项搜索结果，这些文献主要来自医学、心理学、生物学和社会学领域，尚未查询到以此为标题的管理学领域的文章；在 Web of Science 中仅查询到两篇以此为标题的管理学相关文献，其中一篇文献涉及 1997 年韩国经济危机后的裁员综合症（Kim，2003），另一篇文献旨在解决医院重组期间"幸存者"中潜在的负面后果（Lees & Steeves，2003）。在 Science Direct 中输入"layoff survivors"得到 499 项搜索结果，其中有 192 篇文章属于商业、管理和会计学科，其中 2020 年以来发表的文章有 21 篇，它们主要关注裁员后幸存者的心理健康问题及应对策略。Brockner（1990）是研究裁员幸存者的代表性作者，其在 1985～2004 年进行了一系列关于裁员及幸存者的研究，为该领域的研究奠定了理论基础。他探讨了裁员对员工的影响，发现裁员会对员工的自我效能感、工作态度和组织认同度产生负面影响，幸存者可能会采取不同的行动来应对裁员，包括离职、提高工作投入度、增加组织贡献等。作者认为员工对裁员决策的公平性感知会影响他们的反应，而领导者的支持和关注可以减轻员工的负面情绪。

大量文献关注裁员原因、裁员手段及裁员结果，但总体来说，与期望通过裁员提高组织绩效的管理人员所预期的结果不同，现有文献通过实证分析表明裁员对组织和员工的影响是模棱两可的。高管希望能够获得更直接的财务业绩，而裁员的好处很可能需要较长时间才能实现，留下来的员工的态度和行为对于企业未来发展起到关键作用。在组织背景下，裁员幸存者代替了受害者成为最重要的员工群体，裁员对幸存者的影响被认为是裁员努力失败和由此产生的长期问题的主要原因之一（Frone & Blais，2020）。关注组织层面结果的研究通常是"黑箱"研究，这些研究假设裁员通过对员工个人的累积影响来影响组织后果，但没有衡量员工个人层面的作用路径与结果。例如 DeMeuse 等（2004）认为，裁员被员工认为是对心理契约的主要侵犯，可能会对他们的态度和行为产生不利影响，最终对公司的主要业绩产生不利影响，但未解答裁员与员工态度及行为之间存在何种路径关系，没有衡量员工个人的行为结果，即没有回答什么是裁员后的裁员综合症。

查阅相关文献发现，国外学者对裁员综合症进行了深入的剖析，但存在关注过于单一的问题。有些文献强调幸存者对受害者的看法塑造幸存者自身态度，导致结论不一。例如，主流观点是裁员幸存者对被裁同事的"不公正遭遇"产生"共情"或"同情"，使幸存者变得更消极，会降低组织绩效。然而，也有研究指出，由于大多数裁员公司的重点是裁员受害者，他们被认为最需要咨询、支持、帮助和再培训（Amundson et al.，2004），受害者经常得到慷慨的福利，这使幸存者产生嫉妒、愤怒心理（Campbell-Jamison et al.，2001）。Gandolfi 和 Hansson（2011）发现，有时"幸存者开始觉得他们是不幸的人，是被留下来用减少的资源清理公司烂摊子的可怜人"。另一部分学者强调幸存者对组织及管理的看法决定他们的态度和行为，如员工对管理层的信任在很大程度上影响了他们对裁员的反应。缺乏信任会导致缺勤、迟到、盗窃和破坏的增加，进而导致工作场所合作、创新、生产力和质量表现的下降（Wood et al.，2020）。还有一些文献关注裁员行动中裁员程序及沟通在塑造幸存者看法上的重要作用。

当前研究的一个重要局限是过度依赖静态横截面设计，这导致不同的学者在同一个研究问题上得出相反的结论，缺乏对时间维度的考量限制了推断因果关系的能力。一次或重复裁员对个人及组织的影响可能是不同的，在裁员造成负面影响的假设下，提高裁员频次对这种负面影响的效果可能被放大或缩小。现有的金融领域文献大多关注股票市场对多次裁员公告的反应，而在组织管理领域关注裁员频次的研究相对较少。例如，Carri-ger（2017）以 2008~2014 年裁员次数为自变量，采用多种财务指标和一个市场估值指标作为因变量，通过单因素方差分析评估了反复裁员对财务和市场估值指标的影响。结果发现裁员次数对股本回报率、息税前利润、流动比率、长期债务、库存周转率、每位员工收入、总资产周转率或总收入没有显著影响，却对资产回报率和投资回报率产生了显著负面影响。为了探究先前的失业经历是否会影响被裁员工未来的失业状态，Heckman 和 Borjas（1980）对 122 名 1969 年高中毕业的年轻男性做了连续 30 个月的采访，并进行了实证检验。研究结果表明，在控制样本选择偏差和异质性偏差的情况下，就业和失业状态的前一次经历并不会影响当前的劳动力市场行为。但需要注意的是，这一结论的适用范围可能受到样本和研究设计的限制，具有一定的局限性。上述研究更多的是针对劳动力市场和企业的影响，并没有具体分析对个体员工的心理和行为的影响。

有初步的证据表明，频繁的裁员事件可能会改变心理契约的参数，从而在特定公司内部或相关外部市场发生多次裁员的情况下，随着时间的推移，危害可能会逐渐减小。心理学领域的研究为这一观点提供了支持，弹性或调整模型认为，经历创伤有助于"强化"个人能力，使他们更有效地面对随后的事件，各种不同创伤经历的积累似乎使员工对新的压力源更敏感，并使慢性压力永久化（Dougall et al.，2000）。然而，压力—脆弱性或积累模型认为，反复的创伤会消耗一个人的应对资源，并随着时间的推移削弱个体（Zapf et al.，1996）。Moore 等（2004）进行了一项纵向研究，比较了 1244 名来自同一家大型制造公司的白领和蓝领工人，该公司曾多次大规模裁员，它们报告了 0 次、1 次或 2 次裁员。它们的研究结果与压力—脆弱性模型一致，经历过直接或间接裁员次数较多的员工报告的工作保障水平明显较低，角色模糊、辞职意向、抑郁和健康问题的程度较高。但调查结果并不支持员工在遇到更多裁员事件时会变得更有弹性这一观点。此外，幸存者开始担心在裁员后组织会重复裁员，由此产生独特的心理变化及行为结果。当前组织文献及裁员综合症研究尚未关注这种独特诱因及多样化的结果，仍需要进一步拓展考虑裁员频次的研究。

现有文献已从多个角度证实了裁员后幸存者的工作不安全感与一系列态度及行为结果有关，因此，探究哪些权变因素会对综合症产生影响变得至关重要。关于裁员综合症的权变因素，已经有许多研究关注了管理层信任、对裁员的公正执行（Spreitzer & Mishra，2002）、对受害者的认同程度（Marks & DeMeuse，2005）、信息与沟通（Bui et al.，2019）等方面。此外，另一些研究将视角转向组织特质，Greenhalgh 和 Rosenblatt（1984）提出了一个工作不安全感的原因、性质、影响和组织后果的总结模型，认为员工可能察觉到对工作连续性的威胁，但可能不知道要保持工作地位需要达到什么样的绩效。不安全感的产生是因为员工不知道要采取哪些纠正措施来避免感知到的威胁，这往往是因为组织缺乏适当的绩效评估系统。此外，组织的文化也可能影响员工的不安全感，如专制文化不会为员工提供安慰。同时，作者也探讨了个体差异如何调节人们对工作不安全感的体验和反应，即具有厌恶工作不安全感人格特征的人在面对不安全感时会做出更强烈的反应。

关于个人特征的调节作用研究较少。Erlinghaen（2007）探讨了自我感知的工作不安全感在欧洲 17 个国家中的差异，并分析了其可能的影响因素。对固定效应对自我感知的工作不安全感影响的研究表明，年龄在 40 岁以上的高龄工人比年轻工人更容易受到工作不安全感的影响；此外，学历的提高（以全日制教育/培训年限衡量）、良好的健康状况以及增加的工作年限都可以减少主观的工作不安全感。工作任期与不确定性之间的关系也被证实为一种假定的 U 型关系。此外，之前已经失业过一次的事实增加了员工报告不安全就业关系的可能性，而随着失业期的延长，这种影响会逐渐减弱。作者没有观察到特定性别的差异，尽管在现实中，女性可能比男性更容易感到不安全。

有关员工年龄对幸存者工作不确定性的影响效果尚不明确。一方面，年龄较大的员工可能在组织中服务的时间较长，其服务年限可能成为工作保障的一个因素。长期留在同一家公司的员工通常会受到公司特定人力资本的保护，或者因为长时间的工作关系而存在一些隐含契约和信任，也可能因某些法律法规的保护而更加安全（Erlinghaen，2007）。然而，另一方面，年龄较大的人在组织中的工资可能更高，有些人甚至可能接近退休年龄，这部分人由于年龄原因可能没有那么高效，当需要降低成本时，他们可能会被解雇（Abolade，2018）。

此外，考虑职位层级对幸存者工作不安全感的调节作用也有待研究。裁员计划的成功取决于剩余组织成员适应的速度和有效性，越来越多的理论和研究试图解释裁员幸存者的反应。然而，不同职位层级的裁员幸存者在裁员活动及组织中所处的地位不同，如作为决策者的高层管理者可能会影响组织所追求的战略选择和资源的利用方式，大多数关于幸存者反应的研究都考察了较低级别的员工，如工厂工人和销售人员，相对被忽视的是高层员工的反应，尤其是管理者的反应（Wiesenfeld et al.，2000）。

除了年龄和职位层级，职业高原也是一个值得关注的问题。研究发现，职业高原的存在会影响员工的工作产出，包含组织承诺、工作投入、工作满意度、事业满意度和基于角色的行为。职业高原可能是纵向晋升不畅，也可能是横向停滞或者现有工作内容内部的停滞，即个体在当前组织中职业生涯发展的停滞。这种情况会给个体带来消极影响，导致他们工作投入度降低、事业满意度下降、缺勤率上升、工作动力减弱、压力增大、健康问题增加以及离职意向提高（李锡元和曾晋莹，2009），但现有文献对职业高原的情境分析较为缺乏。

总的来说，随着裁员在企业中变得越来越普遍，工作不稳定所引发的恐慌直接导致了员工的工作不安全感。这种不安全感反映的是一种对工作是否能够存续的不确定感。国外学者已经开始将视角从裁员原因、手段及组织后果、财务绩效影响上转移到裁员对幸存者态度及行为的影响，绝大多数研究都局限于对直接影响的研究，只有少数研究在理解裁员的特征与幸存者工作结果方面使用调节与干预模型，但却无法厘清裁员综合症现象的复杂性。本书将视角转向不同频次裁员和幸存者工作不安全感对幸存者的行为和心理的影响，并将调节与干预变量纳入模型中，通过资源保存和社会交换理论，揭示裁员幸存者从态度到行为的发生路径，以区分裁员幸存者态度与行为的不同反应与作用机制。

综上所述，裁员研究图谱及本书所属谱系如图 2-1 所示。

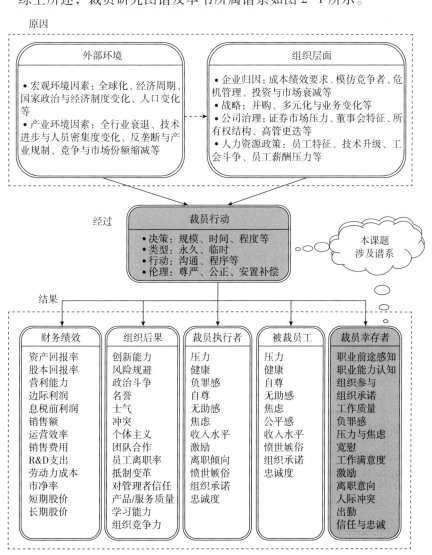

图 2-1　裁员研究图谱及本书所属谱系

3 理论假设与模型构建

3.1 理论基础

3.1.1 资源保存理论

资源保存理论（COR）属于压力研究的一个分支，是随着压力理论的发展而提出的一个理论新视角。压力一词来源于物理学领域，由 Cannon（1932）引入人类学研究，随着对压力研究的不断深入，学术界关于压力的研究视角不断丰富，总体上其演化过程可以归纳为"关注生理反应、关注生理和心理反应、关注生理、心理和行为的反应"三个阶段。

早期以 Cannon 为代表的研究者对压力的关注仅仅局限于生理层面。Selye 继承了 Cannon 的研究，提出了 GAS（General Adaptation Syndrome）模型，该模型分为警报系统、抵抗和疲惫三个阶段。然而，该理论也受到了挑战，有研究表明，不同的压力源或情绪状态可能在实验操作期间引发自主神经特异性或独特的模式，换句话说，该模型是"用结果来倒述压力"而非压力导致结果，学者认为该模型的演绎思路不符合逻辑。因此，学者将研究视角转向引发压力的前导因素，开始关注个体特征差异如何影响压力反应。这一阶段的研究学派又可以分为"刺激"说、"反应"说和"刺激—反应"说。"刺激"说学派关注压力的起源，也就是压力的刺激因素，关心压力是由什么产生；"反应"说学派强调人的心理层面，关注的是个体对待工作压力的认知和体验，主要围绕人如何应对压力；"刺激—反应"说学派则是从一个整合性视角，同时关注压力的起源和应对方式，更加关注个体对压力结果的感知。20世纪70年代之后，研究者在"刺激—反应"说学派的主导思想下，逐渐开始关注个体应对压力时采取的行动，关注"刺激—认知—行动"的交互型压力反应模式，并产生了多种研究模型及丰富的研究成果。然而，Hobfoll等学者对"刺激—认知—行动"提出了质疑，认为这个压力反应模式一方面没有明晰"个体需求"和"资源能力"两个核心概念的关系机理；另一方面没有提供"个体需求"和"资源能力"比较的标准化工具，无法对二者进行比较。

基于以上质疑，Hobfoll于1989年提出了资源保存理论，与以往的压力理论不同，资源保存理论认为压力感源于客观事实而非认知构建，并且，压力的感知和应对是个体与情境之间彼此进行资源交换的过程，是情境导向的压力反应理论，它以个体资源为核心解释压力的产生和应对。Hobfoll认为，受进化的驱使，人类总是力求获得、保护和建设个体资源，把资源损失及损失风险看作一种威胁。当人们失去资源、感知到可能失去资源或者投入资源后没有获得预期回报时，便会产生压力感。当压力发生时，为消除心理紧张感，个体可能会采取两种不同的方式来应对：立即终止资源消耗以保存现有资源；或者投入一定资源以获得有价值的资源回报。具体而言，这两种应对方式可以解释为"损失旋涡"和"获得螺旋"。"损失旋涡"指的是压力启动后，如果个体无法有效阻断资源损耗，也没有机会得到及时补偿，资源流失会以加速度进行，压力感增强。"获得螺旋"指的是个体若能尽快启动资源投入并成功获得有益资源，不仅能有效地抵消资源损耗、阻断压力进程，还有可能带来新的资源。在之后的研究中，学者也提出了类似的观点，员工面临压力时会终止资源损耗以保存资源或继续投入资源以获取更有价值的其他资源（Zhang et al.，

2018）。如何行动取决于个体对资源投入和产出在价值上的比较，当产出资源价值高于投入价值时，个体倾向于投入低价值资源以换取高价值资源；当资源回报价值低于投入价值时，个体倾向于终止损失以保存资源（刘颖等，2022）。不过，一般认为资源"获得螺旋"的形成速度不及"损失旋涡"，所以失去资源或者缺乏资源的人更容易掉入"损失旋涡"中（曹霞和瞿皎姣，2014）。

资源保存理论在资源的获取、维持与保护方面有四条原则：一是损失优先，指和获得同样数量的资源相比，失去资源对于个体的心理伤害更严重、持续时间也更久（Hobfoll，1989，2001）。同等数量的资源，失去它所带来的刺激比获得它要大。二是资源投资，个体会积极地将现有资源进行投资，预期得到新的资源，并且防止资源的潜在或实际的损害并尽快从资源损失中恢复（Hobfoll，1989，2001），这一点符合前面所说的"获得螺旋"。三是增益悖论，在损失资源的情况下，获得资源显得格外重要（Hobfoll et al.，2018），也就是说，当个体发生资源损耗时会想尽办法获得资源，从而抵御未来可能面临的资源损失，因此个体会将投资方向转向那些回报率高或风险低的角色外行为。四是绝望原则，当个体资源损耗较大且接近耗尽时，会因为自我保护而进入一种非理性或攻击性的防御模式（Hobfoll et al.，2018）。因此，COR 理论揭示了个人保存、获取和利用资源的心理动机，不同的资源处理动机会对心理、态度和行为产生不同的影响。

COR 理论最初主要被运用于压力研究，后来被广泛应用于倦怠以及具有挑战性的工作环境等领域的研究，如组织政治、绩效评价、组织承诺等，现已成为积极心理学等新型领域研究的基础理论之一。此外，Hobfoll（2001）的最新研究成果明确指出"获得螺旋"在工作情境和跨情境研究中同样也需要重视资源的共享和互动。COR 理论主要从个体资源投入—产出不平衡的角度来解释倦怠、压力、绩效等问题的产生机制，换句话说，当个体投入大量如时间、精力等固有资源却没得到或只得到少量资源时，就会产生倦怠等消极结果（Hobfoll，2001）。

3.1.2 社会交换理论

社会交换理论的主要观点是利益互惠原则，一方向另一方提供帮助、支持等，使对方有了回报的义务（Druckman，1998）。尽管这种回报是自愿的，但如果利益接受方没有进行回馈就会引发付出方的惩罚或制裁；反之，如果接受方积极进行回馈，双方的关系会呈现出积极的走向，如更多的信任和尊敬。该理论认为各方都会有其他人想要的有价值的东西，交换的标的和数量由双方共同决定。被交换的标的可以是经济资源也可以是社会资源，或两者兼有。Homans 将社会交换定义为至少两个人之间的交换活动。Blau（1986）认为，社会交换涉及一个人帮助另一个人的原则，虽然对未来的某种回报有普遍期望，但其确切性质肯定没有事先规定。

这个理论的基础前提是人们总是希望个人的获得最大化而付出最小化，并且根据获得和付出的最终结果判断这段关系，其中的利益包括各种个体获得的有形或者无形的奖励。从组织中获得的收入以及安全感都是员工在与组织的关系中收获的奖励。总的来说，获得的利益越多，付出的成本越低，个体就会对这段关系感觉越好，更愿意待在这段关系里。相反，如果个体的付出不断增加而收获不断减少，那么对所处关系的满意度将降低直至关系结束。

社会交换关系具有不确定性，主要体现在不能明确各方是否会对他人的贡献给予回报。因此，各方之间的信任是社会交换的重要组成部分（魏仕龙，2022）。另外社会交换理论还具有普适性，它常常被用来解释各种社会关系是如何形成、维持和终止的。雇佣关系也被视为一种资源的交换，员工付出劳动以及投入情感并期待获取来自组织的物质或者精神上的奖励。当员工和组织都遵循交换和互惠原则时，双方都能得到满意的结果，雇佣关系也会趋于稳定。此外，雇佣关系中的社会交换有四个具体特点。首先，社会交换理论很看重交换行为的"自愿性"，自愿的回馈双方，彼此尊重对方的付出，如果这种回馈是基于第三方压力产生的，那么这种"被迫"的反馈就失去了价值和意义。其次，利益与成本的比率和相对比较水平都会随着时间和情况不同而变化，对于利益的评估是相当主观的。对员工而言，他们对哪些奖励越看重，那么这部分就会对雇佣关系起到越大的影响作用。再次，员工会用过去关系的结果作为评价现在关系标准。例如，如果公司现在的待遇比过去好，那么员工会投入更多努力和情感在工作上且有更多产出，产生良性循环；但如果待遇不如从前，那么员工就会表现出消极的行为和态度，产生不好的行为绩效，形成恶性循环。最后，对这一段雇佣关系的感知取决于平等原则。平等的交换关系是避免双方出现冲突的基础原则，如果长期处在不平等的关系中，可能会导致负面情绪，并促使员工或企业采取行动以使不对等的关系恢复平等。

3.2　裁员频次与幸存者的不安全感

大部分研究者认为工作不安全感代表对工作能否持续的不确定性感知（Salter，1998）。尽管对工作不安全感的定义在学术界尚未达成一致，但整体来看，工作不安全感要么指个体感知到的失去工作本身的威胁（Caplan et al.，1975；Davy et al.，1997），要么指个体对失去工作而产生的担忧（Hartley et al.，1990）。前者强调个体对失去工作可能性的认知评价，后者关注个体对失去工作的威胁的情感反应。组织调整包括裁员、收购、资产剥离，是组织及其整体结构在运营方面寻求更大的灵活性的重要方法，所带来的是组织的稳定性和连续性的消失。对于员工而言，组织调整意味着所从事的工作的相关隐形知识水平下降，员工士气下降，最终带来的最大问题是使员工产生不安全感（Blyton & Bacon，2001）。

关于不安全感的形成过程，首先，裁员会带来不确定性。人们会对不确定的、含糊的、前途未卜的情境感到威胁，面对不确定性，人们容易产生焦虑和紧张。不同国家和地区面对不确定性的态度是不一样的，中国人具有高风险规避特征（Manrai，2011），尤其讨厌甚至抵制变革，并尽力避免类似工作变化的行为（何曼青，2001）。企业可能继续裁员的倾向使员工感知工作稳定性受到威胁，幸存者怀疑和担心是否会有更多的裁员活动发生，当幸存者认为如果裁员再次发生，他们又几乎无法消除失业带来的负面影响时，便会产生压力感（何曼青，2001），并且他们还会焦虑即使可以在未来的裁员中继续幸存下来，他们的长期职业前景又将如何（Greenhalgh & Rosenblatt，1984）。根据 Van Vuuren（1990）对工作不安全感的定义，员工对未来的不确定性意味着工作不安全感，随着裁员次数的增加，员工对未来的不确定性更加强烈，产生更强的不安全感。其次，发生裁员后，工作场所的员工减少，组织需要进行调整，那么幸存者可能要承担更多的工作任务，他们被要求承担额外的角色和责任，但似乎得不到更多的回报（DeVries & Balazs，1997）。有研究发现，裁员发生后，幸存者的工作任务会增加，进而造成压力感和焦虑感（Sweeney & Quirin，2009）。Abolade（2018）认为裁员后组织人员数量减少，员工的职业发展、工作条件等资源变差，员工的工作因此受到威胁。高压力水平对工作场所中的表现产生负面影响（Choo，1986），更大程度的压力意味着更大程度的不安全感（Blyton & Bacon，2001）。裁员频次越高，幸存者的工作任务增加的可能性就越大，产生的心理压力也就越大。最后，裁员影响幸存者的组织公平感，且随着裁员频次的增加这种感知会越来越强。幸存者如何看待受害者离职会影响组织公平感知，裁员幸存者与裁员受害者的关系越好，幸存者越容易产生组织不公平感，并且如果组织没有及时对裁员进行合理的解释，组织不公平感也会随着裁员频次的增加而增加（Brockner，1992）。当幸存者认为被裁员的同事受到不公平的待遇时，不公平的感知会直接促使员工产生职场不安全感（Spreitzer & Mishra，2002），同时，幸存者需要说服自己相信那些被解雇的人，来纠正他们的离开所引起的不公平感，因而产生压力感和焦虑感（DeVries & Balazs，1997），这种压力感和焦虑感将增加工作不安全感。基于以上分析提出如下假设：

H1：裁员频次越高，幸存者的工作不安全感就越强。

3.3 裁员幸存者的虚幻控制感及其行为反应

3.3.1 裁员频次与虚幻控制感

Pearlin 和 Schooler（1978）将掌控感定义为"一个人认为自己生活的机会在自己的控制之下的程度，而不是被支配的程度"。一个人认为事件的结果取决于自身的行为或其他自身的特征，学者称为内在控制的信念（Rotter，1966）。强内在控制的人认为他可以控制自己的结果和命运（Anderson，1977）。然而当个体对自己控制结果的能力过于自信时，就会出现虚幻控制感。Langer（1975）是最早提出虚幻控制感概念的学者，他认为虚幻控制感是个体对自己成功的可能性预期超过客观可能性的现象，这种现象尤其发生在不可控的情境中。Alloy 和 Abramson（1979）在 Langer 的基础上，将不可控情境具体到偶然事件或随机事件，提出虚幻控制感并不仅仅是指个体对成功可能性的过高估计，而是对自我控制能力的高估，换句话说，虚幻控制感是个体在偶然或随机事件中感受到控制事件结果的能力。Taylor 和 Brown（1988）从社会认知的角度出发，提出虚幻控制感是个体对自身及外界环境的积极感知或想象，它是一种错误的精神意象或概念。之后的学者也提出，虚幻控制感是个体对自己影响或改变结果的能力超出个人实际能力范围的一种感知。关于虚幻控制感的产生，有学者提出控制动机理论，Rothbaum 等（1982）指出，当个体努力控制某些结果却无法实现而产生"失败"时，为了减少这种"失败"所带来的负面结果，个体会努力适应环境，以重新获得控制感。也就是说个体会首先尝试初级控制——控制感，如果初级控制无效，随即启动诉诸于补偿性的次级控制，而虚幻控制感便是其中一种有效的次级控制策略。当个体成为裁员幸存者，未来被"裁员"则被视为职场失败，为了避免这种失败，员工首先会启动初级控制，增加自己的控制感，努力适应所处的职场环境。因为即使在裁员期间，幸存者也会积极地认为，通过广泛地培训和发展实践，他们有机会发展自己的职业生涯，并有机会从新聘用的优秀员工处获得新技能。幸存者的最终目标是提高组织的竞争力，并帮助自己有效地管理及抬高自己的角色地位。相关研究证明，调整规模可以帮助幸存者放弃过时的行为和观念，从而和组织的期望保持一致，进而获得新的机会，所以它同时向员工释放"调整规模后的组织存有机会和希望"的信号（Marks & DeMeuse，2005）。失业威胁较高的幸存者更有可能进行更大的控制应对（Armstrong-Stassen，1994）。所以，幸存者首先会产生增强对环境的控制感，当增强控制感也无法改善现状，也就是随着裁员频次增加，控制感被不断剥夺后，随即产生无力感。总而言之，这些都会增强员工的控制感（Brockner et al.，2004），而不会产生虚幻控制感。控制启发式理论认为个体对达成预期结果的控制能力的评估包括两个因素：个体达成目标的意图以及感知的行动和预期结果之间的联系性。例如，强烈的达成某个目标的意图以及更多成功的经历会使人产生更多的虚幻控制感，相反，负面情绪以及失败的经历会抑制虚幻控制感的产生；损失性情境（避免损失的目的）相比收益性情境（取得期望的结果）会产生更多的虚幻控制（杨洁，2015）。企业的裁员频次越高，裁员幸存者认为裁员事件无法被控制或改变，改变组织裁员决定的意愿越低，并且持续裁员对于幸存者而言是一种失败的经历，这些都将抑制幸存者产生虚幻控制。同时，因为人类具有复杂的认知技能——危险感知，在这种认知的作用下，员工在每一次裁员发生前都假设自己即将成为裁员受害者，并希望能够获得组织的机会继续留在岗位上。当裁员发生后发现自己成为了幸存者并保住了工作，随即产生一种获得感，这种收益性情境将抑制虚幻控制感的产生。基于以上分析提出如下假设：

H2：裁员频次越高，幸存者的虚幻控制感就越弱。

3.3.2　工作不安全感与虚幻控制感

企业发生裁员并将持续裁员的可能性导致员工产生害怕失去工作的不安全感等负面情绪，首先，这种工作不安全感作为消极情绪将破坏同事之间以及上下级之间的关系，增加雇员的压力感知；工作不安全感还将伤害员工的健康状况进而降低组织效率（Kinnunen et al.，2000）。在这种消极的心理和物理环境下，加上裁员频次增加带来的不确定性，员工更有可能产生更差的预期，而不是自身成功等超乎客观事实的期望或估计，并且员工将认为自己对环境的控制难以改变消极的现状，而不是对自身的控制能力产生过高估计。其次，根据引发虚幻控制感的控制动机理论，个体会设法努力控制工作不安全感带来的一切负面效应，即使控制结果不理想，裁员幸存者也会努力适应环境，重新获得控制感。因此工作不安全感将导致裁员幸存者产生控制感而不是虚幻控制感。最后，从控制启发式理论出发，工作不安全感是一种负面情绪，它将抑制虚幻控制感的产生。

根据资源保存理论的"损失旋涡"分析可以发现，当员工经历企业裁员并意识到未来可能继续裁员时，由未来的不确定性所带来的工作不安全感对于员工是一种情绪资源的损耗，并且因为裁员可能继续发生使这种不安全感不断持续甚至随时间发展不断加剧，因此自身的资源损耗将持续甚至可能加剧，为了避免资源持续消耗，幸存者将降低对职场结果的积极预期，他们对自己的职场发展结果很难有积极的甚至超乎客观事实的预估，即抑制虚幻控制感产生。从社会交换理论出发，由裁员所带来的不安全感对裁员幸存者而言是一种情绪及精神上的资源损失，当幸存者处于这种状态时会对资源投入的预期收入的比率进行预计，进而判断自己是否继续投资。企业裁员并将持续裁员的可能为幸存者带来更多的资源消耗，意味着幸存者在工作场所的投入增加，但职场的收获或奖励却减少，在这种付出增加但收获减少的背景下，裁员幸存者自然会降低对职场结果的预期。所以，企业发生裁员并可能持续裁员时，员工会认为自己被裁员的可能性越来越大，而不会认为自己能够得到职场的机会——留任在岗位上甚至得到晋升及其他发展机会。基于以上分析提出如下假设：

H3：幸存者的工作不安全感越强，其虚幻控制感就越弱。

3.3.3 虚幻控制感与工作投入

Taylor 和 Brown（1988）指出，虚幻控制感可能对个体有利但也有可能是有害的。很多学者研究发现，虚幻控制感可以让个体在思考时关注更加积极的信息而忽略负面信息，这样个体将产生更多正面的感受，如幸福、从容、自信等，这样更有利于身心健康（Taylor & Browm，1988）。产生虚幻控制感的个体会有更强的动机以及任务持久性（Taylor & Brown，1988），同时 Burger（1985）研究发现，他们会对具有挑战性的任务做出更积极的反应，并持续很长时间，而且他们对自己的期待更高。Anderson（1977）认为内在控制感强的人倾向于认为自己的行为会导致环境的变化，这反过来会导致他们的动机增加，进而增强任务导向的行为，更加成功地解决压力事件所产生的问题，所以他们的工作投入更高，工作绩效也更好，与控制感一样，虚幻控制感使个体产生自己能够适应环境从而获得成功的感知，甚至虚幻控制感导致的将获得成功的感觉会更加强烈。当员工意识到可能再次发生裁员时，控制感强的幸存者会延长自己的工作时间，以说服管理者，证明他们可以让组织减少经济损失。Brockner（1992）的研究发现，裁员后员工的工作量增加，一些员工的工作内在质量有所提高，员工认为裁员给他们带来了更大的自主权和多样性以及新的机会。与控制感一样，虚幻控制感让裁员幸存者产生积极的控制结果的能力感知，裁员幸存者会认为自己在组织调整的过程中获得了组织的持续投资而继续被留用，他们会建设性地看待组织调整，以换取公司的互惠投资。有高虚幻控制感的裁员幸存者会将自己成为幸存者归结为是自己的"优秀"和"突出"，使自己获得了组织继续投资的机会，并且认为通过自己的努力工作和继续展示"优秀"可以被一直留下，不被裁员。也就是说，高虚幻控制感的幸存者对自己职业发展的预期非常乐观，认为自己不会在接下来的裁员行动中被淘汰，甚至可能会因为资源优势得到晋升。基于社会交换理论，他们会在工作中投入更多，以换取组织的资源（Cho & Ahn，2018）。基于以上分析提出如下假设：

H4a：幸存者的虚幻控制感越强，其工作投入就越多。

3.3.4 虚幻控制感与组织公民行为

正因为虚幻控制感高的人会对结果有超乎客观事实的正向肯定，这种积极的肯定也会给裁员幸存者带来积极乐观的情绪，创造积极情绪的过程会间接影响他们帮助他人的能力（Taylor & Brown，1988）。在创造积极情绪的同时，个体更有可能产生帮助他人的行为（Batson et al.，1979；Taylor & Browm，1988），并增加主动发起对话的机会，表达对他人的积极评价（William，1970；Gouaux，1971）。从社会交换理论来看，积极乐观的情绪资源的补充，即收获大于投入，员工愿意付出更多。从资源保存理论来看，在面对情绪资源的补充时，员工愿意继续投入资源以获得更多的资源，这有利于员工与组织以及管理者之间形成更好的社会交换关系。高质量的社会交换关系可能会促使员工产生组织公民行为，因为员工可能会感受到一种关系义务，即参与对其关系伙伴产生积极影响的行为（Lavelle et al.，2007）。雇员和雇主之间健康的社会关系会促进高水平的组织公民行为（Bultena，1998）。Collier 和 Estebn（2007）指出那些认为自己工作的企业是道德的员工，会努力去做有利于组织的事情。高虚幻控制的员工为了维持长期的正式职业发展计划和非正式的职业指导援助从而保持一定的社会交换，并参与更多的组织公民行为。基于以上分析提出以下假设：

H4b：幸存者的虚幻控制感越强，其组织公民行为越多。

综上所述，裁员幸存者的虚幻控制感及其行为反应的发生过程模型如图 3-1 所示。

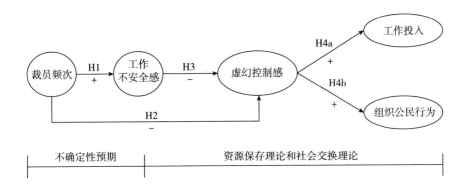

图 3-1 裁员幸存者虚幻控制感的发生过程模型

3.4 裁员幸存者的组织承诺及其行为反应

3.4.1 裁员频次与组织承诺

O'Reilly 和 Chatman（1986）研究认为，组织承诺包括服从、认同和内化三部分。其中服从是指员工得到组织的奖励后给予组织回报的一种应付式行为；认同是指组织的价值和目标能够得到员工的认可或者能够被其吸引，从而愿意维系与组织的关系；内化是指员工的目标和价值观与组织相符合，从而表现出相应的行为。Meyer 和 Allen（1991）提出组织承诺由持续承诺、规范承诺和情感承诺三个维度组成，持续承诺是因规避离职带来的损失而产生的相关行为；规范承诺是指员工受到企业行为规范的约束而产生的相关行为；情感承诺强调员工的情感依赖，员工对企业产生了组织认同并且产生亲近行为。下面从这三个维度对裁员频次与组织承诺的关系分析如下：

首先，裁员代表着失去工作，裁员频次增加，失去工作的可能性就相应增大。裁员发生及其频次的增加所带来的不确定性可能会给幸存者带来职场惩罚——成为裁员受害者，因此幸存者得到组织奖励而产生的回报组织的应付式行为减少甚至不会发生，即抑制幸存者的服从行为，同时因为裁员的发生可能使员工被迫离职，因此破坏了组织承诺中的持续承诺。

其次，裁员行动对于员工代表着心理契约的违背。心理契约理论认为，个人和雇主会达成一种基于信任的非正式协议，员工用自己的工作来换取公平的薪酬和积极、安全的工作环境（Zorn et al.，2017）。这种心理契约和正式的法律意义上的雇佣合同是不一样的，心理契约是感性的，所以每个人对心理契约的内容和条件的解读都是不一样的（Kickul et al.，2004）。组织变革事件引发的工作性质和工作方式的变化往往要求对所谓的心理契约和工作行为规范进行重新谈判（Morrow，2011），而最有可能引起组织承诺变化的事件是那些直接影响员工的组织变革事件。Ferrara-Love（1998）认为发生裁员后，许多员工将他们的工作视为"只是维持生计所必需的东西"，过去的忠诚和承诺迅速消退，破坏了组织内部的稳定。裁员通常被认为违反心理契约，使员工稳定且积极的工作场所回报得不到保障，心理契约破裂使员工对领导和组织的信任降低（DeVries & Balazs，1997），员工进而产生心理退缩，如减少组织承诺（Cohee，2019）。刘泽照（2012）的研究发现公务人员的心理契约与组织承诺间存在正向关系，代表心理契约破裂的裁员事件降低了员工对组织的价值和目标的认同，使员工不愿继续维系与组织的关系，继而不愿遵守组织的行为规范，降低规范承诺。

最后，裁员及其频次的增加给幸存者施加了压力。根据罗宾斯的压力理论模型，工作压力将引发头痛、高血压、心脏病等生理症状；引发焦虑、情绪低落和工作满意度降低等心理症状；还将产生生产效率降低、缺勤、离职等行为症状（李峥和王垒，2003）。所以工作压力作为一种工作场所的刺激，随着其强度的增加，对员工产生的消极作用越大。丁璐和刘文（2006）关于组织承诺的影响因素的研究证明，工作压力是组织承诺的重要影响因素，姜友文和张爱卿（2015）的研究证明工作压力会削弱员工的组织承诺。由工作压力引发的行为症状抑制了员工对组织的内化及后续产生的相应行为，工作压力引发的心理症状抑制了员工对组织的情感承诺。

基于以上分析我们发现，裁员的发生及频次的增加代表了失去工作的概率增加、心理契约的破裂以及工作压力的增加，分别抑制了裁员幸存者对组织的服从、认同和内化，并减少了员工对组织产生持续承诺、规范承诺和情感承诺。因此，随着裁员频次的增加，裁员幸存者的组织承诺随之降低。基于以上分析提出如下假设：

H5：裁员频次与组织承诺负相关，即裁员频次越高，幸存者的组织承诺就越低。

3.4.2 工作不安全感与组织承诺

Lazarus 和 Folkman（1984）将工作不安全感的影响分为即时影响和长期影响，Beehr 和 Newmann（1978）将影响对象分为对个体的影响和对组织的影响。因此工作不安全感的影响可以分为对个人的即时影响（工作态度）、对个人的长期影响（心理和生理健康）、对组织的即时影响（组织态度）和对组织的长期影响（与工作相关的行为）。工作不安全感所包含的对失去工作的威胁，对于幸存者是"惩罚"而非"奖励"，将抑制幸存者对组织产生服从，也会失去裁员幸存者的持续承诺。同时，工作不安全感作为对失去工作的威胁的情感反应，它是一种消极的、对幸存者产生负面影响的情感，它将降低员工对组织的认可，并进一步阻止幸存者与组织目标和价值观达成一致，因此作为情感反应的工作不安全感会抑制裁员幸存者认同和内化行为的产生，并使规范承诺和情感承诺破裂。因此工作不安全感作为裁员幸存者的一种消极心理状态，对组织产生了即时影响，即工作不安全感的出现使员工认为组织不关心自己的工作生活与未来发展，造成员工对组织的情感承诺降低，这种不安全感对裁员幸存者稳定、安全的工作特征起到了威胁作用，作为对组织的"回报"，员工会表现出消极的态度。员工感知来自组织调整带来的威胁，自身的工作延续存在一定风险，使组织承诺受到负面影响（Ashford et al.，1989）。Borg 和 Elizur（1992）基于电子行业的 12 家跨国公司的调研发现，工作不安全感在一定程度上降低了员工的工作满意度和组织承诺。Armstrong-Stassen（1993）调查了加拿大工人在看到工厂关闭公告后的反应，发现工作不安全感与组织承诺减少存在很大程度的相关性。Sverke 等（2002）通过元分析发现工作不安全感与组织承诺之间存在负相关关系。胡三嫚和李中斌（2010）对武汉、广州、成都、太原等地 12 家企业进行调查，发现企业员工的不安全感包括工作丧失、工作执行、薪酬晋升、过度竞争和人际关系不安全五个维度，研究证明了工作不安全感与组织承诺之间存在显著的负相关关系。在胡三嫚和刘明前（2017）的论述里，强烈的工作不安全感会对新生代员工的组织承诺产生较大的负面影响。根据对一线矿工的数据分析，易涛和栗继祖（2021）发现组织承诺在工作不安全感和安全绩效的关联中起到中介作用。

基于以上分析我们发现，从社会交换理论来看，裁员幸存者认为裁员的发生以及频次的持续增加对自身是失去工作的威胁，甚至需要面对应对失去工作的威胁而产生的情感反应，这种情感反应可能对幸存者造成心理或生理上的疾病，预期损失大于收获，于是匹配较低的情绪资源和情感投入，实现与企业的交换平衡。从资源保存理论的"损失旋涡"来看，无论是失去工作的威胁还是付出应对失去工作的威胁的情感，对于裁员幸存者都是一种资源的损耗，为了避免资源的进一步流失，裁员幸存者将尽力保存现有资源并减少情感的投入，从而使裁员幸存者的组织承诺降低。基于以上分析提出如下假设：

H6：工作不安全感与组织承诺负相关，即幸存者的工作不安全感越强，其组织承诺就越低。

3.4.3 组织承诺与工作投入

Kahn（1990）在提出工作投入概念的同时证实了意义感、安全感以及可获得性是个体能够体验工作投入的基本心理条件，其中安全感来自人际关系、群体动态、组织规范以及管理方式和过程，领导者的支持、弹性透明的管理风格，这些让员工受益的群体动态及组织规范均有利于员工产生组织承诺，使员工减少束缚感并毫无顾虑地进入工作。作者还认为工作投入行为可以分为躯体投入、认知投入和情感投入三种：躯体投入即指生理上的高度卷入；认知投入是指个体能够认清自己在工作场合中的角色和任务；情绪投入是指个体在工作时能与周围相关的人在情绪和情感上保持一定的敏感度。因为组织承诺承载了员工对组织的信任和认可，故组织承诺是影响工作投入行为的主要情感因素之一。根据组织承诺的维度划分，组织承诺包括服从、认同和内化，还包括持续承诺、规范承诺和情感承诺。其中认同和规范承诺促使员工认同组织并遵守组织的规范，将减少员工的退缩行为。而内化和情感规范促使员工产生对组织的目标和价值观的一致性，关于组织承诺的研究发现，对组织有感情的员工更愿意投入到工作中去，因此他们会产生更高水平的工作表现，因为组织承诺高的人会将工作认为是自己的工作而非他人的，因此他们会在工作上付出更多以取得更好的工作绩效（Park et al.，2015）；相反，组织承诺低的员工会表现出工作态度和行为上的退缩，而非工作投入。已有研究结论普遍支持组织承诺对工作投入具有显著的预测作用（王晴，2018）。根据心理契约理论，如果员工认为自己已经履行了在组织中的义务而组织没有履行，根据社会交换理论的互惠准则预测，感受到不平衡的一方将采取措施恢复平衡（Blau，2017）。当组织发生裁员后，员工认为与组织之间的心理契约被破坏，组织没有充分履行"契约"的条款，于是员工会在之后的工作场合表现出更低的工作绩效，对于工作任务只是做完而不是做好（Conway & Coyle-Shapiro，2012）。Carrell 和 Dittrich（1978）也发现当员工的组织承诺降低时，他们会感到不舒服，并且有一种恢复不公平状况的冲动，如减少努力。随着裁员幸存者的组织承诺的降低，他们在工作上的付出也会减少。Chao 等（2011）的研究也证明了组织承诺降低后员工会更加不关注质量，这说明组织承诺降低后，员工不再关注任务完成得如何，员工将花费更少的精力在工作上。基于以上分析提出如下假设：

H7a：裁员幸存者的组织承诺与工作投入正相关，即幸存者的组织承诺越高，其工作投入就越多。

3.4.4 组织承诺与组织公民行为

同上推理，具有情感承诺的员工会产生与组织目标一致的个人目标，为了实现组织目标，员工会自发产生更多超乎个人职责的行为，即组织公民行为。相反，如果员工的情感承诺较低，即员工与组织的情感纽带遭到破坏，在这种情况下，员工会产生离开公司的想法，即使留在公司也不会为了组织目标而做出个人的贡献与努力，更不会对组织产生自发的职责之外的行为。刘远和周祖城（2015）认为如果员工对组织的情感依赖程度高，那么员工会从心理上与组织建立纽带，他会将个人和组织关联起来，并愿意为组织做出奉献。Do 和 Yeh（2015）基于社会交换理论发现，员工的情感承诺与组织公民行为之间存在正向作用关系，但被学术界普遍接受的是组织承诺与员工的组织公民行为之间存在正相关，即员工的组织承诺越高，组织公民行为越强。Pare 和 Tremblay（2007）通过对 IT 行业工作人员的研究发现，情感承诺高的员工在工作场所表现出来的组织公民行为更强。苏方国和赵曙明（2005）认为组织公民行为是角色外行为，需要对组织有强烈认同的员工才会表现出该行为；柯丽菲等（2007）选取宾馆、银行、电信公司等服务性企业的 805 名员工作为样本，通过结构方程模型验证了组织承诺与组织公民行为之间的正相关关系。因此，本书提出，当员工与组织形成组织承诺时，员工会选择继续留在岗位上，员工不仅会在情感上与组织亲近，还会在工作场合中表现出与组织意愿相符的行为。基于以上分析提出如下假设：

H7b：裁员幸存者的组织承诺与组织公民行为正相关，即幸存者的组织承诺越高，其组织公民行为就越多。

综上所述，裁员幸存者的组织承诺及其行为反应的发生过程模型如图 3-2 所示。

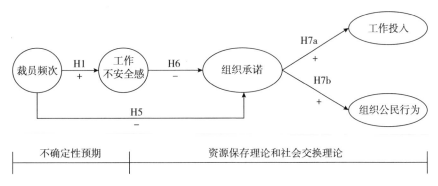

图 3-2　裁员幸存者组织承诺的发生过程模型

3.5　裁员幸存者的工作满意度及其行为反应

3.5.1　裁员频次与工作满意度

Hoppock（1935）将工作满意度表述为"一种心理状态整体性的单一概念，是指员工对工作满意的程度，不需要划分层次来衡量"。此后，关于工作满意度的研究不断涌现，一般可以归纳为综合性定义、期望差距性定义和参考架构性定义三类，根据学者对工作满意度的定义，黄春生（2004）将工作满意度总结为一种态度而非行为，它是一种对工作情境不同构面的反应和态度，相关构面有工作性质、工作本身、工作报酬、个人特征、人际关系、工作环境等。

从人际关系上看，职场伙伴被裁员会对幸存者的日常工作进度以及工作氛围产生影响，具体而言，亲密同事的离职会导致幸存者工作场所的工作条件和情绪价值降低，使幸存者失去工作场所的社会支持。另外，同事的离职使幸存者失去职场的朋友，削弱了工作场所的社交网络，失去社会联系，这些进一步加剧了不满情绪。Shah（2000）的研究表明，社会融合是工作满意度的重要组成部分，关系亲密的同事被解雇与幸存者对裁员的负面情感反应之间存在正相关关系。

从工作因素上看，Locke（1969）认为工作本身、工作场所、工作时间、升迁机会等因素会影响员工的工作满意度。张士菊和廖建桥（2007）使用单一整体评估法和工作要素总和评分法对 15 家企业进行工作满意度问卷调查，研究结果表明工作本身是工作满意度的第二大影响因素。随着裁员频次的增加，工作的不确定性和不稳定性增强，同时组织调整后裁员幸存者将面临更多非职责内的工作，可能延长幸存者的工作时间，增加了工作压力，营造了相比裁员发生前更差的工作环境，对裁员幸存者的生理和心理产生了一定程度的剥削。

从个人因素上看，裁员产生的工作强度、工作重新分配和管理层变动等因素将导致幸存者受伤风险和精神保健的增加。裁员事件给员工带来巨大的压力，因此他们要及时进行调整，消耗一定的资源；同时，自尊心下降以及随后生活领域产生的压力使员工在心理健康方面面临威胁，进而产生较低的工作满意度（Elser et al.，2019）。

基于以上分析我们发现，随着裁员频次的增加，员工个体心理压力增加、人际关系质量变差、工作任务增加，但工作报酬可能没有明显增加，这些个人、人际以及工作的相关因素发生不好的变化，直接降低了幸存者的工作满意度。基于以上分析提出如下假设：

H8：裁员频次与幸存者的工作满意度负相关，即随着裁员频次的增加，幸存者的工作满意度也随之降低。

3.5.2　工作不安全感与工作满意度

工作不安全感代表了对可能的负面事件的一种感知结果，它可能会作为面对工作的主要情感反应。Greenhalgh 和 Rosenblatt（1984）将工作不安全感概括为涉及恐惧、潜在损失和焦虑的压力来源，从而对工作满意度产生负面影响（Ashford et al.，1989；Grunberg et al.，1998）。之所以工作不安全感是工作满意度的重要影响因素之一，是因为员工能力有限，对企业有较大的依赖，担心失去工作，一旦裁员频次增加，幸存者变为受害者的概率随之增加，对企业不再裁员的期望就会提高，对组织产生高度依赖，不安全感上升，对企业的满意度也随之下降；相反，对企业依赖度不高的人，一般不会轻易产生工作场所的不安全感。Ashford 等（1989）的研究证明，工作不安全感的提升将导致工作满意度的降低；Lim（1996）通过对美国东北地区的某大型高校 MBA 学生进行的一项调查研究也同样表明，工作不安全感将导致员工的工作满意度降低；胡三嫚和左斌（2007）探究发现定性的不安全感同时降低员工内在及对外的满意度；张纪豪等（2018）对 344 名护士进行调查，发现工作不安全感对工作不满意和生活不满意均起到负向作用；Klug 等（2019）的研究也同样证明了工作不安全感对工作满意度的负向影响作用显著。

基于以上分析我们发现，随着裁员频次的增加，不安全感的剧增本身对幸存者就是一种情绪上的消耗，并将进一步导致生理和心理上的疾病，对自己的身心健康带来极大的损害。同时，随着同事们的离开，自己在职场中的社会融合度会越来越低，对工作的不满意度进一步增加，因此，从社会交换理论来看，如果裁员幸存者因为工作不安全感导致情绪资源减少，他们也会通过降低自己的工作满意度来匹配较低的情绪资源，实现与企业的交换平衡和自己的心理平衡。从资源保存理论的"损失旋涡"出发，随着裁员频次增加带来的不安全感增加，员工意识到自身的资源流失并将继续不受控制大量流失，裁员幸存者为了避免资源的继续流失将减少情绪资源的投入。基于以上分析提出如下假设：

H9：裁员幸存者的工作不安全感与工作满意度负相关，即幸存者的工作不安全感越强，其工作满意度就越低。

3.5.3　工作满意度与工作投入

从职场发展的角度出发，员工的职业发展阶段可分为：建立阶段、晋升阶段、维持阶段三部分。经过各阶段的工作证明了自身能力之后，员工可能会产生自己被授予"终身职位"（Schein，1971）并成为组织永久成员的感觉，在这个阶段，员工越来越关注与他人的关系，且因为其工作上的成就，处于这一阶段的员工更容易获得同事的尊敬进而建立令人满意的关系；在维持阶段，员工的绩效与满意度之间的关系较强（Gould & Hawkins，1978），当价值实现程度高时，工作满意度与绩效之间的正相关关系最强（Hochwarter et al.，1999）。

社会心理学的大量研究表明，当个体处于积极情绪状态时，通常在创造性任务、人际关系任务、谈判任务和解决问题的任务中表现得更好（Ashby & Isen，1999）。Fisher（2003）的研究也表明积极的情绪会提高表现，也就是说当个人处于积极的情绪状态中时会表现出更积极的工作行为。Ferris（1983）的研究证明，如果工作表现能够影响生理特征，那么生理激活水平的提高可能会表现为工作满意的提升并且带来任务绩效的增加。有关工作满意和工作投入两者关系的研究表明，工作满意度与工作投入之间存在相关关系。Judge 等（2001）通过运用 7 个工作满意—绩效关系模型并回顾与各种模型有关的研究发现，工作满意度与绩效之间存在显著正相关关系。工作投入是员工在工作中的深入程度、所花费的时间及精力以及个体将工作视为整个个人生活核心的程度。Knoop（1995）发现，内源性工作满意度与工作投入之间存在较强的关系。李伟和梅继霞（2012）指出内在动机对员工绩效和工作投入有正向关系。基于以上分析提出如下假设：

H10a：裁员幸存者的工作满意度与工作投入正相关，即幸存者的工作满意度越低，其工作投入就越少。

3.5.4 工作满意度与组织公民行为

关于组织公民行为，有观点认为它是员工自发做出的，与组织中的奖励没有直接联系，但能提高组织效率。一系列的研究表明，工作满意度与组织公民行为之间存在相关性。工作场所是一个受情绪影响的环境，因为员工物理和心理上的需求可以在工作场所中得到满足。积极的情绪会导致员工产生增加积极动作的倾向和意图，激励个体更多地参与工作并产生组织公民行为（Spector & Fox，2002）。Organ（1990）的研究表明，工作满意度越高的员工，对工作的整体评价越高，进而在工作中会采取更多积极的行为，其中包括利他行为，因此这样的员工会在工作场所中表现出更多的组织公民行为。Moorman（1993）将组织公民行为分为运动员精神、自我发展、人际关系和谐、忠诚服从、责任首创、助人为乐和组织认同 7 个维度，以此来探究工作满意度与组织公民行为的关系，通过实证研究发现，工作满意度一定程度上可以预测员工的组织公民行为。通过对既有研究的综合分析，Organ 和 Ryan（1995）发现管理人员和非管理人员身上都可以发现工作满意度与组织公民行为之间的正相关关系。国内学者校锐（2018）通过研究发现，组织公民行为是员工完成本职工作外的亲组织行为，在人职不匹配的情况下，员工内心产生厌倦并且削弱工作动机，进而导致组织公民行为减少。聂琦等（2021）采用体验取样法，对来自广东省的一家服务行业公司和山西省的一家建筑行业公司的员工进行为期 5 天（连续工作日）的追踪调查发现，工作满意度与组织公民行为之间存在正相关关系。基于以上分析提出以下假设：

H10b：裁员幸存者的工作满意度与组织公民行为正相关，即幸存者的工作满意度越低，其组织公民行为就越少。

综上所述，裁员幸存者的工作满意度及其行为反应发生过程模型如图 3-3 所示。

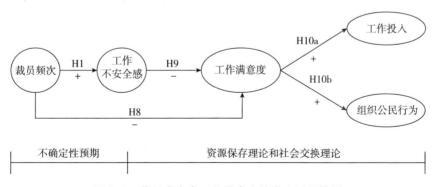

图 3-3　裁员幸存者工作满意度的发生过程模型

3.6 裁员幸存者的心理契约违背及其行为反应

3.6.1 裁员频次与心理契约违背

Kotter（1973）提出心理契约是员工与组织之间的内隐契约关系，该契约包含员工对组织或组织对员工所期望的付出与回报的相关内容。Schein（1971）从个体和组织两个层面对心理契约进行了定义，强调心理契约是雇佣关系中员工和组织间没有明文规定的期望。Rousseau（1989、1990）将心理契约定义为员工对雇佣双方相互义务的感知和信念，组织应该在晋升、工资、绩效、培训、工作保障、职业发展和职场支持等方面尽到对员工的责任和义务；员工也应该从接受加班、对组织忠诚、承担角色外责任、接受工作调动、为公司信息保密等方面对组织负责。Robinson 和 Rousseau（1994）进一步认为，心理契约是员工对个人贡献与组织诱因之间交换关系的理解和感知，个人贡献主要指个人的努力、能力以及忠诚等因素，而组织诱因主要是组织付给员工的薪资报酬、晋升机会和工作保障等。

Rousseau（1990）将心理契约归纳为两类：一是建立在社会情感交换基础上的关系型心理契约；二是建立在经济交换基础上的交易型契约关系。交易型心理契约较高的个体更加关注经济交换，强调外部需求的满足，如与工作付出相匹配的薪资报酬、工作保障等，在这种关系中，组织和员工彼此的责任和义务被清晰地界定，员工认为自己的付出应该及时得到回报。关系型心理契约则代表着一种广泛、长期、没有限定的责任和义务（Rousseau & Parks，1993），在这种关系中，个体更加关注社会交换，具有较低的功利性（Morrison & Robinson，1997），在工作中更在乎良好的人际关系、喜欢有挑战性的工作、关注更多的发展机会并且对组织有更高的责任感（Chio et al.，2014）。

关于心理契约违背，Morrison 和 Robinson（1997）研究认为，因为心理契约本身具有主观性，所以心理契约违背的主要原因是员工与组织对特定契约的履行感知不一致，这主要有三种情况：一是组织和员工的认知方式不同，因此对双方的责任义务感知、理解不尽相同；二是契约中的责任与义务具有复杂性及模糊性；三是沟通问题导致的心理契约认知不一致。如果员工有心理契约违背的经历，这种经历会调节组织和个体对心理契约违背的认知（Robinson & Morrison，2000；Lo & Aryee，2003），在接下来的工作过程中会更加关注组织能否做到履行承诺。同时，作者还认为心理契约违背只有两个：一是组织拒绝履行契约；二是员工和组织双方对契约内容的理解存在差异。关于心理契约违背的前因研究主要集中在个人层面，Robinson（1996）研究发现员工在雇佣初期对组织的信任程度与员工之后感知的心理契约违背存在负向关系。

随着裁员频次的增加，幸存者成为下一个裁员受害者的概率增加，幸存者认为一旦自己被裁员，将无法享受组织给予的晋升机会、培训，甚至工资报酬和工作保障也难以保证，基于社会交换理论和资源保存理论，幸存者也将减少加班、组织忠诚和承担角色外责任等行为，交易型契约关系破裂。同时，同事被裁员可能让幸存者意识到企业的不公平，并联想到自身也有可能成为下一个裁员受害者，因此幸存者对自己与组织之间的关系发展更为短视，将更加关注自己当下能获得的好处而忽视与组织发展长期关系及没有限定的责任和义务，导致关系型心理契约破裂。因为组织发生调整，幸存者可能要面临更多的职责外的任务和工作，加深了契约中责任和义务的复杂性和模糊性，加速心理契约的破裂。裁员事件的发生也将降低幸存者对组织的信任，进而产生心理契约违背。彭移风（2009）认为裁员是组织放弃承诺的表现，因此员工也相应降低自己对组织的承诺，故裁员的发生会使工产生心理契约违背。此外，Guo 和 Giacobbe - Miller（2012）研究发现中国企业裁员幸存者会对企业产生明显的心理契约违背。

Arshad（2016）、Zorn等（2017）均在研究中表明，裁员将破坏裁员幸存者与组织之间的心理契约。基于以上分析提出如下假设：

H11：裁员频次与心理契约违背正相关，即随着裁员频次的增加，幸存者心理契约违背的感知就越强。

3.6.2　工作不安全感与心理契约违背

在企业可能持续裁员的背景下，裁员幸存者感知到工作场所的不安全感，工作不安全感是压力的一种来源，它会导致个体产生偏离正常的生理、心理和行为反应。这种不安全感导致裁员幸存者倾向于认为自己在职场中的薪资报酬、工作保障、培训和发展无法得到保证，导致交易型心理契约违背；同时这种不安全感包括对组织未来发展的不确定，所以幸存者在工作场所中表现出更多功利性的行为，更有可能忽视维护人际关系、关注企业的发展机会，导致关系型的心理契约破裂。学者研究发现如果员工不能感受到高薪、长期的工作安全及晋升等，将感知到组织违反了心理契约。同时，信任被定义为个体的期望，即假设关于对方的未来是有益的、有利的信念，信任在违规感知中起到非常重要的作用。在不安全感的作用下，员工对自己在组织中的发展也是悲观的，因为这种不安全感同时让幸存者感知到组织未来的发展是不稳定的，甚至是不利的，因此裁员幸存者对组织及其未来失去信任。当心理契约的核心——信任，遭到破坏后，心理契约也将破裂。另外，Morrison和Robinson（1997）认为导致心理契约破裂的因素有两个，即食言和不一致。食言是指组织打破了对员工的承诺，不一致是指员工和组织对承诺的理解不一样。当裁员幸存者的不安全感产生时，说明组织没有能力或者不愿意将"长期的工作安全感"和"工作保障"的承诺履行到位。还有另外一种情况是，对于幸存者，组织并没有食言，裁员是为了精简组织架构实现更大的企业价值，从而提升幸存者们的工作幸福感，但裁员的不确定性让幸存者认为组织并没有履行承诺从而产生工作不安全感，甚至在不安全感的作用下，幸存者主动与组织拉开距离，减少与组织沟通的机会，进一步理解不一致并产生心理契约违背的感知。

基于资源保存理论，裁员频次增加一方面可能导致员工失去工作机会，另一方面和工作不安全感的产生一起对幸存者造成了情绪资源的损耗，为了保存个体资源，避免资源的进一步损失，裁员幸存者将降低个体的情绪资源投入。基于社会交换理论，裁员幸存者付出的资源和收获不匹配且付出大于收获，他们将重新匹配更低的资源投入甚至不投入，因此，裁员频次增加和工作不安全感都会带来心理契约违背感知。基于以上分析提出如下假设：

H12：裁员幸存者的工作不安全感与心理契约违背正相关，即幸存者的工作不安全感越强，其心理契约违背的感知就越强。

3.6.3　心理契约违背与反生产行为

根据已有的研究可以发现，心理契约违背会降低员工的组织公民行为，同时心理契约违背将引发员工的破坏性建言行为（张璇等，2017），员工通过贬损性的言论发泄愤怒和不满；心理契约的破坏将削弱员工的积极情绪和动机，进而使下属对组织产生怀疑和怨恨，为实施报复而产生职场偏差行为（黄蝶君等，2017）；当员工意识到因为心理契约的破裂而在职场中遭受不公平的对待时便会产生反生产行为（魏峰等，2015）和离职行为（Robinson & Rousseau，1994；王士红和孔繁斌，2015）等。

当就业条件恶化时，员工与组织之间的心理契约遭到破坏（Piccoli & DeWitte，2015），员工感受到组织没有履行对应的责任，这种契约履行不对等促使员工感受到不公平，因此他们可能会以旷工或"偷窃"来补偿自己（Henle，2005；Guay et al.，2016）。另外，裁员幸存者因为没有工作保障而失去归属感并感到沮丧，根据社会交换理论，他们可能会试图对组织产生反生产行为，以恢复他们与组织的公平关系（Jones，2009；Reisel et al.，2010）。

与反生产行为相近甚至一致的越轨行为，是员工对组织进行抵抗的主要行为之一。Kaplan（1975）发现员工越轨行为是自发的，且大多是由于员工缺乏遵守组织规则的意识或有意违反组织规则而表现出伤害个体或集体利益的侵犯性行为。员工越轨行为包括公开的行为，如侵略和盗窃以及故意不遵守指示或错误地完成工作，这些行为直接影响组织的功能或财产（Fox et al.，2001），Spector 和 Fox（2002）强调这种行为是员工在工作场所中实施的蓄意侵犯行为。Hollinger 和 Clark（1983）提出越轨行为包括财产型越轨（偷拿公物）和生产型越轨（迟到早退）。随后，Robinson 和 Morrison（2000）提出了组织指向（生产型越轨和财产型越轨）、人际指向（政治越轨和人身攻击）二维划分方式。在中国情境下，刘善仕（2004）将员工越轨行为分为财产型越轨、生产型越轨和人际型越轨三种。之后刘文彬和高世盛（2009）、杨杰（2011，2015）等又根据中国情境对越轨行为的分类进行了重新分类，其中财产型越轨、贪墨侵占、损公肥私均属于员工蓄意针对组织采取的越轨行为。

2001 年，Fox 等正式提出反生产行为这一说法，认为其是意图对组织及组织成员造成破坏效应的行为，这些破坏效应既包括对组织的功能、财产产生直接破坏，也可以通过影响员工效率间接损害组织利益。Spector 和 Fox（2002）提出，意图伤害组织及组织成员的行为，包括具有潜在危害性的行为（如辱骂）是反生产行为。反生产行为是员工违背组织合法权益的任何蓄意行为（Gruys & Sackett，2003）。以上对反生产行为的定义关注的是行为本身，不包括结果；关注对象仅局限于内部成员而忽略了外部成员；只包含了故意行为而忽视了偶然行为。随后，Hunter 和 Penney（2014）将成员拓展到组织外部，提出反生产行为是员工伤害或有意伤害组织及其利益相关者的自发行为。Fida 等（2014）认为反生产行为是员工违背社会或组织规范，从而导致组织及其利益相关者利益受损的自发行为。

Carver 和 Scheier（1982）的研究表明，当员工发现雇主对他们所做承诺与自己实际经历存在不一致时，他们将试图通过消极行为来减少或消除自己与组织之间的不平衡。根据认知失调理论，组织与员工在目标、价值上的差异会产生角色预期冲突，组织违背员工心理预期将带来员工的认知失调，进而使其采取越轨行为（Elangovan & Shapiro，1998）。心理契约破坏降低员工对组织的信任程度，员工会从其他方面寻求满足自己的期望（Turnley et al.，2004；Matthijs Bal et al.，2010）。钟建安等（2014）通过实证研究证明心理契约违背与反生产行为之间存在正向作用关系。贾冀南等（2017）以472名新生代科技人才为样本，研究证明了心理契约违背与反生产行为之间的显著正相关关系。同时，根据认知失调理论，一旦心理契约关系失衡，员工会通过改变态度和行为以消除内心的矛盾，在心理层面对组织的规范产生违背感知，随后出现迟到早退和离职等反生产行为。关于心理契约的研究表明，工作不安全感产生后将导致心理退缩，如组织承诺降低，进一步将导致行为上的退缩，如缺勤。忠诚和承诺消退后，继发症便是旷工、退缩和攻击，这些都是幸存者针对失去同事的痛苦做出的应对行为。王娟等（2018）对高绩效工作系统与员工反生产行为之间的关系进行了深入研究，表明心理契约违背与反生产行为正相关。基于以上分析提出如下假设：

H13a：裁员幸存者的心理契约违背与反生产行为正相关，即幸存者心理契约违背的感知越强，其反生产行为就越多。

3.6.4 心理契约违背与工作投入

心理契约包括交易型契约和关系型契约，当违背交易型契约时，员工与组织之间的经济交换得不到保障，当违背关系型契约时，员工拒绝与组织发展责任与义务，而是更加关注眼前的利益，更加功利。基于社会交换理论，员工与组织之间遵循互惠互利原则，交易型契约违背因为损害员工的经济交换，导致员工减少自己对组织的劳动付出，即表现出更多的退缩行为。同时关系型契约的违背意味着员工只关心自己当下的行为是否能够立即得到反馈并获得相应的利益，因此员工完成工作数量的指向明显，且更少关注工作完成的质量，或更不可能为了组织利益而产生超出个人职责范围的行为。因此心理契约违背将增加退缩行为，并减少投资行为，如工作投入。已有研究证明，心理契约违背可能使员工减少工作场所的努力表现，甚至减少员工对工作的依恋并进一步产生离职的意向（Turnley & Feldman，1999）。如果员工认为组织不履行相应责任，员工也将拒绝履行自己的工作义务。Turnley 等（2003）和 Zhao 等（2007）的研究证明，心理契约违背与角色内工作绩效呈现负相关关系。基于以上分析提出如下假设：

H13b：裁员幸存者的心理契约违背与工作投入负相关，即幸存者的心理契约违背感知越强，其工作投入就越少。

3.6.5 心理契约违背与组织公民行为

概括而言，心理契约违背是指员工感知到组织没有履行相应约定从而产生的负面情绪组合。根据社会交换理论，如果员工感知到组织未履行约定的责任，员工将减少心理契约存续时要求履行的责任。组织公民行为作为正式契约之外的个人行为，员工可以自由选择，或增或减，是员工与组织社会交换质量的反应（齐琳和刘泽文，2012）。有研究证明心理契约违背抑制组织公民行为的产生（Robinson，1996），同时心理契约违背可能导致不公平感知，因而减少了员工的组织公民行为（Coyle‑Shapiro & Kessler，2000）。Hui 等（2004）的一项关于中国情境的心理契约与组织行为的研究证明，心理契约违背与组织公民行为之间存在负向关系。Zhao 等（2007）通过一项元分析发现心理契约违背对员工的情感、态度和行为产生了影响，并抑制了组织公民行为的产生。于桂兰等（2013）综合使用元分析、路径分析和回归分析等方法，通过 57 项实证研究开展心理契约与组织公民行为关系的量化探讨，发现心理契约违背与组织公民行为之间存在负向关系。Gupta 等（2016）通过对印度 9 家大医院 2013~2014 年医护人员的问卷调查研究发现，心理契约违背与组织公民行为之间存在负向关系。当裁员幸存者产生心理契约违背时，幸存者与组织之间的交易型契约和关系型契约遭到破坏，特别是关系型契约关系到幸存者对与组织建立长期稳定的、承担更多挑战性任务的契约的破坏，抑制了幸存者进行对组织发展有利并超出个人职责范围的行为，即抑制了组织公民行为。基于以上分析提出如下假设：

H13c：裁员幸存者的心理契约违背与组织公民行为负相关，即幸存者心理契约违背的感知越强，其组织公民行为就越少。

综上所述，裁员幸存者的心理契约违背及其行为反应过程模型如图3-4所示。

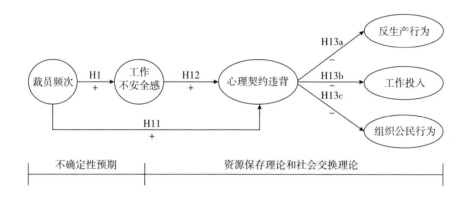

图 3-4　裁员幸存者心理契约违背的发生过程模型

3.7　理论与模型整合

3.7.1　中介效应

随着裁员频次的增加，失业的威胁增大，幸存者对自己掌控裁员结果的能力认识降低，即产生更低的虚幻控制感。同时，控制裁员发生的失败经历也将导致幸存者产生更少的虚幻控制感。此外，裁员频次增加带来的不确定性导致幸存者产生更多的工作不安全感，这种由失败经历导致的工

作不安全感带来的压力,都将抑制虚幻控制感的产生。故假设:

H14:工作不安全感在裁员频次和虚幻控制感之间起中介作用。

幸存者对裁员频次增加产生不确定性预期进而产生工作不安全感,工作不安全感让员工产生职场的收获小于付出的认识,根据社会交换理论,员工将减少后续的投入,降低工作场所的积极性,即削弱虚幻控制感进而降低工作投入;根据资源保存理论的"损失旋涡"理论,随着裁员频次增加带来的工作不安全感将导致员工产生资源损耗,是否继续裁员的不确定性将使员工产生自己的资源将持续损耗且无法弥补的认知,员工为了避免资源的进一步损失将削弱虚幻控制感,并最终导致工作投入的降低。故假设:

H15a:裁员频次增加导致的工作不安全感将抑制裁员幸存者产生虚幻控制感,进而降低幸存者的工作投入。

基于 H15a 分析发现,裁员频次增加导致工作不安全感增强,基于社会交换理论和资源保存理论,裁员幸存者为了保存自己的资源,避免资源的进一步流失,将减少情感和行为的投入,并进一步削弱裁员幸存者的虚幻控制感,且虚幻控制感与组织公民行为之间存在正相关关系,所以最终抑制裁员幸存者的组织公民行为。故假设:

H15b:裁员频次增加导致的工作不安全感将抑制裁员幸存者产生虚幻控制感,进而降低幸存者的组织公民行为。

裁员频次的增加给幸存者带来了失去工作的威胁、心理契约违背以及生理、心理和行为等相关症状,分别抑制了幸存者的服从、认同和内化行为,同时导致了持续承诺、规范承诺和情感承诺的违背,最终抑制幸存者产生组织承诺。同时,裁员频次的增加带来的不确定性及压力的增加,促使幸存者产生工作不安全感。工作不安全感作为压力和负面情绪同样抑制了幸存者产生服从等行为并削弱组织承诺的各个部分,最终抑制组织承诺。因此,提出假设:

H16:工作不安全感在裁员频次和组织承诺间起中介作用。

裁员频次增加导致裁员幸存者工作不安全感加剧,进而增加了幸存者的压力并带来工作场所的威胁，减少了员工对组织的服从、认同和内化，并降低了幸存者对组织的持续承诺、规范承诺和情感承诺，进一步降低了幸存者的组织承诺。组织承诺的降低最终抑制了幸存者的躯体投入、认知投入和情感投入，即导致工作投入降低。故假设：

H17a：裁员频次增加导致的工作不安全感将抑制裁员幸存者产生组织承诺，进而降低幸存者的工作投入。

在 H17a 分析的基础上，裁员频次增加导致工作不安全感增加，而工作不安全感又降低了幸存者的组织承诺。组织承诺降低会使幸存者减少对组织的情感承诺以及内化行为，进而降低裁员幸存者对组织的情感投入，因此员工很难保持个人目标与组织一致，更不会为了实现组织目标而产生超乎个人职责的行为。故假设：

H17b：裁员频次增加导致的工作不安全感将抑制裁员幸存者产生组织承诺，进而减少幸存者的组织公民行为。

裁员频次的增加导致员工个体心理压力增加、人际关系质量变差、工作任务增加但工作报酬可能没有明显增加，这些负面效应直接降低幸存者的工作满意度。同时，裁员频次增加所产生的不确定性和压力感导致幸存者产生工作不安全感，工作不安全感作为一种负面情绪并将导致心理和生理疾病，降低工作满意度，社会融合的降低进一步加剧。故假设：

H18：工作不安全感在裁员频次和工作满意度间起中介作用。

经过以上分析我们发现，当裁员发生时，"终身职位"消失，同事被裁员后，裁员幸存者失去了令人满意的工作关系、完整的组织结构，并且很有可能因为裁员所带来的压力经历生理或心理的疾病，这些都有可能降低裁员幸存者的工作满意度，因此对幸存者的工作积极性、创新能力等造成不利的影响，根据社会交换理论和资源保存理论，幸存者处于对自己资源的保护和避免个人资源的流失，继而在岗位上只追求完成任务而降低质量的追求，降低工作投入。故假设：

H19a：裁员频次增加导致的工作不安全感将降低裁员幸存者的工作满意度，进而降低幸存者的工作投入。

基于以上分析我们发现，随着裁员频次的增加，幸存者产生工作不安全感。裁员幸存者因为不安全感带来的身体或心理上的压力，以及同事离职而消失的职场支持及社会融合而产生工作不满意，根据社会交换理论，员工会减少自己的投入，并在职场上表现出消极的态度和行为。根据资源保存理论的绝望原则，员工在资源损失较大时会进入自我保护的防御模式，所以员工最终会减少在职场上的利他行为，即组织公民行为。故假设：

H19b：裁员频次增加导致的工作不安全感将降低裁员幸存者的工作满意度，进而减少幸存者的组织公民行为。

裁员频次的增加所带来的负面影响分别促进了交易型契约违背和关系型契约违背，最终导致心理契约违背。同时，裁员频次的增加所带来的工作不安全感导致的压力感会使幸存者感知到即将失去工作以及工作场所的资源"入不敷出"，分别导致交易型契约和关系型契约的违背，最终导致心理契约违背。故假设：

H20：工作不安全感在裁员频次和心理契约违背之间起中介作用。

裁员频次的增加使幸存者的工作不安全感增加，工作不安全感导致心理契约违背是基于社会交换理论以及资源保存理论的增益悖论和绝望原则，在损失资源的情况下，即随着裁员频次增加，裁员幸存者意识到个体要发生资源损耗时会想尽办法阻止资源流失或获得其他渠道的资源补充，从而抵御未来可能面临的资源损失，因此个体会减少个体资源投入或将投资方向转向那些回报率高或风险低的角色外行为。换句话说，裁员幸存者为了保存资源并避免资源进一步流失而产生心理和认知上的退缩行为，具体来说，裁员幸存者将在行为上退缩，甚至进行反击以获得其他渠道的资源补给从而产生反生产行为。故假设：

H21a：裁员频次增加导致的工作不安全感将促使裁员幸存者产生心理契约违背的感知，进而增加幸存者的反生产行为。

裁员频次增加带来工作不安全感的增加，由于负面情绪以及工作所带来的压力感对幸存者造成了资源的剥削，基于社会交换理论，幸存者将匹配低的情感资源，即产生心理契约违背，并进一步为裁员幸存者带来负面情绪，员工与组织之间秉承互惠互利原则，当幸存者感知到组织没有履行相应的责任，幸存者也将减少在工作场所的付出。基于资源保存理论，员工意识到自身资源的持续流失时将减少投入以避免资源的进一步流失。因此，裁员频次增加带来的工作不安全感将使幸存者产生心理契约违背，并最终减少工作投入。故假设：

H21b：裁员频次增加导致的工作不安全感将促使裁员幸存者产生心理契约违背的感知，进而减少工作投入。

根据不确定性预期，随着裁员频次的增加，幸存者的工作不安全感增强，因为失去工作的威胁以及不安全感等造成的系列压力使幸存者付出大量资源，根据资源保存理论，在裁员频次增加的背景下，幸存者认为自身还需要付出更多，为了避免资源的进一步流失，幸存者将匹配较低的个人资源，进而产生心理契约违背感知并进一步减少组织公民行为。根据社会交换理论，在裁员频次增加且幸存者感知到自身持续付出却收获较少的情况下，幸存者将减少自己的资源投入以实现与组织之间的交换平衡，从而导致幸存者产生心理契约违背感进而减少组织公民行为。故假设：

H21c：裁员频次增加导致的工作不安全感将促使裁员幸存者产生心理契约违背的感知，进而减少组织公民行为。

3.7.2 调节效应

职业高原又称职业生涯高原，最早是由 Ference 等（1977）提出的，从职位等级发展的纵向角度认为，职业高原指员工在职业发展生涯中的某个阶段，该阶段处于获得晋升可能性小的状态，相比于 Ference 等的纵向流动视角，Veiga（1981）认为水平流动的停滞也是职业生涯高原的一种体现。Feldman 和 Weitz（1988）从横向视角提出职业高原是指员工在工作上进一步增加责任和挑战的可能性很小。同时他们构建职业生涯高原动态发展模型，认为影响员工产生职业生涯高原的原因可以分为三类：员工的工作绩效、组织是否能提供承担更多责任的机会和员工是否接受组织提供的机会。另外，Tremblay 和 Roger（1993）提出了产生职业高原的"三因素说"，包括个人因素、家庭因素和组织因素。关于职业高原的影响后果，学者更多关注于它的负面效应，认为会引发机能失调，产生心理上的困扰，进而降低组织的效率和效能。在实际的研究内容中，职业高原与情感承诺和缺勤之间的负向关系被普遍认可，虽然有学者研究发现职业高原会对员工的工作满意度、工作投入度等产生消极的影响（Stout et al.，1988；Chao，1990），但关于工作绩效、工作卷入度、工作满意度及离职意愿四个效果变量的研究结果总体上还是不一致的（谢宝国和龙立荣，2005）。国内也对职业高原展开了相关研究，职场高原是指个体在职业发展中，职位、职称、技能等处于停滞状态的一种现象，有学者对关于职场生涯高原的研究进行了归纳，包括晋升、流动、责任、主观、知觉、工作、内容、学习等各个方面的停滞，阻碍个体的职业发展。

裁员对于员工将失去工作，持续裁员对于幸存者是工作持续性和稳定性的威胁，它代表了工作不确定性的极大威胁，这种不确定性使幸存者产生工作不安全感。同时，裁员为幸存者既增加了职责外的工作任务，也增加了工作场所的压力和负担。此外，同事被裁员而离开促使幸存者产生对组织的不公平感知。以上裁员带来的效应都将使员工产生工作不安全感，且随着裁员频次的增加，幸存者的工作不安全感随之加剧。对于处于职业高原的幸存者，因为本身不受组织和领导的重视，且工作晋升、流动、责任、学习等工作的各方面均处于停滞状态，易产生负面情绪，并且更加关注个人当下利益。因为不被重视且失去了许多发展机会，因此处于职场高原的幸存者在面临企业持续裁员时更容易感知到更强烈的工作不确定性，相比于非职场高原的工作人员，他们更可能认为自己是下一位裁员受害者。同时，因为职场高原的幸存者更加关注个人当下利益，所以当他们面临组织布置的职责外的任务将产生更多的负面情绪。综上所述，当裁员频次增加时，处于职场高原的幸存者相比于非职场高原的幸存者，将产生更多的工作不安全感。故假设：

H22：职业高原调节了裁员频次对工作不安全感的作用。职业高原程度越高，裁员频次对工作不安全感的促进作用越强；反之，越弱。

裁员频次增加，根据控制动机理论，裁员幸存者认为组织调整为自己提供新的机会从而产生控制感，抑制虚幻控制感；根据控制启发式理论，裁员频次的增加对幸存者是一种失败的经历，且因为其带来的工作不确定性为幸存者增加了负担，从而抑制了虚幻控制感的产生。位于职业高原的幸存者因为自身发展处于停止阶段会引发幸存者的消极情绪和退缩行为，他们更不可能将组织调整视为一种机会，而是将其视为组织开除自己的契机，同时加深裁员行动在幸存者心中的"失败经历"的印象并产生更加强烈的负面情绪和退缩行为。促使幸存者在裁员频次增加的背景下，产生无力感并进一步抑制虚幻控制感的产生。故假设：

H23：职业高原调节了裁员频次对虚幻控制感的作用。职业高原程度越高，裁员频次对虚幻控制感的抑制作用越强；反之，越弱。

因为裁员对于幸存者是失去工作，裁员频次越高，失去工作的可能就越大；同时裁员频次的增加愈加让员工感知到组织不履行心理契约，降低员工对组织的信任感和工作积极性；此外裁员频次增加为幸存者施加了压力。裁员频次通过以上三种途径降低幸存者的组织承诺，对于位于职业高原的幸存者而言，他们不受组织和领导的重视并且失去职业发展的机会，更有可能认为自己是下一个裁员受害者，失去工作。同时因为失去了领导和组织的重视，位于职业高原的幸存者比非职业高原的幸存者失去更多地对组织的信任和工作积极性。此外，因为位于职业高原的幸存者面临职业发展的停滞状态本身具有较大的职场压力，裁员频次的增加进一步增加了他们的压力感。综合以上分析，位于职业高原的幸存者在裁员频次增加的背景下产生更少的组织承诺。故假设：

H24：职业高原调节了裁员频次对组织承诺的作用。职业高原程度越高，裁员频次对组织承诺的抑制作用越强；反之，越弱。

裁员受害者的离职减少了幸存者的职场支持和社会融合，增加了幸存者的职责外的任务，并且带来了工作不确定性从而恶化了工作环境，进而可能给幸存者造成压力，并有可能使幸存者产生生理或心理疾病。进而使所有的变化都将随着裁员频次的增加而加剧，但在不同的职业高原状态下，这种状况可能有程度差异。对于职业高原程度低的，或者非职业高原状态的幸存者而言，他们本来还有较大的成长空间，但是裁员造成的不确定性预期会使他们对未来在该组织中的职业成长预期由明确变得模糊，他们对工作的满意度会更低。相反，处于职业高原的幸存者，在裁员前他们的职业成长本就处于停滞状态，而裁员却可能给他们带来新的机会。例如，裁员后新空出来的职位，或者重新调整的工作内容，或多或少会改变处于职业高原状态的幸存者对未来职业成长的预期，增加了他们未来在组织中的职业想象空间。由此可见，位于职业高原状态的幸存者，裁员对工作满意的抑制作用要弱于非职业高原状态的幸存者。故假设：

H25：职业高原正向调节了裁员频次对工作满意度的作用。职业高原程度越低，裁员频次对工作满意度的抑制作用就越强；反之则越弱。

随着裁员频次的增加，意味着组织的晋升、培训、加薪等机会减少甚至失去工作保障，违背交易型契约。此外，随着裁员的增加幸存者对组织的发展具有不确定性，所以更加重视眼前的利益和收获而放弃与组织建立深层次的联系，发展长期互利的关系，违背关系型契约。位于职业高原的幸存者本身失去了晋升和流动的机会，组织给予的重视也更少，交易型契约违背更多。同时位于职场高原的裁员幸存者因为组织给予的资源较少，基于社会交换理论，这时他们也不会给组织更多的反馈和投入，导致他们不愿意在职场高原状态下做出更多的努力，而是受到资源流失的刺激产生更多的负面情绪，这时他们不会关注与组织发展更多责任外的关系，以及接受组织更具挑战性的任务，从而进一步违背关系型契约。因此我们发现，位于职场高原的幸存者相比于一般幸存者，在裁员频次增加的作用下，会产生更大程度的交易型契约和关系型契约违背，从而增加心理契约违背。故假设：

H26：职业高原调节了裁员频次对组织承诺的作用。职业高原程度越高，裁员频次对心理契约违背的促进作用越强；反之，越弱。

3.7.3　模型汇总

综合以上假设分析推理，我们得到了裁员幸存者工作不安全感的调节中介效应模型，如图3-5所示。裁员频次对幸存者的工作不安全感有促进作用。与未裁员相比，企业裁员经历会使幸存者对企业未来是否继续裁员，以及未来发生裁员是否会被留用产生不确定性预期，导致工作不安全感，过去裁员经历越多，对未来本企业是否裁员的不确定性预期越强，因此工作不安全感越高。同时裁员频次增加导致工作场所压力增加以及不公平感知加强加剧了工作不安全感。工作不安全感使幸存者对工作前途感到焦虑不安，进而带来心理压力和其他负面情绪反应，随着裁员频次的增加、不安全感增强，这种负面心理和情绪意味着情绪资源的持续流失，从资源保存理论和社会交换理论来看，幸存者将减少资源投入从而与组织达到交换平衡，所以将抑制幸存者产生虚幻控制感，进而减少工作投入和组织公民行为。同时因为裁员频次以及工作不安全感损害了幸存者可以从组织获得工作保障、薪资报酬、晋升发展机会、奖励等权益，基于资源保存理论和社会交换理论，幸存者通过降低组织承诺和工作满意来匹配较低的情绪资源，进而减少工作投入和组织公民行为。因为裁员导致幸存者的物质资源和情绪资源流失，幸存者产生心理契约违背感知，为了减少资源流失造成的心理压力和焦虑，幸存者可能通过与企业进行消极的社会交换来弥补这种损失，从而获得消极的心理平衡，进而减少工作投入和组织公民行为并导致反生产行为。处于职业高原的幸存者因为职业发展各方面处于停滞阶段，由不安全感带来的威胁感和压力感倍增，抑制裁员幸存者产生虚幻控制感、组织承诺、工作满意度，但带来更多的是心理契约违背，并顺次影响后续行为。

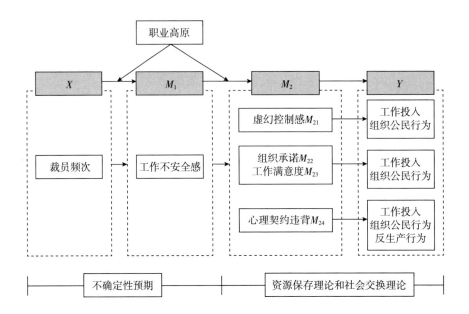

图 3-5 调节中介效应结构

4 研究设计

4.1 研究方法

围绕"裁员幸存者工作不安全感将引发何种效应"这一核心问题，本书使用定性研究和定量研究，分为研究一和研究二。其中，研究一是招募125名企业员工作为受访者，对其进行结构化访谈，并利用定性比较分析法（QCA）对收集的访谈数据进行处理与分析，就员工对不同裁员频次的心理和行为反应做归纳梳理。研究二是通过问卷调研获取企业员工数据，按照随机原则收集问卷，收集时保证4类裁员频次的样本都有所包含，其中"从未裁员""裁员1次""裁员2次""裁员3次及以上"的样本均有适度分布。最后对收集数据采用普通回归、结构方程模型（SEM）、有放回重复抽样（Bootstrap）等方法对数据分析结果进行互证。同时，为保证研究的有效性，使用三角互证法来检验基于混合方法的研究设计（其中研究一为定性研究，研究二为定量研究）。具体信息来源包括：①外部资料：具体指研究论文、行业研究报告、社交平台资料、新闻报道等；②本书课题立项后的企业结构性访谈；③现场观察：包括观察员工工作状态、言语表现等活动；④非正式信息获取渠道，包括电子邮件、电话等。

通过上述各类信息的分析和逻辑推理，最终获得裁员幸存者工作不安全感的作用路径模型。

研究一使用的定性比较分析法（QCA）是综合定性方法与定量方法的重大突破，QCA 使用布尔代数和集合论来进行中小数量的跨案例比较研究，从而处理多种原因与同一结果之间的逻辑关系（孙维苗和张立，2022）。具体来说，定性比较分析就是将要解释的每个案例都看作一系列条件的组合，在确定所要解释的特定结果（结果变量）和解释原因（条件变量）的基础上，研究者通过跨案例比较找到二者之间的逻辑关系和精简细化后的影响结果的条件或条件组合，从而发现蕴含在众多案例中复杂的因果关系。QCA 尝试超越传统的个案研究方法，系统地考察事件发生的成因以及内部生成因子之间的互动关系、可能性关系组合，试图解释促成事件产生的关键因子、因子之间的相互联系以及激发事件产生的复杂的成因组合（郑季良等，2020），以期深化对事件产生的复杂因果关系的理解。

QCA 包括清晰集（Crisp Set）、模糊集（Fuzzy Set）和多值集（Multi Value）三种具体操作方法（孙维苗和张立，2022）。本书研究涉及变量利用结构性访谈获得模糊结果，因此采用模糊集操作方法（fsQCA）。

QCA 界于定性研究的案例取向与定量研究的变量取向之间，具有一定的优势。①对于样本规模的要求不高：在 15～80 个样本规模上都可以运用（唐睿和唐世平，2013）。②在变量主要由二分定类和定序等形式组成的中小规模样本的研究中，QCA 具有较大的优势（刘红波和姚孟佳，2023）。③由于 QCA 对样本量的要求不高（只要在 15 个样本之上），所以研究者能够在研究过程中对总样本进行多次细分，形成不同的子样本级，从而得出更为精细和有趣的结论，也使分析得出的结果更加符合情理，并且使之后的研究更具有目的性。④从根本上说，QCA 能充分分析社会现象的多样性与因果关系的复杂性，可提供不同的因素组合对结果的影响作用（杜运周和贾良定，2017），以便于研究者更深入地挖掘变量与结果之间的作用机制，为更深入的研究提供方向。

研究二使用问卷调研法，对获得的样本数据采用普通回归（OLS）、结构方程模型（SEM）、有放回重复抽样（Bootstrap）等多种方法进行互证。由于本书研究包含调节和双重中介效应，在常见检验方法的基础上加入 R 语言编程，在 P 和 BC 置信区间的基础上，增加验证误差校正与加速（BCa）的置信区间。

为确保研究的有效性，基于混合方法的研究和设计（定性研究与定量研究相结合，表 4-1 为该两种研究方法的区别对比），并采用三角互证法进行论证。三角互证法的基本原则是从多个角度或立场收集对相关情况的解释，并进行比较，使三角相互认证中的每一方都能获得更多的数据来纠正观点。三角互证法被认为可以控制研究变异，帮助形成证据链（伍威·弗里克，2021）。

表 4-1 定性研究与定量研究区别对比

研究类型	研究方法	研究目的	研究内容	研究者
定性研究	通过个案研究法、深度会谈、参与观察等方式收集资料，再使用归纳法等分析资料	确定某一事物或现象是否存在	内容有较大弹性，不具结构化	研究者需亲身体验或参与，感同身受其研究对象
定量研究	调查法、实验法、数据分析法、演绎法等	确定某一事物存在的数量	内容比较确定，具有结构化	研究者更需要做一个"局外人"

资料来源：于海波（2012）、贾旭东和衡量（2020）。

三角互证法具有以下三个特点：①采用多样化数据收集的方法，形成"方法三角形"。"三角互证"研究的主要目的是"从一个独特的认识论位置，从多个不同的角度收集研究中使用的数据"。采用多样化的研究方法，使研究数据来自许多不同的角度，从而减少单一研究方法带来的局限性和不足，使研究结论更加科学、全面、令人信服。本书采用"三角互证"的方法，从研究论文、行业研究报告、社交平台数据、新闻报道等渠道收集数据，总结员工对不同裁员频率的心理和行为反应，确认理论模型。②寻找各种证据来源，形成"数据三角形"（伍威·弗里克，2021）。本书研究的证据来源包括问卷、访谈、现场观察等，访谈的关键在于深度结构化访谈，这些证据的来源互不相同，互不协商。虽然这些证据来源的作用是独立的，但这并不意味着研究人员必须孤立地使用它们。在研究过程中，这些不同类型的证据来源相互补充，共同形成"数据三角形"，提高了研究分析的建设效率，多个证据来源证实了同一现象。③同一数据收集不同的假设和维度，形成"理论三角形"。在数据收集阶段与连接数据和假设阶段，不仅要收集数据，还要将数据串联起来，形成"数据三角形"，以确认和支持理论假设。因此，这一阶段是最能体现"三角相互证据"价值的阶段。这里的"数据三角形"是指数据来源应该是多方面、多渠道的。三角形作为几何图形中最稳定、最不易变形的图形，意味着多样化的数据源之间应该形成一个连接链，即内部稳定的逻辑连接，从而更有说服力，能更好地支持整个研究。

通过三角互证，本书采用多种不同的研究方法、不同的数据源、不同的参与者、不同维度的研究理论等，消除主观偏见和不可控过程的干扰，获得更准确的结果，提高研究数据的可靠性（伍威·弗里克，2021）。

4.2　概念与变量测量

对工作投入的测量以 Wilmar 等（2002）所提出的 UWES（Utrecht Work Engagement Scale）量表最为常见。这一量表是以 Schaufeli 对工作投入的定义为基础构建的，该量表中涵盖了活力、奉献和专注三个维度的内容，利用"早上起床时，我很乐意去上班""工作时，我觉得干劲十足"等 17 个题项加以测量分析，其中活力、奉献和专注量表的 α 系数分别为 0.72、0.89 和 0.72。具体量表如表 4-2 所示。

表 4-2　工作投入度量表

变量	维度	题项
工作投入度	活力	D1 早上起床时，我很乐意去上班
		D2 工作时，我觉得干劲十足
		D3 即使工作进展不顺利，我也不会灰心丧气，能坚持不懈
		D4 我能持续工作很长时间，中间不需要假期休息
		D5 工作时，我的心情非常开朗，精神愉悦
		D6 工作时，我感到精力充沛
	奉献	D7 工作对我具有挑战性
		D8 我所做的工作能够激励我
		D9 我对自己的工作非常热衷，充满热情
		D10 我为自己所从事的工作感到骄傲
		D11 我觉得我所从事的工作非常有意义
	专注	D12 当我工作时，我忘记了周围的一切
		D13 当我工作时，我满脑子就只有工作
		D14 当我工作时，感觉时间飞逝，总是不知不觉就过去了
		D15 让我放下手中的工作，是一件很困难的事情
		D16 我工作的时候，完全沉浸在其中
		D17 当我专心工作时，我感觉到快乐

对组织公民行为的测量则参考了 Organ（1988）关于组织公民行为的测量量表，可以划分为利他行为、按良心行事、运动员精神、公民美德和谦恭有礼 5 个维度。具体量表如表 4-3 所示。

表 4-3　组织公民行为量表

变量	维度	题项
组织公民行为	利他行为	E1 虽然明知不是工作的一部分，但我仍花时间帮助新员工适应工作环境
		E2 我常常准备为身边需要帮忙的人伸出援手
		E3 我乐意花时间帮助同事解决工作上的问题
		E4 我会帮助减轻他人工作负担
		E5 我愿意替代因病或私事请假的同事工作

续表

变量	维度	题项
组织公民行为	按良心行事	E6 我从不占用工作时间去吃饭或超时休息
		E7 和其他员工相比，我很少在工作时间内休息停顿
		E8 为了完成工作，我不计较提早上班或延迟下班
		E9 即使没有他人在场，我也会遵守公司的规章制度
	运动员精神	E10 我常常不满公司所做的一些事
		E11 别人认为我经常满腹牢骚
		E12 别人认为我常常夸大工作中存在的问题
		E13 我会花较多时间向别人抱怨一些小事
		E14 我往往只看到工作中不好的一面，而看不到好的一面
	公民美德	E15 我会参加一些单位鼓励但并非必须参加的训练课程（如急救、救火）
		E16 我积极参加单位的会议
		E17 我经常对单位内部的改善提出建设性的建议
		E18 即使冒着单位不赞同的危险，我也会提出我觉得对单位有利的意见
	谦恭有礼	E19 我会考虑到自己的行为对别人的影响
		E20 我会尽量避免给同事带来麻烦
		E21 我会回复未能及时接听的电话，并尽快响应所有索取资料的请求
		E22 我在采取一些可能影响他人的行动之前会事先与同事做好沟通
		E23 我会尽量避免与同事发生冲突

对反生产行为的测量选取刘文彬和井润田（2010）关于反生产行为的量表，该量表包括工作怠惰行为、公司政治行为、渎职滥权行为、贪墨侵占行为和敌对破坏行为 5 个维度，其中对应维度的 α 系数分别为 0.85、0.80、0.82、0.83 和 0.83。具体量表如表 4-4 所示。

表 4-4　反生产行为量表

变量	维度	题项
反生产行为	工作怠惰行为	M1 工作时间网上购物或使用私人聊天工具
		M2 未经主管人员许可无故迟到早退
		M3 工作时间浏览大量与工作无关的网站或收发私人邮件
		M4 工作间隙故意延长休息时间
		M5 工作时间假借任务需要外出办私事
		M6 在没生病的情况下请病假
		M7 工作时间与同事闲谈、串岗聊天

续表

变量	维度	题项
反生产行为	公司政治行为	M8 利用职权或工作之便报复同事
		M9 挑拨同事间关系
		M10 为某些利益而和同事进行恶性竞争
		M11 针对非本部门的同事制造工作障碍
		M12 不重视、不理睬同事所提出的合理化意见和建议
		M13 以各种方式建立派系和有特殊目的的小圈子
	渎职滥权行为	M14 工作时间利用互联网等途径从事私人商业活动
		M15 对自己职责范围内的工作应付了事、得过且过
		M16 不遵守相应的工作计划或任务流程而导致误工
		M17 面对不好的结果时推卸本属于自己应承担的责任
		M18 发现与单位生产、经营和管理有关的重大问题却不上报
		M19 独享与工作任务有关的信息或资源，不协作、不融入团队
		M20 与同事互相推诿可能产生任务交叉和职责重叠的工作
	贪墨侵占行为	M21 在未经许可的情况下将单位财物据为己有
		M22 为了获取加班补贴而故意拖延工作时间
		M23 将团队或部门一起完成的工作算到自己一个人身上
		M24 虚开报销单据谋取私利
		M25 利用单位的各种资源满足私人需要、达成私人之便
		M26 在以单位的名义进行交易的过程中收受某些形式的好处
	敌对破坏行为	M27 私下里议论、嘲笑同事或上级领导
		M28 抵制与单位各项改革有关的新制度或新安排
		M29 无故不参加公司组织的各项集体活动
		M30 影响或破坏过办公室（区）内的工作环境
		M31 散布未经证实的小道消息甚至谣言
		M32 向新员工或外界表达一些不利于单位的个人想法

4.2.1　调节变量概念与变量测量

调节变量为职业高原，本书对职业高原的测量是根据 Milliman（1992）

有关职业高原的问卷进行改编而得的量表,包括工作内容高原和层级高原
两个维度,具体包括"我希望在工作中不要受到挑战""我在工作中学习
和成长的机会较少"等 12 个题项,原量表 α 系数为 0.82。具体量表如
表 4-5 所示。

表 4-5　职业高原量表

变量	维度	题项
职业高原	工作内容高原	A1 我希望在工作中不要受到挑战
		A2 我在工作中学习和成长的机会较少
		A3 工作任务对我而言,是一些枯燥乏味的事情
		A4 我的工作职责变化不大
		A5 我目前的能力和知识足够应对工作要求
		A6 我的工作挑战性不高
	层级高原	A7 我在组织中向上发展的机会有限
		A8 我对将来能时常受到提拔基本不抱希望
		A9 现在的职位级别对我来说已经足够,我不奢望爬得更高
		A10 我在组织中再次获得职业成功的可能性不大
		A11 我在组织中不太可能获得更高级别的职位
		A12 我对将来在组织里上升到一个更高的级别基本不抱希望

4.2.2　中介变量概念与变量测量

中介变量包括裁员幸存者的工作不安全感和态度。

工作不安全感的测量量表是根据 Johnny 等(1999)有关工作不安全感
的量表改编而成,可以划分为数量性和质量性两个维度,具体包括"我很
担心自己在想要离开这个单位之前就不得不离开""我很害怕被解雇"等
7 个题项,原量表关于数量性和质量性部分 α 系数分别为 0.79 和 0.75。
具体量表如表 4-6 所示。

表4-6 工作不安全感量表

变量	维度	题项
工作不安全感	数量性	B1 我很担心自己在想要离开这个单位之前就不得不离开
		B2 我认为自己不久就有可能失去目前的工作
		B3 我很害怕被解雇
	质量性	B4 我在单位中将来的职业发展机会不会太好
		B5 单位近阶段不太可能给我提供有挑战性的工作
		B6 我目前的才能，单位将来也不一定会用到
		B7 我在单位中薪水上涨的希望不大

　　裁员幸存者的态度可以具体分为虚幻控制感、组织承诺、工作满意度和心理契约违背4个维度。其中对虚幻控制感的测量量表是根据Fast和Gruenfeld（2009）的量表改编而成，具体包括"我在很大程度上可以控制全国市场的发展""因为有我在，单位的未来会有所不同"等5个题项，原量表α系数为0.81。具体量表如表4-7所示。

表4-7 虚幻控制感量表

变量	题项
虚幻控制感	C1 我在很大程度上可以控制全国市场的发展
	C2 我在很大程度上可以影响我所在地区市场的变化
	C3 因为有我在，单位的未来会有所不同
	C4 我在很大程度上可以控制工作中发生的事情
	C5 我在很大程度上可以控制未来的工作变化趋势

　　组织承诺则是使用Meyer等（1993）以及凌文铨等（2001）关于组织承诺的量表进行测量，可以划分为情感承诺、留任承诺、机会承诺和规范承诺4个维度，具体包括"我很乐意在现在的单位继续发展自己的事业""我对现在的单位有很强的归宿感"等18个题项，该量表α系数为0.85。具体量表如表4-8所示。

表 4-8　组织承诺量表

变量	维度	题项
组织承诺	情感承诺	F1 我很乐意在现在的单位继续发展自己的事业
		F2 作为单位的一员，我真的认为，单位所面临的问题就是我的问题
		F3 我对现在的单位有很强的归宿感
		F4 我对现在的单位有深厚的感情依赖
		F5 在现在的单位中，我感到自己就像是这个大家庭的一员
		F6 单位对我而言有重大的个人意义
	留任承诺	F7 现在我必须留在这家单位，而且我也希望这样做
		F8 目前，离开现在的单位对我来说很难，即使我想要离开
		F9 如果现在离开这家单位，我的大部分生活将会被扰乱
	机会承诺	F10 我之所以不考虑离开这家单位，是因为其他可供选择的机会太少
		F11 如果不是因为已经为单位付出太多的话，我可能会考虑换个工作
		F12 如果离开现在的单位，我可能找不到更好的工作
	规范承诺	F13 我觉得我有义务要留在现在的单位工作
		F14 即使现在离开单位对我来说是有利的，我也觉得这么做不合适
		F15 如果现在离开单位，我会感到内疚
		F16 我觉得现在的单位值得我继续为之效力
		F17 我现在不会离开这家单位，因为我对单位里的其他人有一种责任感
		F18 我觉得我受到了这家单位的照顾，所以我应当继续留下来

工作满意度则是利用 Brayfield 和 Rothe（1951）的工作描述指数法进行测量，具体包括"我对自己所从事的工作的性质感到满意""我对指导自己的人（上司）感到满意"等 6 个题项，该量表 α 系数为 0.80。具体量表如表 4-9 所示。

表 4-9　工作满意度量表

变量	题项
工作满意度	G1 我对自己所从事的工作的性质感到满意
	G2 我对指导自己的人（上司）感到满意
	G3 我对与组织中共事的人（同事或平级的人）之间的关系感到满意
	G4 我对自己的工作收入感到满意
	G5 我对在组织中能获得的晋升机会感到满意
	G6 考虑到工作中的每个方面，我对当前的工作情形感到满意

对心理契约违背的测量是根据李原（2002）关于员工心理契约结构的量表进行改编而成，改编后的量表包括交易、关系和发展3个维度，原量表α系数分别为0.93和0.91。具体量表如表4-10所示。

表4-10 心理契约违背量表

变量	维度	题项
心理契约违背	交易	N1 单位给您提供富有挑战性的工作，比您期望的
		N2 单位中的上下级关系和谐、友好，比您期望的
		N3 单位中同事之间相互信任和帮助，比您期望的
		N4 单位根据您的工作业绩发放工资和奖金，比您期望的
		N5 单位给您提供事业发展的机会，比您期望的
		N6 单位给您提供友善而融洽的工作环境，比您期望的
		N7 单位给您提供学习和培训的机会，比您期望的
	关系	N8 单位为您提供稳定的工作保障，比您期望的
		N9 与其他单位相比，所在单位给您提供的待遇公平合理，比您期望的
		N10 单位给您提供不错的福利待遇如各种保险休假等，比您期望的
		N11 单位十分尊重自己的员工，比您期望的
		N12 单位提供合作的工作氛围，比您期望的
		N13 单位给您提供晋升的空间，比您期望的
		N14 单位能真诚地对待自己的员工，比您期望的
	发展	N15 单位关怀您的个人成长和个人生活，比您期望的
		N16 单位给您提供工作的自主权，比您期望的
		N17 单位在做出重大决策之前，会充分考虑员工的意见，比您期望的
		N18 单位能让您发挥技术和专长，学有所用，比您期望的
		N19 单位给您提供充分的资源，比您期望的
		N20 在单位中，您能得到良好的有关工作方面的指导，比您期望的
		N21 单位经常肯定您的工作和成绩，比您期望的

4.3　资料收集渠道

本书课题组资料收集分为案例访谈和问卷调研两个阶段。第一阶段案例访谈包括从课题正式立项之前的企业裁员案例资料收集到课题立项之后的正式访谈。访谈方式主要采用结构性访谈，访谈问题题项与问卷基本一致，本阶段主要用于构建研究内容和理论模型。

第一阶段数据收集以"访谈为主，公开渠道为辅"作为指导思路。通过前期调研访谈、现场观察及其他二手资料查询等渠道进行文本资料数据收集做案例研究，区分裁员频次、工作不安全感、职业高原、虚幻控制感等概念和变量的具体表现形式和类型。访谈对象来自工作期间接触到的企业员工，主要通过即时的结构化访谈，在介绍访谈目的之后邀请受访者回应访谈提纲中的相关问题。

第二阶段是在模型构建完成之后，在理论模型指导下进行正式的数据收集。这一阶段的主要方法是利用问卷调研收集数据。问卷数据源于企业员工，为了保证问卷题项的准确性，在设计问卷时注重题项的设计，确保问题项所列问题简单明确，并且避免设计带有引导性和倾向性的问题。同时，为了提高数据的代表性，特别注重通过多种渠道，按照随机原则在不同地区、行业、企业性质、规模的企业里收集问卷；对于填写问卷者，也在其性别、婚姻、教育程度、职级、工作内容等方面力争符合随机要求。在收集问卷时，为避免或减少同源误差的影响，还会考虑如何在不同时点、不同被测者填写不同子问卷方面进行合理操作。

4.4 数据分析方法

4.4.1 案例访谈数据分析

本书采用模糊集分析技术（fsQCA）对案例访谈数据进行分析。模糊集定性比较分析法的基本原理是将定性比较分析的数据转换到模糊集中，再使用模糊集的数学术语对定性比较分析的数据进行一致性比较分析，从而更加准确、科学地将定性数据进行分析、推论和预测。模糊集分析技术延伸了清晰集分析技术，允许取"0"和"1"之间的部分隶属分数，其背后的基本思想是允许集合分数的刻度化，允许部分隶属。

4.4.2 问卷调研数据分析

为保证结论稳定可靠，本书选择采用普通回归（含残差诊断和稳健检验）、结构方程模型（SEM）、有放回重复抽样（Bootstrap）等多种方法对数据分析结果进行互证。

由于本书模型是包含了调节和双重中介效应的链式中介模型，常见检验方法是通过 Bootstrap 构建非参数百分位（P）和误差矫正（BC）95%的置信区间进行链式中介效应验证。研究将通过 R 语言编程，在 P 和 BC 置信区间的基础上，增加验证误差校正与加速（BCa）的置信区间，这会使包含控制变量、多个调节变量和多重中介变量在内的复杂链式中介效应的检验结果更加稳定可靠，且结果比 Bootstrap 更具有普遍性和更好的精确度。同时，BCa（Bias-Corrected and Accelerated）偏倚修正及加速区间被证实具有优良二阶性质（刘薇等，2014），可以用来验证本书模型。

本书验证模型是裁员幸存者工作不安全感引发的心理和行为反应，具体包括以下四条路径：第一条路径 A 为以虚幻控制感为中介变量，探究裁员频次与工作投入和组织公民行为的相关关系，即"裁员频次—工作不安全感—虚幻控制感—工作投入/组织公民行为"；第二条路径 B 为以组织承诺为中介变量，探究裁员频次与工作投入和组织公民行为的相关关系，即"裁员频次—工作不安全感—组织承诺—工作投入/组织公民行为"；第三条路径 C 为以工作满意度为中介变量，探究裁员频次与工作投入和组织公民行为的相关关系，即"裁员频次—工作不安全感—工作满意度—工作投入/组织公民行为"；第四条路径 D 为以心理契约违背为中介变量，探究裁员频次与工作投入和组织公民行为的相关关系，即"裁员频次—工作不安全感—心理契约违背—工作投入/组织公民行为/反生产行为"。在四条路径的基础上加入职业高原作为调节变量，进行综合链式调节中介路径分析，即对上述四条路径合并后的调节中介效应进行 Bootstrap 检验，因路径 B 和路径 C 中作为中介变量的组织承诺和工作满意度都是对组织的正向影响，因此可将两条路径放在一起进行讨论。

5　研究1：定性比较分析

5.1　模型构建

在企业裁员这一颠覆性事件发生之前，员工的感觉是安全、熟悉、适应的；而当裁员这一变革发生时，人们往往会感到惊讶、否定、愤怒、怀疑自己。最终，有两种心理结果——"接受变革，想方设法适应新环境"，或者"抑郁、缺乏安全感、困惑、情绪低落、抵抗"。裁员后企业的留任员工会出现愤怒、焦虑、嘲讽、怨恨、屈从、愤世嫉俗、士气低落、筋疲力尽、易冲突等表现。该现象被称为裁员综合症。他们中有的人会担心，不知道会不会还有下一轮裁员，到时候自己是否会被裁掉。有的人会变得更加焦虑，觉得自己在以后的工作中千万不能出错，甚至因此产生强迫症。还有的人内心状态非常不稳定，搞不明白为什么自己会被留下？也有的人会觉得，裁掉了那么多人，作为幸存者，自己以后的工作压力是不是会更大了？在裁员这种雇佣关系变革情境中，员工与企业的心理契约遭到了破坏。员工以服从、努力和忠诚作为条件换来的工作安全感不复存在，作为"裁员幸存者"的员工可能会由此产生一系列心理反应，如虚幻控制感、组织承诺、工作满意度和心理契约违背，进而影响员工的工作行为特征，如工作投入、组织公民行为、反生产行为。为了探究裁员事件发生后，由工作不安全感导致的潜在心理状态因素是否会对员工的不同类型工作行为产生影响，研究一拟构建组态效应进行分析。

　　基于以上，研究1提出研究模型如图5-1所示。企业裁员事件将是此项研究关注的核心变量（X），裁员事件将影响员工工作不安全感（M_1），进而引发一系列心理反应（M_2），分别是虚幻控制感（M_{21}）、组织承诺（M_{22}）、工作满意度（M_{23}）、心理契约违背（M_{24}）。最后，将序贯影响员工的行为特征（Y），例如工作投入（Y_1）、组织公民行为（Y_2）、反生产行为（Y_3）。因此，研究一拟从企业裁员事件引发工作不安全感、心理机制、工作行为特征三个方面开展研究影响结果变量的一系列相关条件变量的组合。

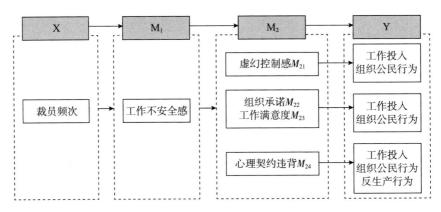

图5-1　裁员幸存者工作不安全感导致的裁员综合症概念模型

5.2　数据处理

5.2.1　变量选择

研究1结合图5-1裁员幸存者工作不安全感导致的裁员综合症概念模

型形势中产生的裁员现象，聚焦裁员这一关键事件可能造成的颠覆性改变，主要研究影响企业员工产生高/低工作投入、组织公民行为、反生产行为的条件组合，条件变量和结果变量的选择（见表5-1）及定义如下。

表5-1　各指标变量说明

变量类别	变量名称	变量指标测量
条件变量（控制变量）	性别	□男　　□女
	受教育程度	□高中及以下　　□大学　　□硕士及以上
	职业层级	□基层　　□中层　　□高层
	企业规模	您所在单位的人员数量约：□人
	工资水平	□5万元及以下　　□6万~10万元　　□11万~15万元 □16万~20万元　　□20万元以上
条件变量（研究变量）	X：裁员频次	□从未裁员　　□裁员1次　　□裁员2次及以上
	M_1：工作不安全感	□低　　□中　　□高
	M_{21}：虚幻控制感	□低　　□中　　□高
	M_{22}：组织承诺	□低　　□中　　□高
	M_{23}：工作满意度	□低　　□中　　□高
	M_{24}：心理契约违背	□低　　□中　　□高
结果变量	Y_1：工作投入	□低　　□中　　□高
	Y_2：组织公民行为	□低　　□中　　□高
	Y_3：反生产行为	□低　　□中　　□高

5.2.1.1　裁员频次

裁员（Layoff）是一种组织事件，可能导致幸存员工的工作需求和工作资源发生变化，进而对个人和组织造成一定影响（尚航标和郑爱欢，2022）。裁员幸存者与灾难余生者的心理伤痛相似，短时间内很难恢复至从前的状态，并出现裁员综合症现象。特别地，经历不同次数裁员事件的员工出于对解聘员工的同情和下一次裁员不确定性的反应，担心自己会成为之后的裁员对象，经常会对企业与自身的关系与责任重新定位（关涛等，2015）。因此，将"裁员频次"作为过程1的条件变量。

5.2.1.2 工作不安全感

工作不安全感（Job Insecurity）被定义为"员工对工作连续性的期望""员工对工作未来持久性的担忧"和"员工对工作稳定性潜在威胁的感知"（Shoss，2017）。工作不安全感作为一种侵入性的内在反应，是企业裁员的直接后果，它往往会影响员工对工作的参与度。因此，将"工作不安全感"作为过程2的条件变量。

5.2.1.3 虚幻控制感

控制感（Illusion of Control）被定义为"一个人认为自己生活的机会在自己的控制之下的程度，而不是被支配的程度"（Pearlin & Schooler，1978）。在企业裁员这一不可控的情境下，虚幻控制感可以解释为裁员幸存者在这种偶然或随机事件中感受到的控制事件结果的能力，它往往会对个体行为动机产生影响。因此，将"虚幻控制感"作为过程3的条件变量。

5.2.1.4 组织承诺

组织承诺（Organizational Commitment）被定义为"将个人目标与特定目标相关的行动过程结合在一起的力量"，是个人对所属组织的目标和价值观的认同和信任，努力的意愿和保持组织成员资格的愿望。裁员事件可能造成幸存者员工情绪衰竭，使其在认知、情感、身体方面逐渐远离自己的角色以至于降低组织承诺（Meyer et al.，2002），组织承诺与员工敬业度关联性极强，当组织承诺较低时，员工有可能产生对组织不利的行为。因此，将"组织承诺"作为过程3的条件变量。

5.2.1.5 工作满意度

工作满意度（Job Satisfaction）被定义为"一种心理状态整体性的单一概念，测量工作满意度最普遍的方法，即是指对员工对工作满意的程度，不需要划分层次来衡量"（Hoppock，1935）。也就是说，工作满意度是个体对自己的工作的总体评价，是对一份工作的好坏的评估，通常是一种从积极到消极的连续反应（Judge et al.，2017）。将"工作满意度"作为过程3的条件变量。

5.2.1.6 心理契约违背

心理契约（Psychological Contract）被定义为"个体通过与组织的互动

所形成的明确或隐含的承诺，体现的是员工与组织之间互惠承诺的信念"（Morrison & Robinson，1997）。裁员事件打破了企业与员工之间的互惠原则和"契约关系"，使员工的付出缺少获得回报的保障，由此产生了心理契约违背。而心理契约违背作为一种个体情感体验，是员工工作态度的决定性因素，而裁员造成的心理契约违背很可能引发员工消极的互惠行为，甚至可能产生对组织不利的行为。因此，将"心理契约违背"作为过程 3 的条件变量。

5.2.1.7 工作投入

工作投入（Job Involvement）是指工作在个体的整体自我形象中的重要性（Lodahl & Kejnar，1965），即一个人对他的工作的重视程度，或者是关于工作的优点以及工作在个人价值中的重要性的价值观的内化。工作投入与当前的工作有关，并且取决于个体目前的就业状况以及其多大程度上满足个体的需求（Ćulibrk et al.，2018）。企业裁员是组织性颠覆事件，可能影响员工的就业状况感知，进而对其工作投入产生影响。因此，将"工作投入"作为过程 3 中的结果变量。

5.2.1.8 组织公民行为

组织公民行为（Organizational Citizenship Behavior）被定义为"个人行为是自由裁量的，没有得到正式奖励系统的直接确认或明确承认，并且在总体上促进了组织的有效运作"（Ćulibrk et al.，2018）。已有研究关注了影响组织公民行为的四大前因，分别是员工特征、任务特征、组织特征和领导行为（Organ，1988）。本书研究则聚焦于企业裁员这一关键事件对裁员幸存者的行为影响机制。因此，将"组织公民行为"作为过程 3 中的结果变量。

5.2.1.9 反生产行为

反生产行为（Counterproductive Work Behavior）是一种故意损害组织及利益相关者合法者权益的员工行为，如辱骂他人、蓄意破坏、生产偏差、撤退和偷盗行为等（Podsakoff et al.，2000）。关于反生产行为的产生原因，可以从多种视角找到解释。本书研究主要聚焦与企业裁员这一关键事件及其产生的一系列情感反应对反生产行为的影响。因此，将"反生产行为"作为过程 3 中的结果变量。

5.2.2 数据收集

研究 1 访谈调研的对象是研究者利用自己的人脉资源，根据地区、行业、企业类别、职务层级等的差异，寻找合适的、有代表性的行业中的被试进行半结构化访谈信息收集。在访谈过程中，我们为被试解释了各个测量项的具体含义。经过完整性、真实性、缺失项检查，最后得到有效样本125 份，样本特征的描述统计如表 5-2 所示。样本在性别、受教育程度、职位层级等方面具备正态分布的特征。各被试所属行业以制造行业、金融行业和服务业为主；外资企业和私营企业居多。

表 5-2 样本描述性统计（n=125）

	类别	频数	占比（%）
性别	男	66	52.8
	女	59	47.2
受教育程度	大学	101	80.8
	硕士及以上	24	19.2
企业性质	国有企业	18	14.4
	外商独资企业与中外合资企业（含港澳台）	52	41.6
	民营/私营企业	53	42.4
	事业单位	2	1.6
行业类型	IT行业	7	5.6
	金融行业	11	8.8
	教育培训行业	5	4.0
	制造工业	57	45.6
	服务行业	13	10.4
	文化传媒行业	2	1.6
	建筑/房地产行业	5	4.0
	事业机关	14	11.2
	贸易/物流行业	11	8.8

续表

类别		频数	占比（%）
工作类型	基层操作类	11	8.8
	技术类	32	25.6
	管理类	70	56.0
	其他	12	9.6
职位层级	基层	56	44.8
	中层	55	44.0
	高层	14	11.2
裁员次数	从未裁员	78	62.4
	裁员 1 次	17	13.6
	裁员 2 次及以上	30	24.0

5.2.3　描述性分析

对样本进行了描述性统计，如表 5-3 所示。裁员频次平均值 0.62，表明企业的裁员现象比较普遍；被试感知的虚幻控制感、组织承诺、工作满意度的平均值均大于 2，表明被试在这几项情感体验维度上有着较高的认知水平。此外，结果变量"工作投入""组织公民行为""反生产行为"的标准差均约为 0.8，表明被试之间行为特征程度差异比较大。

表 5-3　变量描述性统计

变量类别	变量名称	案例数	平均值	标准差	最小值	最大值
条件变量 （控制变量）	性别	125	1 = "男"，0 = "女"			
	受教育程度	125	1 = "大学学历"，0 = "硕士及以上学历"			
	职业层级	125	1.664	0.671	1	3
	企业规模	125	4040.368	11403.899	32	80000
	工资水平	125	3.456	1.341	1	5

变量类别	变量名称	案例数	平均值	标准差	最小值	最大值
条件变量 （研究变量）	裁员频次	125	0.616	0.850	0	2
	工作不安全感	125	1.576	0.796	1	3
	虚幻控制感	125	2.312	0.777	1	3
	组织承诺	125	2.192	0.830	1	3
	工作满意度	125	2.136	0.865	1	3
	心理契约违背	125	1.664	0.813	1	3
结果变量	工作投入	125	2.40	0.793	1	3
	组织公民行为	125	2.224	0.851	1	3
	反生产行为	125	1.776	0.822	1	3

5.2.4　数据校准

使用 fsQCA 方法时需要对变量进行校准，即将所有变量规范化为取值范围从 0 到 1 的模糊集以此定义其隶属度，其中取值为 1 则表示完全隶属，取值为 0 则表示完全非隶属。对案例数据集进行校准往往通过设置 3 个阈值以描述该案例在多大程度上属于一个集合，即完全隶属、交叉点以及完全非隶属（程雪莲等，2023）。理想情况下用对阈值的确定来进行校准需要在理论的支撑下并结合实际情况，但在现实研究情境下，存在大多数变量缺乏理论依据以支撑校准的情况，此时往往考虑原始数据的分布特征作为校准依据。因此，研究 1 中的变量采用了多种校准方式结合，其中性别、受教育程度作为二分变量，不进行校准；企业规模采用经典的四分位数作为校准锚点（Fiss，2011）；其他变量根据实际数据结构采用最大值、平均值、最小值分别作为完全隶属、交叉点、完全不隶属的校准点。对变量的校准锚点如表 5-4 所示。

表 5-4　数据校准

变量类别	变量名称	完全隶属	交叉点	完全不隶属
条件变量 （控制变量）	性别	1 = "男"，0 = "女"		
	受教育程度	1 = "大学学历"，0 = "硕士及以上学历"		
	职业层级	3	1.664	1
	企业规模	2000	500	150
	工资水平	5	3.456	1
条件变量 （研究变量）	裁员频次	2	0.616	0
	工作不安全感	3	1.576	1
	虚幻控制感	3	2.312	1
	组织承诺	3	2.192	1
	工作满意度	3	2.136	1
	心理契约违背	3	1.664	1
结果变量	工作投入	3	2.400	1
	组织公民行为	3	2.224	1
	反生产行为	3	1.776	1

5.3　过程1：裁员与工作不安全感

5.3.1　单个条件变量的必要性分析

使用定性比较分析方法需要事先对单个条件变量进行必要性分析。所谓必要性分析是以确认该条件变量在多大程度上成为必然伴随结果出现而存在的必要条件。若一个条件变量被验证为必要条件且被保留下来，有可能存在被简约解消除的情况从而影响最终构型结果（Rihoux & Ragin，2008）。一致性被广泛应用于衡量是否为必要条件，一般认为，确定为必要条件的一致性最低阈值为 0.9（Schneider & Wagemann，2012）。裁员幸存者工作不安全感导致的裁员综合征发生过程模型中的过程 1 研究中，为保持组态构建合理性，在条件变量裁员频次的基础上增加了性别、受教育程度、职位层级、企业规模、工资水平等传统控制变量作为条件变量。条件变量的必要性分析结果如表 5-5 所示。从中可以发现，低裁员频次对低工作不安全感的一致性为 0.901，表明较低的裁员频次是导致低工作不安全感的核心条件；而导致高工作不安全感则可能需要一系列条件变量共同作用才能导致结果发生。

表 5-5　过程 1 条件变量的必要性分析结果

条件变量名称	高工作不安全感		低工作不安全感	
	一致性	覆盖度	一致性	覆盖度
高裁员频次	0.830	0.819	0.202	0.371
低裁员频次	0.363	0.196	0.901	0.908
性别男	0.478	0.316	0.555	0.684
性别女	0.522	0.387	0.445	0.613
大学学历	0.734	0.317	0.848	0.683
硕士及以上学历	0.266	0.485	0.152	0.515
高职位层级	0.626	0.512	0.431	0.655
低职位层级	0.626	0.353	0.679	0.772
大企业规模	0.466	0.344	0.540	0.742
小企业规模	0.651	0.432	0.522	0.645
高工资水平	0.681	0.437	0.584	0.696
低工资水平	0.526	0.405	0.527	0.755

5.3.2　员工产生高低工作不安全感的构型结果与分析

通过必要条件分析以及完成对数据的校准后，进一步利用 fsQCA 3.0 软件将数据导入获得真值表，以此分析 6 个条件变量构成的条件组合对员工工作不安全感的组态效应。考虑到研究的案例样本数以及保留至少 75%

比例的观察案例原则，将案例频数的临界值设置为 2，并参照主流做法，将原始一致性的临界值设置为 0.8，最终分别得到员工高工作不安全感以及低工作不安全感的真值表并进行下一步构型的分析。研究遵循 Fiss（2011）所提出的构型结果呈现形式，以清晰地描述各个条件变量在组态效应中的核心程度和替代关系。

如表 5-6 所示，解的一致性为 0.919 和 0.944，覆盖率分别为 0.537 和 0.776。解的一致性描述了构型组合对结果产生的充分性，类似于回归分析中的显著性，通常认为一致性应该不低于 0.75（杜运周和贾良定，2017），因此研究所得到的解的一致性达到阈值要求。解的覆盖率则表示了构型组合在多大程度上解释了案例样本，对其一般不存在阈值要求。本书得到解的覆盖率均大于 0.5，表示所得的构型分析覆盖超过样本案例的 50%。组态结果显示，高裁员频次是导致员工高工作不安全感的核心条件，同时低裁员频次是导致员工低工作不安全感的核心条件。

表 5-6 员工产生高低工作不安全感的构型结果

条件变量	高工作不安全感					低工作不安全感					
	构型 1		构型 2	构型 3	构型 4	构型 1	构型 2				构型 3
	1-1	1-2					2-1	2-2	2-3	2-4	
裁员	●	●	●	●	●	⊗	⊗	⊗	⊗	⊗	⊗
性别	·	·	⊗	⊗	●	⊗					·
受教育水平	·	·	●	●	●	●	●	●	●	●	
职位层级		⊗	·		●		⊗		⊗	⊗	·
企业规模	⊗			⊗	·	⊗		⊗	⊗		
工资水平	⊗	⊗			·	·	⊗	⊗		⊗	
原始覆盖度	0.149	0.157	0.157	0.150	0.156	0.392	0.351	0.218	0.271	0.136	0.125
唯一覆盖度	0.041	0.093	0.043	0.082	0.093	0.188	0.087	0.020	0.051	0.027	0.071
解的一致性	0.919					0.944					
解的覆盖率	0.537					0.776					

注：●代表核心条件存在，⊗代表核心条件缺席，·代表辅助条件存在，⊗代表辅助条件缺席，空白表示条件可存在、可不存在。核心条件被定义为同时出现在简约解和中间解的条件变量；辅助条件被定义为出现在中间解但未出现在简约解中的条件变量。

5.4 过程2：工作不安全感与心理反应

5.4.1 单个条件变量的必要性分析

过程2在过程1的基础上，增加了工作不安全感作为研究变量，探究一系列条件组合对虚幻控制感、组织承诺、工作满意度、心理契约违背的影响。如表5-7所示，低裁员频次、低工作不安全感是导致高虚幻控制感和高工作满意度的核心条件，低工作不安全感是导致低心理契约违背的核心条件。而其他条件变量的一致性均低于0.9，未达到成为必要条件的一致性最低阈值，表明影响员工心理反应状态存在"多重并发因果"，往往需要在一系列相关条件变量的共同作用下才能导致结果的发生，因此存在分析条件变量的组态效应的必要性。

5.4.2 员工产生高低心理反应的构型结果与分析

如前所述，进一步利用fsQCA 3.0软件将数据导入获得真值表，以此分析7个条件变量构成的条件组合对员工心理状态反应的组态效应。将案例频数的临界值设置为2，将原始一致性的临界值设置为0.8，最终分别得到员工高虚幻控制感与低虚幻控制感、高组织承诺与低组织承诺、高工作满意度与低工作满意度、高心理契约违背与低心理契约违背的真值表并进行下一步构型的分析。本书遵循Fiss（2011）所提出的构型结果呈现形式，以清晰地描述各个条件变量在组态效应中的核心程度和替代关系。

表 5-7 过程 2 条件变量的必要性分析结果

条件变量名称	高虚幻控制感 一致性	高虚幻控制感 覆盖度	低虚幻控制感 一致性	低虚幻控制感 覆盖度	高组织承诺 一致性	高组织承诺 覆盖度	低组织承诺 一致性	低组织承诺 覆盖度	高工作满意度 一致性	高工作满意度 覆盖度	低工作满意度 一致性	低工作满意度 覆盖度	高心理契约违背 一致性	高心理契约违背 覆盖度	低心理契约违背 一致性	低心理契约违背 覆盖度
高裁员频次	0.212	0.352	0.738	0.857	0.227	0.354	0.655	0.826	0.183	0.279	0.690	0.896	0.731	0.806	0.218	0.375
低裁员频次	0.913	0.833	0.442	0.281	0.889	0.761	0.488	0.338	0.932	0.779	0.445	0.317	0.433	0.262	0.887	0.837
高工作不安全感	0.197	0.333	0.773	0.909	0.226	0.358	0.644	0.824	0.182	0.280	0.697	0.917	0.782	0.874	0.195	0.341
低工作不安全感	0.946	0.856	0.433	0.274	0.888	0.755	0.498	0.343	0.947	0.785	0.454	0.321	0.410	0.246	0.928	0.869
性别男	0.557	0.621	0.487	0.379	0.555	0.581	0.494	0.419	0.596	0.609	0.448	0.391	0.521	0.385	0.532	0.615
性别女	0.443	0.553	0.513	0.447	0.448	0.521	0.506	0.479	0.404	0.462	0.552	0.538	0.479	0.396	0.468	0.604
大学学历	0.832	0.606	0.774	0.394	0.819	0.560	0.794	0.440	0.819	0.547	0.205	0.453	0.786	0.380	0.822	0.620
硕士及以上学历	0.168	0.516	0.226	0.484	0.181	0.521	0.206	0.479	0.181	0.508	0.205	0.493	0.214	0.436	0.177	0.564
高职位层级	0.481	0.661	0.569	0.546	0.501	0.647	0.527	0.550	0.481	0.606	0.545	0.586	0.550	0.502	0.478	0.680
低职位层级	0.670	0.690	0.648	0.466	0.652	0.629	0.662	0.518	0.672	0.634	0.634	0.510	0.650	0.444	0.650	0.693
大企业规模	0.546	0.678	0.505	0.438	0.552	0.645	0.495	0.467	0.525	0.599	0.521	0.507	0.498	0.411	0.540	0.695
小企业规模	0.548	0.613	0.630	0.492	0.543	0.571	0.624	0.530	0.567	0.581	0.587	0.513	0.630	0.467	0.542	0.628
高工资水平	0.638	0.689	0.638	0.481	0.652	0.661	0.614	0.503	0.636	0.629	0.635	0.536	0.622	0.446	0.624	0.697
低工资水平	0.519	0.672	0.588	0.532	0.510	0.620	0.587	0.577	0.531	0.630	0.561	0.568	0.577	0.496	0.504	0.675

如表 5-8 所示，解的一致性为 0.910 和 0.969，覆盖率分别为 0.701 和 0.541。解的一致性高于 0.75，解的覆盖率均大于 0.5，表示所得的构型分析覆盖超过样本案例的 50%。高裁员频次和高工作不安全感是导致员工高虚幻控制感的核心条件；同时高工作不安全感是导致员工低虚幻控制感的核心条件，高裁员频次为辅助条件。

如表 5-9 所示，解的一致性为 0.870 和 0.939，覆盖率分别为 0.548 和 0.437。解的一致性高于 0.75，解的覆盖率为均大于 0.4，表示所得的构型分析覆盖超过样本案例的 40%。组态结果表明，高工作不安全感是引致低组织承诺的核心条件，而高裁员频次为辅助条件。

如表 5-10 所示，解的一致性为 0.891 和 0.984，覆盖率分别为 0.108 和 0.470。组态结果表明，低裁员频次和低工作不安全感是引致高工作满意度的核心条件，而高裁员频次和高工作不安全感是引致低工作满意度的核心条件。

如表 5-11 所示，解的一致性为 0.973 和 0.954，覆盖率分别为 0.518 和 0.591。解的一致性高于 0.75，解的覆盖率为均大于 0.5，表示所得的构型分析覆盖超过样本案例的 50%。组态结果表明，高工作不安全感是引致高心理契约违背的核心条件，高裁员频次为辅助条件；而低裁员频次和低工作不安全感是引致低心理契约违背的核心条件。

5.5　过程3：心理反应与员工行为

5.5.1　单个条件变量的必要性分析

过程 3 将探究前文提出的全模型研究变量对三个结果变量（工作投入、组织公民行为、反生产行为）的影响。如表 5-12 所示，低工作不安

表5-8 员工产生高低心理反应的构型结果——虚幻控制感

条件变量	高虚幻控制感									低虚幻控制感						
	构型1		构型2			构型4			构型5	构型1	构型2	构型3	构型4	构型5	构型6	构型7
	1-1	1-2	2-1	2-2	2-3	4-1	4-2	4-3								
裁员	⊗	⊗	⊗	⊗	⊗	⊗	⊗	⊗	⊗	·	·	·	·	·	·	⊗
工作不安全感	⊗	⊗	⊗	⊗	⊗	⊗	⊗	⊗	⊗	●	●	●	●	●	●	●
性别	·	·	⊗	⊗	⊗	●	●	●	●	·	⊗	·	⊗	·	⊗	·
受教育水平	⊗		⊗													
职位层级	·	⊗	●	●	⊗	⊗	⊗	⊗	●	·	·	·	·	·	·	·
工资水平	·	⊗	⊗	⊗	⊗	·	⊗	⊗	·	·	⊗	⊗	·	·	·	⊗
企业规模	●	●	·	⊗	⊗	⊗	·	⊗	·	·	⊗	·	·	⊗	·	⊗
原始覆盖度	0.226	0.234	0.200	0.130	0.134	0.161	0.182	0.122	0.138	0.265	0.127	0.132	0.127	0.131	0.121	0.064
唯一覆盖度	0.067	0	0.060	0	0.026	0.055	0.002	0.006	0.078	0.069	0.067	0.062	0.031	0.054	0.032	0.024
解的一致性	0.910									0.969						
解的覆盖度	0.701									0.541						

注：●代表核心条件存在，⊗代表核心条件缺席，·代表辅助条件存在，⊗代表辅助条件缺席，空白表示条件可存在，可不存在。核心条件被定义为同时出现在简约解和中间解的条件变量；辅助条件被定义为未出现在简约解但出现在中间解的条件变量。

135

表5-9 员工产生心理反应的构型结果——组织承诺

条件变量	高组织承诺					低组织承诺						
	构型1	构型2	构型3	构型4	构型5	构型1	构型2 2-1	构型2 2-2	构型3	构型4	构型5	构型6
裁员	⊗	⊗	⊗	⊗	⊗	·	·	·	·	·	⊗	·
工作不安全感	⊗	⊗	⊗	⊗	⊗	●	●	●	●	●	●	●
性别	⊗	·		·	·			⊗	⊗		·	⊗
受教育水平	·			⊗	·	●			●			·
职位层级		●	·	⊗	⊗	·	⊗	⊗	·			·
工资水平			●	⊗	⊗	●	⊗	⊗	●	·	⊗	
企业规模	●		·	⊗	⊗		⊗	⊗	·	⊗	⊗	⊗
原始覆盖度	0.216	0.200	0.141	0.033	0.114	0.236	0.167	0.116	0.111	0.115	0.058	0.111
唯一覆盖度	0.104	0.088	0.098	0.025	0.078	0.058	0.037	0	0.024	0.050	0.020	0.003
解的一致性	0.870					0.939						
解的覆盖度	0.548					0.437						

注：●代表核心条件存在，⊗代表核心条件缺席，·代表辅助条件存在，⊗代表辅助条件缺席，空白表示条件可存在，可不存在。核心条件被定义为同时出现在简约解和中间解的条件变量；辅助条件被定义为出现在中间解但未出现在简约解中的条件变量。

表5-10 员工产生心理反应的构型结果——工作满意度

条件变量	高工作满意度						低工作满意度					
	构型1	构型2	构型3	构型4	构型5	构型6	构型1	构型2	构型3	构型4	构型5	构型6
裁员	⊗	⊗	⊗	⊗	⊗	⊗	●	●	●	●	●	●
工作不安全感	⊗	⊗	⊗	⊗	⊗	⊗	●	●	●	●	●	●
性别	●	●	●	●	●	⊗		⊗	·	⊗	·	⊗
受教育水平	⊗		·	·			·	·	·	·		·
职位层级	⊗	⊗		●	●				⊗			·
工资水平	⊗		⊗	⊗	●	●	·	⊗	⊗	·		·
企业规模		⊗	●	⊗	·	⊗		⊗			⊗	
原始覆盖度	0.143	0.172	0.144	0.083	0.145	0.108	0.246	0.112	0.119	0.114	0.115	0.109
唯一覆盖度	0.029	0.060	0.116	0.025	0.097	0.080	0.071	0.059	0.056	0.028	0.046	0.029
解的一致性	0.891						0.984					
解的覆盖度	0.108						0.470					

注：●代表核心条件存在，⊗代表核心条件缺席，·代表辅助条件存在，⊗代表辅助条件缺席，空白表示条件可存在，可不存在。核心条件被定义为同时出现在简约解和中间解中的条件变量；辅助条件被定义为只出现在中间解但未出现在简约解中的条件变量。

137

表5-11 员工产生心理反应的构型结果——心理契约违背

条件变量	高心理契约违背							低心理契约违背					
	构型1	构型2	构型3	构型4	构型5	构型6 6-1	构型6 6-2	构型1	构型2	构型3	构型4	构型5	构型6
裁员	·	·	·	·	⊗	·	·	⊗	⊗	⊗		⊗	⊗
工作不安全感	●	●	●	●	●	●	●	⊗	⊗		⊗	⊗	⊗
性别			⊗			⊗	⊗	⊗	·		·		·
受教育水平	●	·	●	·	·					●	·	●	⊗
职位层级	·	⊗		·		⊗			●	⊗	●	·	⊗
工资水平	●	⊗	●	·	⊗	⊗				⊗	⊗	·	⊗
企业规模		⊗	·	⊗	⊗		⊗	●					
原始覆盖度	0.281	0.197	0.134	0.139	0.068	0.133	0.127	0.221	0.203	0.128	0.129	0.129	0.033
唯一覆盖度	0.069	0.042	0.033	0.058	0.025	0	0.003	0.117	0.065	0.023	0.080	0.085	0.025
解的一致性	0.973							0.954					
解的覆盖度	0.518							0.591					

注：●代表核心条件存在，⊗代表核心条件缺席，·代表辅助条件存在，⊗代表辅助条件缺席，空白表示条件中的条件变量。核心条件被定义为同时出现在简约解和中间解中的条件变量；辅助条件被定义为只出现在中间解但未出现在简约解中的条件变量。

表5-12 过程3条件变量的必要性分析结果

条件变量名称	高工作投入		低工作投入		高组织公民行为		低组织公民行为		高反生产行为		低反生产行为	
	一致性	覆盖度	一致性	覆盖度	一致性	覆盖度	一致性	覆盖度	一致性	覆盖度	一致性	覆盖度
高裁员频次	0.235	0.422	0.740	0.758	0.159	0.257	0.795	0.963	0.663	0.814	0.230	0.366
低裁员频次	0.866	0.854	0.436	0.245	0.977	0.864	0.386	0.257	0.484	0.327	0.883	0.772
高工作不安全感	0.194	0.353	0.860	0.894	0.219	0.357	0.684	0.841	0.663	0.826	0.220	0.355
低工作不安全感	0.942	0.922	0.378	0.211	0.902	0.792	0.477	0.315	0.482	0.323	0.893	0.774
高虚幻控制感	0.857	0.927	0.355	0.219	0.816	0.791	0.460	0.336	0.408	0.302	0.904	0.867
低虚幻控制感	0.278	0.431	0.881	0.778	0.314	0.437	0.713	0.745	0.820	0.869	0.272	0.373
高组织承诺	0.764	0.880	0.359	0.236	0.762	0.787	0.439	0.341	0.331	0.261	0.962	0.982
低组织承诺	0.337	0.480	0.817	0.663	0.362	0.461	0.725	0.696	0.977	0.952	0.276	0.349
高工作满意度	0.773	0.913	0.328	0.221	0.784	0.830	0.384	0.306	0.405	0.327	0.809	0.847
低工作满意度	0.340	0.470	0.870	0.686	0.344	0.426	0.786	0.733	0.810	0.766	0.356	0.437
高心理契约违背	0.258	0.420	0.839	0.780	0.282	0.412	0.697	0.766	0.795	0.886	0.236	0.341
低心理契约违背	0.865	0.904	0.376	0.224	0.840	0.786	0.465	0.327	0.409	0.293	0.921	0.853

全感是导致高工作投入的核心条件，低裁员频次和低工作不安全感是导致高组织公民行为的核心条件，低组织承诺是导致高反生产行为的核心条件，高虚幻控制感、高组织承诺和低心理契约违背是导师低反生产行为的核心条件。而其他条件变量的一致性均低于0.9，未达到成为必要条件的一致性最低阈值，表明影响员工行为特征存在"多重并发因果"，往往需要在一系列相关条件变量的共同作用下才能导致结果的发生，因此存在分析条件变量的组态效应的必要性。

5.5.2 员工产生高低行为反应的构型结果与分析

如前所述，进一步利用 fsQCA 3.0 软件将数据导入获得真值表，以此分析6个条件变量（研究变量）构成的条件组合对员工行为特征的组态效应。将案例频数的临界值设置为2，将原始一致性的临界值设置为0.8，最终分别得到员工高工作投入与低工作投入、高组织公民行为与低组织公民行为、高反生产行为与低反生产行为的真值表并进行下一步构型的分析。本书遵循 Fiss（2011）所提出的构型结果呈现形式，以清晰地描述各个条件变量在组态效应中的核心程度和替代关系。

如表5-13所示，对于高工作投入和低工作投入，其解的一致性分别为0.960和0.936，覆盖率分别为0.842和0.652。组态结果表明，低裁员频次和低工作不安全感以及低心理契约违背是引致高工作投入的核心条件；而高裁员频次是引致低工作投入的核心条件。

对于高组织公民行为和低组织公民行为，其解的一致性分别为0.874和0.975，覆盖率分别为0.859和0.665。组态结果表明，低裁员频次和低工作不安全感是引致高组织公民行为的核心条件；而高裁员频次是引致低组织公民行为的核心条件。

如表5-14所示，解的一致性分别为0.964和0.989，解的覆盖度分别为0.866和0.849。组态结果表明，低组织承诺是引致高反生产行为的核心条件，虚幻控制感和工作满意度为辅助条件，此外高组织承诺和低心理契约违背是引致低反生产行为的核心条件。

表 5-13 员工产生高低行为反应的构型结果——工作投入与组织公民行为

条件变量	高工作投入					低工作投入		高组织公民行为				低组织公民行为		
	构型 1	构型 2	构型 3	构型 4	构型 5	构型 1	构型 2	构型 1	构型 2	构型 3	构型 4	构型 1	构型 2	构型 3
裁员频次	⊗	⊗	⊗	⊗	●	●	●	⊗	⊗	⊗	⊗	●	●	●
工作不安全感	⊗	⊗	⊗	⊗	⊗	●	●	⊗	⊗	⊗	⊗	⊗	·	⊗
虚幻控制感	·	·	·	⊗	⊗	⊗	⊗	⊗	⊗	·	·	⊗	⊗	·
组织承诺	·	·	·	⊗	⊗	·	⊗	⊗	⊗	●	·	⊗	·	·
工作满意度	·	⊗	·	⊗	⊗	⊗	⊗	⊗	⊗	⊗	·	⊗	⊗	·
心理契约违背	⊗	⊗	⊗	⊗	·	⊗	·	·	·	⊗	⊗	·	⊗	⊗
原始覆盖度	0.687	0.711	0.663	0.148	0.14	0.183	0.625	0.212	0.217	0.694	0.727	0.602	0.16	0.171
唯一覆盖度	0.05	0.061	0.025	0.013	0.039	0.027	0.469	0.011	0.027	0.04	0.06	0.456	0.023	0.04
解的一致性	0.960					0.936		0.874				0.975		
解的覆盖度	0.842					0.652		0.859				0.665		

注：●代表核心条件存在，⊗代表核心条件缺席，·代表辅助条件存在，⊗代表辅助条件缺席，空白表示条件可存在，可不存在。核心条件被定义为同时出现在简约解和中间解中的条件变量；辅助条件被定义为出现在中间解但未出现在简约解中的条件变量。

141

表 5-14　员工产生高低行为反应的构型结果——反生产行为

条件变量	高反生产行为			低反生产行为		
	构型 1	构型 2	构型 5	构型 1	构型 2	构型 3
裁员频次		⊗	⊗	⊗	⊗	·
工作不安全感		⊗	⊗	⊗		·
虚幻控制感	⊗	⊗	·	●	●	⊗
组织承诺	⊗	⊗	⊗	●	●	●
工作满意度	⊗	⊗	·	·		⊗
心理契约违背	·		⊗	⊗	⊗	⊗
原始覆盖度	0.723	0.275	0.313	0.791	0.763	0.121
唯一覆盖度	0.477	0.014	0.113	0.056	0.029	0.029
解的一致性	0.964			0.989		
解的覆盖度	0.866			0.849		

注：●代表核心条件存在，⊗代表核心条件缺席，·代表辅助条件存在，⊗代表辅助条件缺席，空白表示条件可存在、可不存在。核心条件被定义为同时出现在简约解和中间解的条件变量；辅助条件被定义为出现在中间解但未出现在简约解中的条件变量。

6 研究2：问卷数据分析

6.1 测量质量分析

  本书研究所收集数据的描述性统计分析如表6-1所示。尽管研究使用了成熟量表，但受实际调研情境变化的影响，还是重新验证了量表的信度和效度。信度检验选用Cronbach α 指标，借用Stata17.0计算变量的 α 信度，9个变量（不算裁员频次）的 α 值介于 $0.800 \sim 0.951$，达到高信度阈值，说明研究的测验信度非常好。具体数据如表6-2对角线括号内的数据所示。

表6-1 样本描述性统计分析（n=470）

类型		数量	占比（%）
公司规模（人）	≤1000	318	67.7
	1001~3000	48	10.2
	3001~5000	18	3.8
	5001~7000	8	1.7
	>7000	65	13.8
	缺失	13	2.8

续表

类型		数量	占比（%）
工作年限（年）	≤1	74	15.7
	1.01~5	232	49.4
	5.01~10	117	24.9
	10.01~15	24	5.1
	>15	7	1.5
	缺失	16	3.4
年均收入（万元）	≤5	7	1.5
	6~10	20	4.3
	11~15	48	10.2
	16~20	79	16.8
	>20	301	64.0
	缺失	15	3.2
性别	男	216	46.0
	女	238	50.6
	缺失	16	3.4
婚姻	已婚	133	28.3
	未婚	321	68.3
	缺失	16	3.4
年龄（岁）	≤30	79	16.8
	31~40	287	61.1
	>40	66	14.0
	缺失	38	8.1
工作类型	基本操作类	34	7.2
	技术类	77	16.4
	管理类	288	61.3
	其他	47	10.0
	缺失	24	5.1
职位层级	基层	138	29.4
	中层	260	55.3
	高层	56	11.9
	缺失	16	3.4

类型		数量	占比（%）
行业类型	IT 行业	52	11.1
	金融行业	53	11.3
	教育培训行业	13	2.8
	制造工业	169	36.0
	服务行业	27	5.7
	文化传媒行业	5	1.1
	建筑/房地产行业	29	6.2
	事业机关	9	1.9
	贸易/物流行业	39	8.3
	医疗/卫生行业	25	5.3
	其他	37	7.9
	缺失	12	2.6
学历	高中及以下	1	0.2
	本科	292	62.1
	硕士及以上	164	34.9
	缺失	13	2.8
裁员频次	从未裁员	301	64.1
	裁员 1 次	96	20.4
	裁员 2 次	34	7.2
	裁员 3 次及以上	33	7.0
	缺失	6	1.3

正如表 6-2 所呈现的 Person 相关性分析结果，包括控制变量在内，所有相关系数绝对值在 0.001～0.651，没有出现异常值。控制变量中除单位人数外，其他控制变量均与裁员频次、职业高原、工作不安全感、虚幻控制感、工作投入、组织公民行为、组织承诺、工作满意度、心理契约违背和反生产行为有程度不等的显著相关，后续将通过回归分析检验控制变量的干扰效应。此外，与控制变量相比，行为结果变量工作投入、组织公民行为、反生产行为，中介变量工作不安全感、虚幻控

制感、组织承诺、工作满意度、心理契约违背和因变量裁员频次之间的相关性更为明显。

多重共线性检验选用方差膨胀因子指标（VIF），在裁员幸存者工作不安全感的正面效应中，分别将所有变量纳入以工作投入和组织公民行为为因变量的模拟方程中，计算出VIF值，其中以工作投入为因变量的VIF值在1.02~1.73，VIF均值为1.23；以组织公民行为为因变量的VIF值在1.02~1.71，VIF均值为1.23。在裁员幸存者工作不安全感的平衡效应中，分别将所有变量纳入以工作投入和组织公民行为为因变量的模拟方程中，计算出VIF值，其中以工作投入为因变量，组织承诺为中介变量的VIF值在1.02~1.74，VIF均值为1.23；以组织公民行为为因变量，组织承诺为中介变量的VIF值在1.02~1.73，VIF均值为1.23；以工作投入为因变量，工作满意度为中介变量的VIF值在1.02~1.71，VIF均值为1.24；以组织公民行为为因变量，工作满意度为中介变量的VIF值在1.02~1.69，VIF均值为1.23。在裁员幸存者工作不安全感的平衡效应中，分别将所有变量纳入以工作投入、组织公民行为和反生产行为为因变量的模拟方程中，计算出VIF值，其中以工作投入为因变量的VIF值在1.02~1.78，VIF均值为1.22；以组织公民行为为因变量的VIF值在1.02~1.78，VIF均值为1.22；以反生产行为为因变量的VIF值在1.02~1.81，VIF均值为1.22。这些指标都远小于5的临界值，说明变量间的多重共线性不明显，不会对后续回归结果的可靠性造成显著干扰。

如表6-2所示，职业高原与工作不安全感、工作投入与组织公民行为、组织承诺与工作满意度的相关系数大于0.5，为进一步检验多重共线性，本研究还进行了条件指数检验，结果显示条件指数值在1.00~4.04内，远小于30，再次验证变量之间的多重共线性不明显。

使用哈曼单因子法分析问卷的共同测量方差问题（CMV）。在假设不明确量表结构的基础上，使用Stata17.0对职业高原、工作不安全感、虚幻控制感、工作投入、组织公民行为、组织承诺、工作满意度、心理契约违

表6-2 相关系数矩阵

变量	1	2	3	4	5	6	7	8	9	10	11	12
1. 单位性质	1.000											
2. 单位人数	-0.046	1.000										
3. 性别	-0.121*	-0.006	1.000									
4. 婚姻	0.081	0.055	0.126*	1.000								
5. 年龄	0.022	0.072	0.171*	0.547*	1.000							
6. 教育	0.079	-0.022	-0.107*	0.016	-0.036	1.000						
7. 职业层级	0.248*	-0.011	0.023	0.253*	0.386*	0.097*	1.000					
8. 行业	0.174*	-0.017	-0.139*	0.038	0.010	0.037	0.057	1.000				
9. 部门	0.122*	0.014	-0.017	-0.056	-0.118*	-0.024	-0.045	-0.009	1.000			
10. 工作类型	0.164*	-0.020	-0.007	0.122*	0.154*	0.047	0.250*	0.133*	-0.096*	1.000		
11. 收入	-0.028	0.078	0.201*	0.255*	0.352*	-0.043	0.284*	-0.110*	-0.073	0.100*	1.000	
12. 裁员频次	0.073	0.083	-0.010	0.043	0.122*	0.141*	0.035	-0.044	-0.077	0.037	0.122*	1.000
13. 职业高原	-0.023	0.001	-0.005	-0.028	-0.076	-0.017	-0.187*	-0.010	-0.004	-0.196*	-0.217*	0.043
14. 工作不安全感	-0.015	0.026	-0.029	-0.093	-0.097*	0.018	-0.234*	-0.048	-0.008	-0.185*	-0.179*	0.160*
15. 虚幻控制感	0.119*	-0.055	0.173*	0.095*	0.221*	0.001	0.363*	0.083	-0.106*	0.152*	0.157*	-0.025
16. 工作投入	0.037	-0.035	0.103*	0.156*	0.241*	0.014	0.307*	0.013	-0.028	0.128*	0.229*	0.008
17. 组织公民行为	0.028	-0.021	-0.006	0.058	0.143*	0.068	0.187*	0.062	-0.002	0.042	0.120*	0.021
18. 组织承诺	0.026	-0.031	0.115*	0.145*	0.218*	-0.015	0.318*	0.025	-0.013	0.141*	0.182*	-0.024

续表

变量	1	2	3	4	5	6	7	8	9	10	11	12
19. 工作满意度	0.047	-0.036	0.117*	0.114*	0.147*	-0.056	0.261*	0.009	-0.019	0.125*	0.227*	-0.010
20. 反生产行为	0.038	-0.027	-0.178*	0.007	-0.001	-0.011	0.058	0.101*	0.072	-0.051	0.022	-0.097*
21. 心理契约违背	-0.015	-0.002	-0.100*	0.024	-0.090	0.026	-0.094*	0.002	0.009	-0.049	-0.047	0.026
条件指数	1.000	1.410	1.600	1.730	1.850	1.930	1.970	2.050	2.130	2.200	2.270	2.290
均值 (Mean)	2.361	9825.361	0.555	0.701	35.531	2.349	1.821	5.081	5.845	2.773	4.466	1.600
标准差 (Sd)	0.850	50790.800	0.498	0.458	4.634	0.484	0.627	3.070	3.377	0.752	0.937	0.936

变量	13	14	15	16	17	18	19	20	21
13. 职业高原	(0.857)								
14. 工作不安全感	0.651*	(0.803)							
15. 虚幻控制感	-0.249*	-0.329*	(0.800)						
16. 工作投入	-0.418*	-0.442*	0.397*	(0.930)					
17. 组织公民行为	-0.255*	-0.334*	0.178*	0.594*	(0.851)				
18. 组织承诺	-0.336*	-0.372*	0.306*	0.483*	0.343*	(0.907)			
19. 工作满意度	-0.436*	-0.444*	0.295*	0.590*	0.437*	0.642*	(0.861)		
20. 反生产行为	-0.183*	-0.284*	-0.009	0.262*	0.492*	0.065	0.136*	(0.951)	
21. 心理契约违背	0.263*	0.237*	-0.144*	-0.251*	-0.115*	-0.265*	-0.333*	0.039	(0.942)
条件指数	2.380	2.480	2.570	2.730	3.200	3.350	3.570	3.820	4.040
均值 (Mean)	2.612	2.228	2.750	3.493	3.784	3.007	3.309	4.438	3.233
标准差 (Sd)	0.682	0.715	0.773	0.660	0.442	0.683	0.745	0.485	0.672

注：*$p<0.05$；对角线括号内的数据是 α 信度；样本量 n=335。

背和反生产行为 9 个量表的 141 个题项进行探索性因子分析（EFA）。未经正交旋转，提出 21 个特征值大于 1 的因子，首因子解释方差为 24.42%，小于 40% 的临界值，说明问卷的 CMV 不明显。

　　为验证问卷的建构效度，研究通过变量的聚合与区分效度检验来实现。使用 Lisrel8.8 对 9 个变量进行验证性因子分析（CFA）。首先根据问卷的原始结构，对 9 个变量进行 CFA，其测量模型的 χ^2/df、RMSEA、CFI、NFI、IFI、RFI、RMR 等指标均在可接受范围内，具体如表 6-3 所示。其次通过依次减少一个因子数量，将 9 个变量的 144 个题项进行重新组合，组合出若干个测量模型，在各因子测量模型中挑选出拟合指标测量模型。1~8 因子模型的 χ^2/df 指标均大于 3，1~8 模型的 RMSEA 均大于 0.08。此外，1~6 模型的 CFI、NFI、IFI、RFI、RMR 等指标均不在接受范围内。因此认为 9 因子原始模型是最优模型。由于 9 因子模型是按照变量在问卷中的原始结构组合而成的，说明 9 个变量的划分逻辑是合理的，在 9 个变量间的区分与单一变量的聚合上通过了检验。因此，问卷建构效度的合理性也得到了数据支持。接着使用潜变量模型控制法检验 CMV，即在原始 9 因子模型的基础上添加一个 CMV 因子，同时让所有观察变量都指向 CMV 因子。使用 Lisrel8.8 对这个包含了 CMV 因子的观测模型进行验证性因子分析，拟合结果如表 6-3 最后一行所示。将包含 CMV 潜变量模型与 9 因子模型进行比较可见，虽然 χ^2/df、RMSEA、CFI、NFI 等指标略优，但 $\Delta\chi^2/\Delta df = 2.833$，小于 3.85 的临界值。这说明包含 CMV 的潜变量模型并未显著优于原始 9 因子模型。

表 6-3　变量的区分效度检验

模型	χ^2	df	χ^2/df	RMSEA	$\Delta\chi^2/\Delta df$	CFI	NFI	IFI	RFI	RMR
9 因子原始模型	714.123	288	2.480	0.060	—	0.975	0.959	0.975	0.949	0.029
8 因子模型	1715.833	296	5.797	0.109	125.214	0.932	0.916	0.933	0.901	0.038
7 因子模型	2120.914	303	7.000	0.122	93.786	0.917	0.901	0.918	0.885	0.040
6 因子模型	2883.712	309	9.332	0.143	103.314	0.888	0.872	0.888	0.854	0.042

模型	χ^2	df	χ^2/df	RMSEA	$\Delta\chi^2$/Δdf	CFI	NFI	IFI	RFI	RMR
5 因子模型	3181.435	314	10.132	0.150	94.897	0.869	0.853	0.869	0.836	0.054
4 因子模型	3971.088	318	12.488	0.168	108.566	0.831	0.816	0.832	0.797	0.064
3 因子模型	4370.848	321	13.616	0.176	110.810	0.818	0.802	0.818	0.784	0.067
2 因子模型	5261.456	323	16.289	0.194	129.924	0.758	0.744	0.759	0.722	0.075
全因子模型	6540.049	324	20.185	0.217	161.831	0.703	0.690	0.704	0.664	0.077
包含 CMV 的潜变量模型	610.343	252	2.422	0.059	2.883	0.959	0.945	0.960	0.924	0.135

说明：除第二行外，所有 $\Delta\chi^2$/Δdf 均是与 9 因子原始模型比较后的结果。

6.2 路径A：裁员幸存者的虚幻控制感及其行为反应

6.2.1 路径 A 的直接效应检验

对直接效应的检验，本书根据裁员幸存者工作不安全感的三个效应分别进行，然后分别采用最小平方和法（OLS）进行拟合。为了避免或减少非正态分布问题的不利影响，同时构建迭代法（Robust）对标准误进行稳健性检验，从而检验回归结果的显著性。

在裁员幸存者工作不安全感的正面效应结构中使用 Stata17.0，分别以工作不安全感（模型 E1）、虚幻控制感（模型 E2）、工作投入（模型 E3）、组织公民行为（模型 E4）为因变量，做了 4 组回归分析，分析结果如表 6-4 所示。其中模型 E10、模型 E20、模型 E30、模型 E40 均只加入了控制变量，作为控制模型，它们可以帮助分析控制变量对因变量的干扰效应。与控制模型相比，4 组回归分析中，除了模型 E41 的 F 检验外，几乎所有的自变量模型的 R^2 和 ΔR^2 的 F 检验均在 0.001 水平显著，说明即使有控制变量的干扰，模型在加入自变量后仍然符合要求。同时，除模型 E41 外，其他各自变量回归模型的统计效应量 f^2 的值在 0.144~0.462，说明各模型的统计解释力度均达到中等以上水平。

对于解释变量的直接作用，模型 E11 检验了裁员频次对工作不安全感的作用，结果如表 6-4 所示。裁员频次对工作不安全感的作用显著为正（b=0.124，se=0.039），在 0.01 的水平显著。由此可见，随着裁员频次增加带来的不确定性及压力的增加会促使员工产生工作不安全感。因此假设 1 得到支持。

模型 E21 和模型 E22 分别用来检验裁员频次对虚幻控制感以及工作不安全感对虚幻控制感的影响。结果显示，工作不安全感对虚幻控制感的作用显著为负（b=-0.261，se=0.056），在 0.001 的水平显著。且模型 E22 与模型 E21 相比，$\Delta R^2 = 0.053$，$\Delta F = 22.048^{***}$，表明模型 E22 在模型 E21 的基础上添加的工作不安全感具有显著的解释力度，代表着即使有控制变量干扰，它们对因变量仍存在直接净效应。但裁员频次对虚幻控制感的作用关系并不显著（b=-0.048，se=0.044）。这说明随着幸存者工作不安全感的增加，将抑制他们产生虚幻控制感，但裁员频次对虚幻控制感的作用并没有得到数据的支持。因此假设 2 未得到支持，假设 3 得到了支持。

模型 E33 和模型 E43 用于检验虚幻控制感对工作投入和组织公民行为的作用，如表 6-4 结果所示，虚幻控制感对工作投入的作用显著为正（b=0.190，se=0.043），在 0.001 的水平显著。并且模型 E33 与模型 E32 相比，$\Delta R^2 = 0.039$，$\Delta F = 19.257^{***}$，说明模型 E33 在模型 E32 的基础上添加的虚幻控制感对工作投入具有显著的解释效力。但虚幻控制感对组织公民行为的作用并不显著（b=0.02，se=0.031）。这说明在虚幻控制感的作用下，员工可能会因为感知到自己能够掌握结果而产生更多的工作投入以换取工作机会，组织公民行为的产生没有得到验证。因此假设 4a 成立，假设 4b 未得到支持。

稳健性检验的结果如表 6-5 所示，再次验证了多重回归分析中的结果。

表6-4 路径A直接效应的多重回归分析

变量	E1 工作不安全感		E2 虚幻控制感			E3 工作投入				E4 组织公民行为			
	E10	E11	E20	E21	E22	E30	E31	E32	E33	E40	E41	E42	E43
常数项	2.839***	2.859***	1.504***	1.514***	2.270***	2.103***	2.112***	3.209***	2.782***	3.024***	3.023***	3.594***	3.549***
单位性质	0.043	0.0355	0.011	0.011	0.021	-0.037	-0.039	-0.030	-0.037	-0.033	-0.033	-0.027	-0.029
单位人数	0.000	0.000	0.000	0.000	0.000	0.000	0.000	0.000	0.000	0.000	0.000	0.000	0.000
性别	0.010	0.0157	0.261***	0.261***	0.256***	0.087	0.088	0.092	0.035	-0.028	-0.028	-0.024	-0.031
婚姻	-0.106	-0.092	-0.068	-0.075	-0.103	0.041	0.037	0.001	0.026	-0.020	-0.021	-0.030	-0.027
年龄	0.010	0.008	0.010	0.010	0.010	0.011	0.011	0.015	0.014	0.009	0.010	0.013*	0.013*
教育	0.109	0.080	-0.028	-0.021	0.004	0.002	0.002	0.033	0.025	0.063	0.064	0.074	0.072
职位层级	-0.204**	-0.194**	0.362***	0.358***	0.326***	0.233***	0.231***	0.155	0.094	0.089*	0.088*	0.038	0.031
行业	-0.011	-0.007	0.020	0.018	0.015	-0.002	-0.003	-0.004	-0.007	0.011	0.010	0.010	0.010
部门	0.001	0.004	-0.024*	-0.026*	-0.023*	-0.002	-0.003	-0.001	0.005	0.003	0.003	0.003	0.004
工作类型	-0.171***	-0.172***	0.057	0.057	0.010	0.071	0.072	0.001	-0.001	0.006	0.006	-0.032	-0.032
收入	-0.077	-0.102*	0.013	0.027	0.005	0.084*	0.092*	0.050	0.049	0.027	0.029	0.006	0.006
裁员频次		0.124** (0.039)		-0.048 (0.044)	-0.012 (0.043)		-0.016 (0.038)	0.030 (0.035)	0.040 (0.035)		-0.008 (0.026)	0.015 (0.025)	0.017 (0.025)
工作不安全感					-0.261*** (0.056)			-0.383*** (0.046)	-0.336*** (0.047)			-0.208*** (0.032)	-0.203*** (0.033)
虚幻控制感									0.190*** (0.043)				0.020 (0.031)
R²	0.099	0.126	0.159	0.163	0.216	0.135	0.137	0.277	0.316	0.054	0.054	0.154	0.155
ΔR²		0.027		0.004	0.053		0.002	0.140	0.039		0.0001	0.100	0.001
F	3.610***	4.320***	6.180***	5.810***	7.560***	5.040***	4.690***	10.350***	11.570***	1.880*	1.720	4.950***	4.600***
ΔF		9.735**		1.076	22.048***		0.092	68.564***	19.257***		0.118	41.621***	0.443
f²(effect size)	0.110	0.144	0.189	0.195	0.276	0.156	0.159	0.383	0.462	0.057	0.058	0.181	0.183
样本量	373	373	373	372	370	368	367	366	365	373	372	369	367

注：＊＊＊p<0.001，＊＊p<0.01，＊p<0.05。样本缺失值行删法。

表6-5 路径A 多重回归的稳健性检验

变量	RE1 工作不安全感		RE2 虚幻控制感			RE3 工作投入				RE4 组织公民行为			
	RE10	RE11	RE20	RE21	RE22	RE30	RE31	RE32	RE33	RE40	RE41	RE42	RE43
常数项	2.839***	2.859***	1.504***	1.514***	2.270***	2.103***	2.112***	3.209***	2.782***	3.024***	3.023***	3.594***	3.549***
单位性质	0.043	0.035	0.011	0.011	0.021	-0.037	-0.038	-0.030	-0.037	-0.033	-0.033	-0.027	-0.029
单位人数	0.000	0.000	-0.000	-0.000	-0.000	-0.000	-0.000	-0.000	-0.000	-0.000	-0.000	-0.000	-0.000
性别	0.010	0.016	0.261***	0.261***	0.256***	0.087	0.088	0.092	0.035	-0.028	-0.028	-0.024	-0.031
婚姻	-0.106	-0.092	-0.068	-0.075	-0.103	0.041	0.037	0.001	0.026	-0.020	-0.021	-0.030	-0.027
年龄	0.010	0.008	0.010	0.010	0.010	0.011	0.011	0.015	0.013	0.009	0.010	0.013*	0.013*
教育	0.109	0.079	-0.028	-0.021	0.004	0.002	0.002	0.033	0.025	0.063	0.064	0.074	0.072
职位层级	-0.204**	-0.194**	0.362***	0.358***	0.326***	0.233***	0.231**	0.155***	0.094	0.089	0.088	0.038	0.031
行业	-0.011	-0.007	0.020	0.018	0.015	-0.002	-0.003	-0.004	-0.007	0.011	0.010	0.010	0.010
部门	0.001***	0.004***	-0.024*	-0.026*	-0.023	-0.002	-0.003	-0.001	0.005	0.003	0.003	0.003	0.004
工作类型	-0.171	-0.172	0.057	0.057	0.010	0.071	0.072	0.001	-0.001	0.006	0.006	-0.032	-0.032
收入	-0.077	-0.102	0.013	0.027	0.005	0.084*	0.092	0.050*	0.049	0.027	0.029	0.006	0.006
裁员频次		0.124*** (0.039)		-0.048 (0.044)	-0.012 (0.046)		-0.016 (0.036)	0.030 (0.034)	0.040 (0.034)		-0.008 (0.023)	0.015 (0.023)	0.017 (0.024)
工作不安全感					-0.261*** (0.058)			-0.383*** (0.050)	-0.336*** (0.049)			-0.208*** (0.034)	-0.203*** (0.036)
虚幻控制感									0.190*** (0.042)				0.020 (0.031)
R^2	0.099	0.126	0.159	0.163	0.216	0.135	0.137	0.277	0.316	0.054	0.054	0.154	0.155
ΔR^2		0.027		0.004	0.054		0.002	0.140	0.039		0.0001	0.100	0.001
F	3.91***	4.88***	6.430***	6.080***	8.350***	4.900***	4.560***	10.260***	11.550***	1.750	1.590	4.140***	3.940***
f^2(effect size)	0.110	0.144	0.188	0.194	0.276	0.156	0.159	0.382	0.462	0.057	0.058	0.181	0.183
样本量	374	373	373	372	370	368	367	366	365	373	372	369	367

注：***p<0.001，**p<0.01，*p<0.05。样本缺失值行删法。

6.2.2 路径 A 的中介效应检验

为了证明裁员频次通过工作不安全感和虚幻控制感的中介后，是否对工作投入和组织公民行为起到间接作用，需要对工作不安全感的中介作用和工作不安全感与虚幻控制感的链式中介作用进行重复抽样（Bootstrap）。Bootstrap 置信区间分析有百分位法（P）、偏差矫正（BC）、偏差矫正与加速（BCa）三种类型。就统计功效而言，P 置信区间是 5000 次抽样结果的平均值，未考虑中介作用乘积项不对称分布的干扰。BC 考虑了这一影响，其可信度要高于 P。而 BCa 在 BC 的基础上，以 Bootstrap 抽样为主，同时验证刀切法（Jackknife）的抽样结果，考虑了乘积项不对称分布权重的影响，在三种方法中统计功效最高。

常用的 Process 插件和 Mplus 只提供 P 和 BC 的置信区间，而 Stata 的 Sgmediation 软件包无法进行多因变量运算。因此使用 Stata17.0 的 Reclass 和 Bootmm 指令编制 Bootstrap 程序。在该程序中，使用 Sureg 指令构建了联立方程模型。这套程序不仅考虑了多因变量共线和相关性问题，而且在运算功能上可完全替代 Mplus，并能同时输出 P、BC、BCa、正态分布四类置信区间和中介作用的观测值偏差，便于直接比较间接作用的可信度。

使用该程序对本书的结构方程模型进行了 5000 次 Bootstrap 后，分别计算了 P、BC、BCa 的 95% 置信区间，结果如表 6-6 所示。裁员幸存者工作不安全感正面效应结构的中介效应检验结果如 AL 部分所示，路径 AL1、AL2、AL4、AL6 的系数估计值分别为 -0.033、-0.046、-0.024、-0.006，并且均在 95% 置信区间内不包含 0，因此可以被判定为中介路径有效。对路径 AL1 进行分析，裁员频次通过工作不安全感中介后对虚幻控制感的间接效应为 -0.033，置信区间为负值且不包含 0。结合表 6-4 的直接效应检验结果分析，可以认为裁员频次（X）通过直接降低工作不安全感（M_1），进而抑制虚幻控制感（M_{21}）的产生。假设 14 得到了验证支持。对路径 AL6 进行分析，可以发现裁员频次在经过工作不安全感和虚幻控制感的多重中介后，对工作投入的间接效应为 -0.006，且置信区间为负并不包含 0。结合表6-4的直接效应可见，裁员频次（X）能提高工作不安全感（M_1），进而抑制虚幻控制感（M_{21}），并最终对工作投入（Y_1）起到抑制作用，假设15a得到了支持。路径AL7的结果表明，裁员频次通过工作不安全感和虚幻控制感的多重中介作用，进而对组织公民行为起到间接效应值为-0.001，但其置信区间包含了0，因此假设15b无法得到验证支持。

表6-6　路径A中介效应的Bootstrap检验

中介路径	间接效应 b	Boot. se	95% CI					
			P		BC		BCa	
AL1：裁员频次 X→工作不安全感 M_1→虚幻控制感 M_{21}	-0.033*	0.013	-0.061	-0.011	-0.064	-0.012	-0.064	-0.012
AL2：裁员频次 X→工作不安全感 M_1→工作投入 Y_1	-0.046*	0.016	-0.080	-0.016	-0.082	-0.018	-0.082	-0.018
AL3：裁员频次 X→虚幻控制感 M_{21}→工作投入 Y_1	-0.014	-0.012	-0.038	0.011	-0.039	0.010	-0.039	0.010
AL4：裁员频次 X→工作不安全感 M_1→组织公民行为 Y_2	-0.024*	0.009	-0.048	-0.007	-0.046	-0.009	-0.046	-0.009
AL5：裁员频次 X→虚幻控制感 M_{21}→组织公民行为 Y_2	-0.002	0.003	-0.010	0.003	-0.012	0.001	-0.012	0.001
AL6：裁员频次 X→工作不安全感 M_1→虚幻控制感 M_{21}→工作投入 Y_1	-0.006*	0.003	-0.013	-0.002	-0.014	-0.002	-0.014	-0.002
AL7：裁员频次 X→工作不安全感 M_1→虚幻控制感 M_{21}→组织公民行为 Y_2	-0.001	0.001	-0.003	0.001	-0.004	0.001	-0.004	0.001

注：*路径系数95%置信区间不含0；Bootstrap抽样5000次；Boot. Se 为 Bootstrap抽样标准误；N=370；样本缺失值行删法。

除路径AL1、路径AL6、路径AL7外，路径AL2、路径AL3、路径AL4、路径AL5中也有部分路径的间接作用显著，结果在表6-6中呈现。但只是用来对效应结构图中可能存在的中介路径进行分析，文中并未做理论推导和假设，因此不对这些路径进行论证分析。

6.3 路径B和路径C：裁员幸存者的组织承诺和工作满意度及其行为反应

6.3.1 路径 B 和路径 C 的直接效应检验

在裁员幸存者工作不安全感的直接效应检验中，以工作不安全感（模型 G1）、组织承诺（模型 G2）、工作满意度（模型 G3）、工作投入（模型 G4）、组织公民行为（模型 G5）为因变量，做了 5 组回归分析，分析结果如表 6-7 所示。在具体的分析过程中，模型 G10、模型 G20、模型 G30、模型 G40、模型 G50 作为控制模型，与其他模型进行嵌套模型比较，以分析控制变量对因变量的干扰效应。

首先分析模型的总体拟合情况和控制变量的干扰效应。除模型 G31 外，其他各自变量回归模型的统计效应量 f^2 的值在 0.144~0.766，说明各模型的统计解释力度均达到中等以上水平。除模型 G51 的 F 检验不显著外，G50 的 F 检验在 0.05 水平显著，其他模型的 F 检验均在 0.001 水平显著。尤其是模型 G22、模型 G32、模型 G42、模型 G43、模型 G44、模型 G52、模型 G53、模型 G54 的 ΔF 也在 0.001 水平显著，说明对应模型的可解释方差主要分别源于工作不安全感、组织承诺和工作满意度。具体而言，模型 G22、模型 G32、模型 G42 和模型 G52 的可解释方差源于工作不安全感的作用，控制变量的干扰效应和裁员频次的直接效应可忽略。模型 G43、模型 G44 和模型 G42 相比，模型 G53、模型 G54 和模型 G52 相比解释力度有显著提高，说明分别添加的组织承诺和工作满意度是有效的解释变量。

表6-7 路径B和路径C直接效应的多重回归分析

变量	G1工作不安全感		G2组织承诺			G3工作满意度			G4工作投入					G5组织公民行为				
	G10	G11	G20	G21	G22	G30	G31	G32	G40	G41	G42	G43	G44	G50	G51	G52	G53	G54
常数项	2.839***	2.859***	2.023***	2.010***	2.870***	2.500***	2.485***	3.748***	2.103***	2.112***	3.209***	2.265***	1.605***	3.024***	3.023***	3.594***	3.146***	2.850***
单位性质	0.043	0.035	-0.055	-0.051	-0.045	0.010	0.014	0.023	-0.037	-0.038	-0.030	-0.015	-0.037	-0.033	-0.033	-0.027	-0.019	-0.033
单位人数	0.000	0.000	0.000	0.000	0.000	0.000	0.000	0.000	0.000	0.000	0.000	0.000	-0.000	0.000	0.000	0.000	0.000	0.000
性别	0.010	0.016	0.151*	0.149*	0.163*	0.173*	0.170*	0.189**	0.087	0.088	0.092	0.039	0.010	-0.028	-0.028	-0.024	-0.047	-0.065
婚姻	-0.106	-0.093	0.117	0.116	0.091	0.115	0.116	0.083	0.041	0.037	0.001	-0.043	-0.042	-0.020	-0.021	-0.030	-0.048	-0.048
年龄	0.010	0.008	0.003	0.004	0.007	-0.004	-0.003	0.000	0.011	0.011	0.015	0.014	0.015	0.009	0.010	0.013*	0.012*	0.013*
教育	0.109	0.080	-0.030	-0.020	-0.002	-0.140	-0.130	-0.107	0.002	0.002	0.033	0.033	0.070	0.063	0.064	0.074	0.073	0.095*
职位层级	-0.204**	-0.194**	-0.293***	-0.291***	-0.228***	0.213***	0.212**	0.121	0.233***	0.231***	0.155**	0.079	0.110*	0.089*	0.088*	0.038	0.002	0.015
行业	-0.011	-0.007	0.003	0.002	0.003	0.002	0.002	0.003	-0.002	-0.003	-0.004	-0.006	-0.005	0.011	0.010	0.010	0.009	0.009
部门	0.001	0.004	0.009	0.008	0.010	0.002	0.002	0.004	-0.002	-0.003	-0.001	-0.004	-0.003	0.003	0.003	0.003	0.002	0.002
工作类型	-0.171***	-0.172***	0.084	0.084	0.031	0.071	0.071	-0.008	0.071	0.072	0.001	-0.008	0.007	0.006	0.006	-0.032	-0.038	-0.034
收入	-0.077	-0.102*	0.018	0.020	-0.014	0.098*	0.097*	0.049	0.084*	0.092*	0.050	0.059	0.031	0.027	0.029	0.006	0.008	-0.006
裁员频次		0.124** (0.040)		-0.031 (0.038)	0.006 (0.037)		-0.023 (0.042)	0.031 (0.040)		-0.016 (0.038)	0.030 (0.035)	0.025 (0.033)	0.017 (0.031)		-0.008 (0.023)	0.015 (0.025)	0.015 (0.024)	0.010 (0.023)
工作不安全感					-0.295*** (0.048)			-0.430*** (0.052)			-0.383*** (0.046)	-0.285*** (0.046)	-0.199*** (0.045)			-0.208*** (0.032)	-0.161*** (0.033)	-0.121*** (0.033)
组织承诺												0.319*** (0.048)					0.154*** (0.034)	
工作满意度													0.418*** (0.042)					0.208*** (0.031)
R²	0.099	0.126	0.135	0.136	0.218	0.105	0.104	0.244	0.135	0.137	0.277	0.356	0.434	0.054	0.054	0.154	0.198	0.250
ΔR²		0.027		0.001	0.082		-0.001	0.14		0.002	0.14	0.079	0.157		0	0.100	0.044	0.096
F	3.610***	4.320***	5.130***	4.740***	7.640***	3.860***	3.490***	8.880***	5.040***	4.690***	10.350***	13.800***	19.110***	1.880	1.720	4.950***	6.220***	8.360***
ΔF		9.735**		0.632	37.946***		-0.233	66.511***		0.213	67.188***	43.593***	98.509***		0.144	41.225***	20.156***	44.918***
f²	0.110	0.144	0.156	0.157	0.278	0.117	0.116	0.323	0.156	0.159	0.382	0.552	0.766	0.057	0.058	0.181	0.248	0.332
样本量	374	373	375	374	371	375	374	371	368	367	366	365	364	373	372	369	367	367

注：*** $p<0.001$；** $p<0.01$；* $p<0.05$。样本缺失值行删除法。

解释变量之间的直接作用分析如下：模型 G21 和模型 G22 分别检验了裁员频次对组织承诺和工作不安全感对组织承诺的作用，结果如表 6-7 所示。裁员频次对组织承诺的作用不显著（b=-0.031，se=0.038），未得到验证。工作不安全感对组织承诺的作用显著为负（b=-0.295，se=0.048），在 0.001 的水平显著。由此可见，工作不安全感带来了资源消耗，为了保存自身的资源，幸存者将减少情感投入，即抑制产生组织承诺。但裁员频次对组织承诺的作用关系并不明晰。因此假设 5 未得到支持，假设 6 得到了支持。

模型 G43 和模型 G53 分别验证了组织承诺对员工工作投入和组织公民行为的作用。其中，组织承诺对员工工作投入的作用显著为正（b=0.319，se=0.048），组织承诺对员工的组织公民行为的作用显著为正（b=0.154，se=0.034），均在 0.001 的水平显著。说明当员工具有较高的组织承诺时，高水平的组织承诺的不同维度将促进员工产生更多的工作投入，特别是情感承诺的提高将促进员工自发产生更多职责之外的行为，包括关心同事等。因此假设 7a 和假设 7b 得到了支持。

模型 G31 和模型 G32 分别验证了裁员频次和工作不安全感对工作满意度的影响。结果显示，裁员频次对工作满意度的作用并不显著（b=-0.023，p=0.042），工作不安全感对工作满意度的作用显著为负（b=-0.420，se=0.052），并在 0.001 的水平显著。说明裁员频次对员工的工作满意度的作用关系并不明晰，但工作不安全感给员工带来的资源消耗将促使员工减少情感交换，即产生更低的工作满意度。因此，假设 8 未得到支持，假设 9 得到了验证。

模型 G44 和模型 G54 检验了员工工作满意度对其工作投入和组织公民行为等行为结果的作用。工作满意度对员工的工作投入的作用显著为正（b=0.418，se=0.042），工作满意度对员工的组织公民行为的作用显著为正（b=0.208，se=0.031），并均在 0.001 的水平显著。说明工作满意度作为一种积极的情感将促使员工产生更高的生理上及工作上的活力，并进一步产生更多对组织有利的行为，如工作投入和组织公民行为。因此假设 10a 和假设 10b 得到了支持验证。

表 6-8 是直接效应的稳健性检验结果，支持了直接效应的检验结果。

表6-8 路径B和路径C直接效应多重回归的稳健性检验

变量	RG1 工作不安全感		RG2 组织承诺			RG3 工作满意度			RG4 工作投入					RG5 组织公民行为				
	RG10	RG11	RG20	RG21	RG22	RG30	RG31	RG32	RG40	RG41	RG42	RG43	RG44	RG50	RG51	RG52	RG53	RG54
常数项	2.839***	2.859***	2.023***	2.010***	2.870***	2.500***	2.485***	3.748***	2.103***	2.112***	3.209***	2.265***	1.605***	3.024***	3.023***	3.594***	3.146***	2.850***
单位性质	0.043	0.035	-0.055	-0.051	-0.045	0.010	0.014	0.023	-0.037	-0.038	-0.030	-0.015	-0.037	-0.033	-0.033	-0.027	-0.019	-0.033
单位人数	0.000	0.000	0.000	0.000	0.000	0.000	0.000	0.000	0.000	0.000	0.000	0.000	-0.000	0.000	0.000	0.000	0.000	0.000
性别	0.010	0.016	0.151*	0.149*	0.163*	0.173*	0.170*	0.189**	0.087	0.088	0.092	0.039	0.010	0.010	-0.028	-0.024	-0.047	-0.065
婚姻	-0.106	-0.093	0.117	0.116	0.091	0.115	0.116	0.083	0.041	0.037	0.001	-0.043	-0.042	-0.020	-0.021	-0.030	-0.048	-0.048
年龄	0.010	0.008	0.003	0.004	0.007	-0.004	-0.003	0.000	0.011	0.011	0.015	0.014	0.015	0.009	0.010	0.013*	0.012*	0.013*
教育	0.109	0.080	-0.030	-0.020	-0.002	-0.140	-0.130	-0.107	0.002	0.002	0.033	0.033	0.070	0.063	0.064	0.074	0.073	0.095*
职位层级	-0.204**	-0.194**	0.293***	0.291***	0.228***	0.213**	0.212**	0.121	0.233***	0.231***	0.155**	0.079	0.110*	0.089*	0.088*	0.038	0.002	0.015
行业	-0.011	-0.007	0.003	0.002	0.003	0.002	0.002	0.003	-0.002	-0.003	-0.004	-0.006	-0.005	0.011	0.010	0.010	0.009	0.009
部门	0.001	0.004	0.009	0.008	0.010	0.002	0.002	0.004	-0.002	-0.003	-0.001	-0.004	-0.003	0.003	0.003	0.003	0.002	0.002
工作类型	-0.171***	-0.172***	0.084	0.084	0.031	0.071	0.071	-0.008	0.071	0.072	0.001	-0.008	0.007	0.006	0.006	-0.032	-0.038	-0.034
收入	-0.077	-0.102*	0.018	0.020	-0.014	0.098*	0.097*	0.049	0.084*	0.092*	0.050	0.059	0.031	0.027	0.029	0.006	0.009	-0.006
裁员频次	0.124** (0.039)		-0.031 (0.036)	0.006 (0.038)		-0.023 (0.042)	0.031 (0.041)		-0.016 (0.036)	0.030 (0.034)	0.025 (0.032)	0.017 (0.030)		-0.008 (0.023)	0.015 (0.023)	0.015 (0.022)	0.010 (0.021)	
工作不安全感					-0.295*** (0.051)			-0.420*** (0.053)			-0.383*** (0.050)	-0.285*** (0.050)	-0.199*** (0.050)			-0.208*** (0.034)	-0.161*** (0.035)	-0.121*** (0.037)
组织承诺												0.319*** (0.058)						0.208*** (0.031)
工作满意度													0.418*** (0.043)				0.154*** (0.037)	
R²	0.099	0.126	0.135	0.136	0.218	0.105	0.104	0.244	0.135	0.137	0.277	0.356	0.434	0.054	0.054	0.154	0.198	0.250
ΔR²		0.027		0.001	0.082		-0.001	0.14		0.002	0.140	0.079	0.157		0	0.100	0.044	0.096
F	3.610***	4.320***	5.070***	4.830***	8.000***	3.220***	2.930***	7.930***	4.900***	4.560***	10.260***	13.800***	19.960***	1.750	1.590	4.140***	4.780***	8.140***
f²	0.110	0.144	0.156	0.157	0.278	0.117	0.116	0.323	0.156	0.159	0.382	0.552	0.766	0.057	0.058	0.181	0.248	0.332
样本量	374	373	375	374	371	375	374	371	368	367	366	365	364	373	372	369	367	367

注：***p<0.001；**p<0.01；*p<0.05。样本缺失值进行删法。

6.3.2 路径 B 和路径 C 的中介效应检验

为了证明裁员频次通过工作不安全感和组织承诺、工作满意度的中介后，对工作投入和组织公民行为是否起到间接作用，对工作不安全感的中介作用、工作不安全感与组织承诺、工作不安全感与工作满意度的链式中介作用进行 5000 次重复抽样（Bootstrap），分别计算了 P、BC、BCa 的95% 置信区间，结果如表 6-9 所示。

表 6-9　路径 B 和路径 C 中介效应的 Bootstrap 检验

中介路径	间接效应 b	Boot. se	95% CI					
			P		BC		BCa	
BL1：裁员频次 X→工作不安全感 M_1→组织承诺 M_{22}	-0.037^*	0.013	-0.064	-0.014	-0.067	-0.015	-0.067	-0.015
BL2：裁员频次 X→工作不安全感 M_1→工作投入 Y_1	-0.046^*	0.017	-0.079	-0.015	-0.082	-0.016	-0.082	-0.016
BL3：裁员频次 X→组织承诺 M_{22}→工作投入 Y_1	-0.011	0.015	-0.042	0.019	-0.042	0.018	-0.043	0.018
BL4：裁员频次 X→工作不安全感 M_1→组织公民行为 Y_2	-0.024^*	0.009	-0.044	-0.008	-0.047	-0.009	-0.047	-0.009
BL5：裁员频次 X→组织承诺 M_{22}→组织公民行为 Y_2	-0.008	0.008	-0.024	0.007	-0.025	0.007	-0.025	0.006
BL6：裁员频次 X→工作不安全感 M_1→组织承诺 M_{22}→工作投入 Y_1	-0.012^*	0.005	-0.022	-0.003	-0.024	-0.004	-0.024	-0.004
BL7：裁员频次 X→工作不安全感 M_1→组织承诺 M_{22}→组织公民行为 Y_2	-0.005^*	0.002	-0.011	-0.002	-0.012	-0.002	-0.012	-0.002
CL1：裁员频次 X→工作不安全感 M_1→工作满意度 M_2	-0.052^*	0.017	-0.085	-0.020	-0.089	-0.023	-0.089	-0.023
CL2：裁员频次 X→工作不安全感 M_1→工作投入 Y_1	-0.046^*	0.016	-0.079	-0.016	-0.081	-0.017	-0.081	-0.017

续表

中介路径	间接效应 b	Boot. se	95% CI					
			P		BC		BCa	
CL3：裁员频次 X→工作满意度 M_{23}→工作投入 Y_1	-0.008	0.021	-0.049	0.033	-0.050	0.032	-0.050	0.033
CL4：裁员频次 X→工作不安全感 M_1→组织公民行为 Y_2	-0.024*	0.009	-0.044	-0.008	-0.045	-0.008	-0.045	-0.008
CL5：裁员频次 X→工作满意度 M_{23}→组织公民行为 Y_2	-0.007	0.011	-0.029	0.015	-0.030	0.013	-0.030	0.014
CL6：裁员频次 X→工作不安全感 M_1→工作满意度 M_{23}→工作投入 Y_1	-0.022*	0.008	-0.038	-0.007	-0.040	-0.008	-0.040	-0.008
CL7：裁员频次 X→工作不安全感 M_1→工作满意度 M_{23}→组织公民行为 Y_2	-0.010*	0.004	-0.019	-0.003	-0.020	-0.004	-0.020	-0.004

注：* 路径系数95%置信区间不含0；Bootstrap 抽样5000次；Boot. Se 为 Bootstrap 抽样标准误；N=370；样本缺失值行删法。

在路径 B 中，以组织承诺为 M_{22} 的中介效应检验结果如表6-9的 BL 部分所示，路径 BL3、路径 BL5 的系数估计值在95%置信区间内包含0，无法判定中介对应的中介路径有效；路径 BL1、路径 BL2、路径 BL4、路径 BL6、路径 BL7 的系数估计值分别为 -0.037、-0.046、-0.024、-0.012、-0.005，且均在95%置信区间内不包含0，因此被判定为中介路径有效。对路径 BL1 进行分析，裁员频次（X）通过工作不安全感（M_1）对组织承诺（M_{22}）的间接作用系数为-0.037，且置信区间为负且不含0。结合表6-7的直接效应可见，裁员频次（X）能提高工作不安全感（M_1），进而抑制组织承诺（M_{22}）的产生，假设16得到支持。对路径 BL6 进行分析，裁员频次（X）通过工作不安全感（M_1）和组织承诺（M_2）的多重中介后，对工作投入的间接效应值为-0.012，置信区间为负且不含0。结合表6-6的直接效应检验结果，可以认为裁员频次（X）能够提高工作不安全感（M_1），进而减少组织承诺（M_{22}），并最终对工作投入（Y_1）产生抑制作用，假设17a得到支持。接着对 BL7 进行分析，裁员频次（X）经过工作不安全感（M_1）

和组织承诺（M_{22}）的多重中介后，对组织公民行为（Y_2）的间接效应值为-0.005，置信区间为负且不包含0。说明裁员频次（X）的增加加剧了工作不安全感（M_1），进而抑制了组织承诺（M_{22}），并最终抑制组织公民行为（Y_2）的产生，假设17b得到验证。

在路径C中，以工作满意度为M_{23}的中介效应检验如表6-9的CL部分所示。路径CL3、路径CL5的系数估计值在95%的置信区间内包含0，所以无法被判定为中介效应有效；路径CL1、路径CL2、路径CL4、路径CL6、路径CL7的系数估计值分别为-0.052、-0.046、-0.024、-0.022、-0.010，95%的置信区间内不包含0，所以可以认为它们对应的中介效应有效。对CL1路径进行分析，裁员频次（X）经过工作不安全感（M_1）对工作满意度（M_{23}）的间接效应作用值为-0.052，置信区间为负且不包含0。结合表6-7的直接作用可说明裁员频次（X）的增加能增强工作不安全感（M_1），进而降低工作满意度（M_{23}），假设18得到数据验证支持。对CL6路径的有效性分析结果显示，裁员频次（X）通过工作不安全感（M_1）和工作满意度（M_{23}）的多重中介作用后，对工作投入的间接效应值为-0.022，置信区间为负且不包含0。结合表6-7的直接效应可发现，这代表裁员频次（X）的增加，提高工作不安全感（M_1），进而降低工作满意度（M_{23}），最终对工作投入（Y_1）产生抑制作用，假设19a得到支持。对CL7路径进行分析可以发现，裁员频次（X）经过对工作不安全感（M_1）和工作满意度（M_{23}）的多重作用后对组织公民行为（Y_2）的间接效用的大小为-0.010，置信区间为负且不包含0。结合表6-7的直接效应，因此可以认为裁员频次的增加将提高工作不安全感，进而抑制产生工作满意度，并最终抑制组织公民行为（Y_2）的产生，假设19b得到支持。

除路径BL1、路径BL6、路径BL7和路径CL1、路径CL6、路径CL7外，路径BL2、路径BL3、路径BL4、路径BL5、路径CL2、路径CL3、路径CL4、路径CL5中也有部分路径的间接作用显著，结果如表6-9所示。但只是用来对效应结构图中可能存在的中介路径进行分析，文中并未做理论推导和假设，因此不对这些路径进行论证分析。

6.4 路径D：裁员幸存者的心理契约违背 及其行为反应

6.4.1 路径 D 的直接效应检验

表 6-10 展示了裁员幸存者工作不安全感的直接回归系数、标准差及模型拟合指标。模型 Z10、模型 Z20、模型 Z30、模型 Z40、模型 Z50 是 5组模型中只放入控制变量的控制模型，其他模型则加入了不同的自变量。5 组模型中，除模型 Z21 和模型 Z51 外，其他模型的 F 检验均表现出不同程度的显著性，说明即便有控制变量的干扰，添加自变量的模型的拟合指标仍然符合要求。各自变量模型的统计解释力度 f^2 值，除模型 Z11、模型 Z31、模型 Z51 外，其他均介于 0.144 ~ 0.404。按照 0.12 （中）和 0.35（高）的标准，自变量模型的统计解释力度均达到了中等以上水平，尤其模型 Z42 和模型 Z43 则达到了高解释力度。模型 Z22、模型 Z32、模型 Z42、模型 Z52 的 ΔF 均在 0.001 的水平显著，模型 Z11、模型 Z33、模型 Z43 的 ΔF 在 0.01 的水平显著，说明所对应模型的解释方差分别来自裁员频次、工作不安全感和心理契约违背的作用。模型 Z11 结果再次印证假设 1 成立。

模型 Z21 和模型 Z22 主要验证裁员频次对心理契约违背和工作不安全感对心理契约违背的作用。结果显示，裁员频次对心理契约违背的作用并不显著（b = 0.051，se = 0.039），工作不安全感对心理契约违背的作用显著为正（b = 0.291，se = 0.050），并且在 0.001 的水平显著。这说明工作不安全感作为一种消极的情绪，员工从组织中获得后，将产生所处的组织不再履行心理契约条款的认知。为了达到交换的平衡，员工也将产生心理契约违背。因此假设 11 未得到支持，假设 12 得到了支持。

163

表6-10 路径D直接效应的多重回归分析

变量	Z1 工作不安全感		Z2 心理契约违背			Z3 反生产行为				Z4 工作投入				Z5 组织公民行为			
	Z10	Z11	Z20	Z21	Z22	Z30	Z31	Z32	Z33	Z40	Z41	Z42	Z43	Z50	Z51	Z52	Z53
常数项	2.839***	2.859***	3.836***	3.851***	3.026***	4.582***	4.556***	5.147***	4.801***	2.103***	2.112***	3.209***	3.681***	3.024***	3.023***	3.594***	3.714***
单位性质	0.043	0.035	0.024	0.020	0.006	-0.007	0.000	0.012	0.010	-0.037	-0.038	-0.030	-0.024	-0.033	-0.033	-0.027	-0.027
单位人数	0.000	0.000	0.000	0.000	0.000	0.000	0.000	0.000	0.000	0.000	0.000	0.000	0.000	0.000	0.000	0.000	0.000
性别	0.010	0.016	-0.096	-0.093	-0.109	-0.219***	-0.224***	-0.224***	-0.208***	0.087	0.088	0.092	0.082	-0.028	-0.028	-0.024	-0.031
婚姻	-0.106	-0.092	0.177	0.180	0.189*	0.076	0.075	0.063	0.029	0.041	0.037	0.001	0.032	-0.020	-0.021	-0.030	-0.018
年龄	0.010	0.008	-0.017	-0.018	-0.021*	-0.005	-0.003	-0.001	0.002	0.011	0.011	0.015	0.010	0.009	0.010	0.013*	0.011
教育	0.109	0.079	0.048	0.033	0.025	-0.034	-0.017	0.002	-0.001	0.002	0.002	0.033	0.053	0.063	0.064	0.074	0.075
职位层级	-0.204**	-0.194**	-0.091	-0.088	-0.021	0.032	0.029	-0.017	-0.008**	0.233***	0.231***	0.155***	0.150**	0.089*	0.088*	0.038	0.036
行业	-0.011	-0.007	-0.003	-0.001	0.001	0.016	0.015	0.014	0.013	-0.002	-0.003	-0.004	-0.006	0.011	0.010	0.010	0.010
部门	0.001	0.004	0.005	0.006	0.007	0.013	0.013	0.013	0.011	-0.002	-0.003	-0.001	-0.002	0.003	0.003	0.003	0.004
工作类型	-0.171***	-0.172***	-0.016	-0.016	0.033	-0.052	-0.052	-0.089**	-0.095	0.071	0.072	0.001	0.012	0.006	0.006	-0.032	-0.030
收入	-0.077	-0.102*	-0.008	-0.014	0.014	0.025	0.025	0.008	0.008	0.084*	0.092*	0.050	0.049	0.027	0.029	0.006	0.005
裁员频次		0.124** (0.040)		0.051 (0.039)	0.013 (0.038)		-0.046 (0.028)	-0.016 (0.027)	-0.019 (0.027)		-0.016 (0.038)	0.030 (0.035)	0.032 (0.035)		-0.008 (0.026)	0.015 (0.025)	0.018 (0.025)
工作不安全感					0.291*** (0.050)			-0.225*** (0.035)	-0.265*** (0.037)			-0.383*** (0.046)	-0.337*** (0.049)			-0.208*** (0.032)	-0.196*** (0.035)
心理契约违背									0.111** (0.038)				-0.141** (0.050)				-0.029 (0.035)
R²	0.099	0.126	0.034	0.039	0.126	0.077	0.086	0.182	0.205	0.135	0.137	0.277	0.288	0.054	0.054	0.154	0.149
ΔR²		0.027		0.005	0.087		0.009	0.096	0.023		0.002	0.140	0.011		0	0.100	-0.005
F	3.610***	4.320***	1.130	1.180	3.850***	2.650**	2.740***	5.930***	6.180***	5.040***	4.690***	10.350***	9.760***	1.880*	1.720	4.950***	4.270***
ΔF		9.735**		1.631	34.495***		2.867	41.709***	8.294**		0.158	65.143***	8.080***		0.045	38.507***	0.688
r²	0.110	0.144	0.035	0.041	0.145	0.083	0.094	0.223	0.257	0.156	0.159	0.382	0.404	0.057	0.058	0.181	0.175
样本量	374	373	364	363	360	364	363	360	351	368	367	366	353	373	372	369	357

注：***p<0.001；**p<0.01；*p<0.05。样本缺失值行删法。

模型 Z33、模型 Z43 和模型 Z53 分别验证了心理契约违背对反生产行为、工作投入和组织公民行为的作用。结果显示心理契约违背对反生产行为的作用显著为正（b＝0.111，se＝0.038），心理契约违背对工作投入的作用显著为负（b＝-0.141，se＝0.050），均在 0.01 的水平显著，但心理契约违背对组织公民行为的作用不显著（b＝-0.029，se＝0.035）。这说明在心理契约违背的情况下，员工有可能产生逃避和反抗的心理，减少工作投入并产生反生产行为。因此假设 13a，假设 13b 得到了支持，假设 13c 未得到验证。

表 6-11 是负面效应直接效应的稳健性检验结果，支持了直接效应的检验结果。

6.4.2 路径 D 的中介效应检验

为了证明裁员频次通过工作不安全感和心理契约违背的中介后，对反生产行为、工作投入和组织公民行为是否起到间接作用，本书对工作不安全感的中介作用、工作不安全感与心理契约违背的链式中介作用进行重复抽样（Bootstrap）。Bootstrap 置信区间分析有百分位法（P）、偏差矫正（BC）、偏差矫正与加速（BCa）三种类型。就统计功效而言，P 置信区间是 5000 次抽样结果的平均值，未考虑中介作用乘积项不对称分布的干扰。BC 考虑了这一影响，其可信度要高于 P。而 BCa 在 BC 的基础上，以 Boot-Strap 抽样为主，同时验证刀切法（Jackknife）的抽样结果，考虑了乘积项不对称分布权重的影响，在三种方法中统计功效最高。

使用 Sureg 指令构建了联立方程模型，对本书的结构方程模型进行了 5000 次 Bootstrap 后，分别计算了 P、BC、BCa 的 95% 置信区间，结果如表 6-12 所示。

裁员幸存者工作不安全感负面效应结构的中介效应检验结果如表 6-12 呈现，路径 DL3、路径 DL5、路径 DL7、路径 DL10 的系数估计值在 95% 的置信区间包含 0，故无法判定对应的路径存在中介效应。路径 DL1、路径 DL2、路径 DL4、路径 DL6、路径 DL8、路径 DL9 的系数估计值分别为 0.036、-0.046、-0.024、-0.029、0.004、-0.005。对路径 DL1 进行分

表6-11 路径D的多重回归稳健性检验

变量	RZ1工作不安全感		RZ2心理契约违背			RZ3反生产行为				RZ4工作投入				RZ5组织公民行为			
	RZ10	RZ11	RZ20	RZ21	RZ22	RZ30	RZ31	RZ32	RZ33	RZ40	RZ41	RZ42	RZ43	RZ50	RZ51	RZ52	RZ53
常数项	2.839***	2.859***	3.836***	3.851***	3.026***	4.582***	4.556***	5.147***	4.801***	2.103***	2.112***	3.209***	3.681***	3.024***	3.023***	3.594***	3.714***
单位性质	0.043	0.035	0.024	0.020	0.006	-0.007	0.000	0.012	0.010	-0.037	-0.038	-0.030	-0.024	-0.033	-0.033	-0.027	-0.027
单位人数	0.000	0.000	0.000	0.000	0.000	0.000	0.000	0.000	0.000	0.000	0.000	0.000	0.000	0.000	0.000	0.000	0.000
性别	0.010	0.016	-0.096	-0.093	-0.109	-0.219***	-0.224***	-0.224***	-0.208***	0.087	0.088	0.092	0.082	-0.028	-0.028	-0.024	-0.031
婚姻	-0.106	-0.092	0.177	0.180	0.189*	0.076	0.075	0.063	0.029	0.041	0.037	0.001	0.032	-0.020	-0.021	-0.030	-0.018
年龄	0.010	0.008	-0.017	-0.018	-0.021*	-0.005	-0.003	-0.001	0.002	0.011	0.011	0.015	0.010	0.009	0.010	0.013*	0.011
教育	0.109	0.079	0.048	0.033	0.025	-0.034	-0.017	-0.017	-0.001	0.002	0.002	0.033	0.053	0.063	0.064	0.074	0.075
职位层级	-0.204**	-0.194**	-0.091	-0.088	-0.021	0.032	0.029	0.014	-0.008	0.233***	0.231***	0.155**	0.150**	0.089	0.088	0.038	0.036
行业	-0.011	-0.007	-0.003	-0.001	0.001	0.016	0.015	0.014	0.013	-0.002	-0.003	-0.004	-0.006	0.011	0.010	0.010	0.010
部门	0.001	0.004	0.005	0.006	0.007	0.013	0.013	0.013	0.011	-0.002	-0.003	-0.001	-0.002	0.003	0.003	0.003	0.004
工作类型	-0.171***	-0.172***	-0.016	-0.016	0.033	-0.052	-0.052	-0.089**	-0.095**	0.071	0.072	0.001	0.012	0.006	0.006	-0.032	-0.030
收入	-0.077	-0.102*	-0.008	-0.014	0.014	0.025	0.025	0.008	0.008	0.084*	0.092*	0.050	0.049	0.027	0.029	0.006	0.005
裁员频次		0.124*** (0.039)		0.051 (0.034)	0.013 (0.034)		-0.046 (0.028)	-0.016 (0.027)	-0.019 (0.028)		-0.016 (0.036)	0.030 (0.034)	0.032 (0.034)		-0.008 (0.023)	0.015 (0.023)	0.018 (0.023)
工作不安全感					0.291*** (0.053)			-0.225*** (0.038)	-0.265*** (0.040)			-0.383*** (0.050)	-0.337*** (0.051)			-0.208*** (0.034)	-0.196*** (0.035)
心理契约违背									0.111** (0.035)				-0.141* (0.057)				-0.029 (0.037)
R²	0.099	0.126	0.034	0.039	0.126	0.077	0.086	0.182	0.205	0.135	0.137	0.277	0.288	0.054	0.054	0.154	0.149
ΔR²		0.027		0.005	0.087		0.009	0.096	0.023		0.002	0.140	0.011		0	0.100	-0.005
F	3.910***	4.880***	1.250	1.260	3.770***	2.880**	2.830***	4.840***	4.980***	4.900***	4.560***	10.260***	9.110***	1.750	1.590	4.140***	3.640***
f²(effect size)	0.110	0.144	0.035	0.041	0.145	0.083	0.094	0.223	0.257	0.156	0.159	0.382	0.404	0.057	0.058	0.181	0.175
样本量	374	373	364	363	360	364	363	360	351	368	367	366	353	373	372	369	357

注：***p<0.001；**p<0.01；*p<0.05。样本缺失值行删法。

析，裁员频次（X）通过工作不安全感（M_1）对心理契约违背（M_{24}）的间接效应为 0.036，显著区间为正且不包含 0。结合表 6-10 的直接效应，可以认为裁员频次（X）的增加可以提高工作不安全感（M_1），对心理契约违背起到促进作用，假设 20 得到验证支持。对 DL8 路径有效性进行分析后发现，裁员频次（X）通过工作不安全感（M_1）和心理契约违背（M_{24}）的多重中介后，对反生产行为的间接效应值为 0.004，显著性区间为正且不包含 0。结合表 6-10 的直接效应，可以认为裁员频次（X）的增加促进产生工作不安全感（M_1），进而促进产生心理契约违背（M_{24}），并最终导致反生产行为（Y_1）的产生，支持假设 21a。对 DL9 路径有效性进行分析后发现，裁员频次（X）通过工作不安全感（M_1）和心理契约违背（M_{24}）的多重中介后，对工作投入的间接效应值为 -0.005，显著性区间为负且不包含 0。结合前面的直接效应，可以认为裁员频次（X）的增加将提高工作不安全感（M_1），进而促进产生心理契约违背（M_{24}），并最终对工作投入（Y_2）起到抑制作用，假设 21b 得到验证支持。对 DL10 路径进行分析，结果显示裁员频次（X）通过工作不安全感（M_1）和心理契约违背（M_{24}）的多重中介后，对组织公民行为的间接效应值为 -0.001，显著性区间包含 0，因此无法判定裁员频次（X）经过工作不安全感（M_1）和心理契约违背（M_{24}）的多重中介作用后，可以对组织公民行为起到间接效应，假设 21c 未得到支持。

表 6-12 路径 D 中介效应的 Bootstrap 检验

中介路径	间接效应 b	Boot. se	95% CI					
			P		BC		BCa	
DL1：裁员频次 X→工作不安全感 M_1→心理契约违背 M_{24}	0.036*	0.013	0.012	0.063	0.013	0.066	0.013	0.066
DL2：裁员频次 X→工作不安全感 M_1→工作投入 Y_1	-0.046*	0.016	-0.078	-0.016	-0.082	-0.018	-0.082	-0.018

续表

中介路径	间接效应 b	Boot. se	95% CI					
			P		BC		BCa	
DL3：裁员频次 X→心理契约违背 M_{24}→工作投入 Y_1	-0.012	0.010	-0.033	0.004	-0.034	0.003	-0.034	0.003
DL4：裁员频次 X→工作不安全感 M_1→组织公民行为 Y_2	-0.024*	0.009	-0.043	-0.008	-0.045	-0.009	-0.045	-0.009
DL5：裁员频次 X→心理契约违背 M_{24}→组织公民行为 Y_2	-0.005	0.004	-0.015	0.001	-0.017	0.001	-0.017	0.010
DL6：裁员频次 X→工作不安全感 M_1→反生产行为 Y_3	-0.029*	0.010	-0.050	-0.011	-0.053	-0.013	-0.053	-0.013
DL7：裁员频次 X→心理契约违背 M_{24}→反生产行为 Y_3	0.001	0.002	-0.003	0.006	-0.002	0.008	-0.002	0.008
DL8：裁员频次 X→工作不安全感 M_1→心理契约违背 M_{24}→反生产行为 Y_1	0.004*	0.002	0.001	0.009	0.001	0.009	0.001	0.009
DL9：裁员频次 X→工作不安全感 M_1→心理契约违背 M_{24}→工作投入 Y_2	-0.005*	0.003	-0.012	-0.001	-0.013	-0.001	-0.013	-0.001
DL10：裁员频次 X→工作不安全感 M_1→心理契约违背 M_{24}→组织公民行为 Y_3	-0.001	0.001	-0.004	0.002	-0.005	0.001	-0.005	0.001

注：*路径系数 95% 置信区间不含 0；Bootstrap 抽样 5000 次；Boot. Se 为 Bootstrap 抽样标准误；N=370；样本缺失值行删法。

　　除路径 DL1、路径 DL8、路径 DL9、路径 DL10 外，路径 DL2、路径 DL3、路径 DL4、路径 DL5、路径 DL6、路径 DL7 中也有部分路径的间接作用显著，结果如表6-12 所示。但只是用来对效应结构图中可能存在的中介路径进行分析，文中并未做理论推导和假设，因此不对这些路径进行论证分析。

6.5　调节中介效应检验

本书通过构建职业高原与裁员频次的交互项，分别验证了职业高原对裁员频次与工作不安全感、裁员频次与虚幻控制感、裁员频次与组织承诺、裁员频次与工作满意度、裁员频次与心理契约违背作用关系的调节作用，结果如表 6-13 所示。以工作不安全感为因变量，模型 P12 与模型 P11 相比，ΔR^2 为 0，$\Delta F = 0.368$，不显著。这显示添加的交互项并非有效解释变量，其作用并不显著（$b = -0.028$，$se = 0.046$），说明职业高原不影响裁员频次对工作不安全感的作用关系，假设 22 未得到验证。以虚幻控制感为因变量，模型 P22 与模型 P21 相比，ΔR^2 为 0.001，$\Delta F = 0.506$，不显著。这说明自变量与调节变量的交互项并不是模型 P22 的有效解释变量，其作用并不显著（$b = 0.048$，$se = 0.067$），职业高原对裁员频次与虚幻控制感之间的作用关系不产生影响，假设 23 不被支持。以组织承诺为因变量，模型 P32 与模型 P31 相比，ΔR^2 为 0.007，$\Delta F = 2.962$。裁员频次与职业高原交互项的作用在 0.1 的水平显著（$b = 0.096$，$se = 0.056$），结合表 6-7 的主效应分析，假设 24 在 90% 的显著性水平得到了支持。以工作满意度为因变量，模型 P42 与模型 P41 相比，ΔR^2 为 0.013，$\Delta F = 5.813$，在 0.05 的水平显著。裁员频次与职业高原的交互项对工作满意度的作用显著（$b = 0.144$，$se = 0.060$）。这说明职业高原在裁员频次与工作满意度的作用关系间起到调节作用，具体表现为，位于职业高原的幸存者，裁员频次对其工作满意度的抑制作用更小，假设 25 得到验证。以心理契约违背为因变量，模型 P52 与模型 P51 相比，ΔR^2 为 0，$\Delta F = 0$。这说明模型 P52 添加的裁员频次与职业高原的交互项并没有解释效用，代表着职业高原在裁员频次对心理契约违背的作用关系上没有起到调节作用，假设 26 未得到支持。

表 6-13　调节效应的多重回归分析

变量	P1 工作不安全感		P2 虚幻控制感		P3 组织承诺		P4 工作满意度		P5 心理契约违背	
	P11	P12	P21	P22	P31	P32	P41	P42	P51	P52
常数项	0.475	0.449	2.106***	2.152***	2.954***	3.042***	3.947***	4.086***	2.911***	2.911***
单位性质	0.019	0.018	0.018	0.021	-0.044	-0.039	0.024	0.031	0.004	0.004
单位人数	0.000	0.000	0.000	0.000	0.000	0.000	0.000	0.000	0.000	0.000
性别	-0.003	0.002	0.263**	0.255**	0.160*	0.145*	0.186*	0.164*	-0.092	-0.092
婚姻	-0.116	-0.116	-0.066	-0.068	0.123	0.121	0.128	0.125	0.166	0.166
年龄	0.005	0.006	0.010	0.009	0.005	0.003	-0.003	-0.005	-0.019*	-0.019*
教育	0.047	0.047	-0.024	-0.024	-0.021	-0.020	-0.132*	-0.131*	0.028	0.028
职位层级	-0.117*	-0.117*	0.332***	0.333***	0.255***	0.255***	0.156*	0.157*	-0.056	-0.056
行业	-0.003	-0.004	0.019	0.020	0.005	0.006	0.005	0.007	0.003	0.003
部门	0.005	0.005	-0.025*	-0.025*	0.010	0.010	0.003	0.003	0.008	0.008
工作类型	-0.068	-0.066*	0.030	0.027	0.039	0.030	0.007	-0.006	0.023	0.023
收入	-0.008	-0.008	0.011	0.011	-0.010	-0.011	0.050	0.048	0.018	0.018
裁员频次	0.097** (0.030)	0.100** (0.030)	-0.044 (0.044)	-0.049 (0.044)	-0.020 (0.037)	-0.031 (0.037)	-0.008 (0.040)	-0.023 (0.040)	0.040 (0.038)	0.040 (0.038)
职业高原	0.683*** (0.041)	0.684*** (0.041)	-0.170** (0.059)	-0.171** (0.059)	-0.266*** (0.050)	-0.271*** (0.050)	-0.408*** (0.054)	-0.416*** (0.053)	0.269*** (0.052)	0.267*** (0.052)
裁员频次 * 职业高原		-0.028 (0.046)		0.048 (0.067)		0.096+ (0.056)		0.144* (0.060)		0.000 (0.057)
R^2	0.513	0.513	0.182	0.183	0.198	0.205	0.230	0.242	0.110	0.110
ΔR^2		0		0.001		0.007		0.013		0
F	28.730***	26.650***	6.040***	5.640***	6.760***	6.520***	8.150***	8.090***	3.260***	3.020***
ΔF		0.368		0.506		2.962		5.813*		0
f^2 (effect size)	1.052	1.054	0.222	0.224	0.248	0.258	0.298	0.320	0.123	0.123
样本量	369	369	368	368	369	369	369	369	358	358

注：***p<0.001；**p<0.01；*p<0.05；+p<0.10。样本缺失值行删法。

为了进一步检验多重回归的分析，本书还对调节作用进行 Robust 检验，检验结果如表 6-14 所示，再次支持了假设 25。

表 6-14　调节效应的多重回归分析的稳健性检验

变量	RP1 工作不安全感		RP2 虚幻控制感		RP3 组织承诺		RP4 工作满意度		RP5 心理契约违背	
	RP11	RP12	RP21	RP22	RP31	RP32	RP41	RP42	RP51	RP52
常数项	0.475	0.449	2.106***	2.152***	2.954***	3.042***	3.947***	4.086***	2.911***	2.911***
单位性质	0.019	0.018	0.018	0.021	−0.044	−0.039	0.024	0.031	0.004	0.004
单位人数	0.000	0.000	0.000	0.000	0.000	0.000	0.000	0.000	0.000	0.000
性别	−0.003	0.002	0.263**	0.255**	0.160*	0.145*	0.186*	0.164*	−0.092	−0.092
婚姻	−0.116	−0.116	−0.066	−0.068	0.123	0.121	0.128	0.125	0.166	0.166
年龄	0.005	0.006	0.010	0.009	0.005	0.003	−0.003	−0.005	−0.019*	−0.019*
教育	0.047	0.047	−0.024	−0.024	−0.021	−0.020	−0.132	−0.131	0.028	0.028
职位层级	−0.117*	−0.117*	0.332***	0.333***	0.255***	0.255***	0.156*	0.157*	−0.056	−0.056
行业	−0.003	−0.004	0.019	0.020	0.005	0.006	0.005	0.007	0.003	0.003
部门	0.005	0.005	−0.025*	−0.025*	0.010	0.010	0.003	0.003	0.008	0.008
工作类型	−0.068	−0.066	0.030	0.027	0.039	0.030	0.007	−0.006	0.023	0.023
收入	−0.008	−0.008	0.011	0.011	−0.010	−0.011	0.050	0.048	0.018	0.018
裁员频次	0.097** (0.034)	0.100** (0.034)	−0.044 (0.044)	−0.049 (0.046)	−0.020 (0.037)	−0.031 (0.037)	−0.008 (0.041)	−0.023 (0.040)	0.040 (0.034)	0.040 (0.034)
职业高原	0.683*** (0.037)	0.684*** (0.037)	−0.170** (0.061)	−0.171** (0.061)	−0.266*** (0.054)	−0.271*** (0.055)	−0.408*** (0.060)	−0.416*** (0.059)	0.269*** (0.055)	0.269*** (0.056)
裁员频次 * 职业高原		−0.028 (0.042)		0.048 (0.065)		0.096+ (0.052)		0.144* (0.060)		0.000 (0.057)
R²	0.513	0.513	0.182	0.183	0.198	0.205	0.230	0.242	0.110	0.110
ΔR²		0		0.001		0.007		0.013		0
F	35.110***	32.380***	6.290***	5.810***	6.930***	6.530***	7.490***	7.440***	3.210***	3.050***
f² (effect size)	1.052	1.054	0.222	0.224	0.248	0.258	0.298	0.321	0.123	0.123
样本量	369	369	368	368	369	369	369	369	358	358

注：***$p<0.001$；**$p<0.01$；*$p<0.05$；+$p<0.10$。样本缺失值行删法。

如表 6-15 所示，职业高原这一调节变量为低值时，裁员频次通过工作满意度影响工作投入（路径 C1）的间接效应为 0.127（CI ［−0.0006，

0.2520〕）；裁员频次通过工作满意度影响组织公民行为（路径 C2）的间接效应为 0.0648（CI〔0.0040, 0.1312〕）；裁员频次通过工作不安全感和虚幻控制感以及裁员频次通过虚幻控制感影响工作投入（路径 A5）的间接效应总和为 0.0065（CI〔-0.0418, 0.0545〕）；裁员频次通过工作不安全感和虚幻控制感以及裁员频次通过虚幻控制感影响组织公民行为（路径 A6）的间接效应总和为 0.0006（CI〔-0.0061, 0.0169〕）；裁员频次通过工作不安全感和组织承诺以及裁员频次通过组织承诺影响工作投入（路径 B5）的间接效应总和为 0.0444（CI〔-0.0222, 0.1170〕）；裁员频次通过工作不安全感和组织承诺以及裁员频次通过组织承诺影响组织公民行为（路径 B6）的间接效应总和为 0.0239（CI〔-0.0072, 0.0621〕）；裁员频次通过工作不安全感和工作满意度以及裁员频次通过工作满意度影响工作投入（路径 C5）的间接效应总和为 0.1018（CI〔0.0058, 0.2027〕）；裁员频次通过工作不安全感和工作满意度以及裁员频次通过工作满意度影响组织公民行为（路径 C6）的间接效应总和为 0.0504（CI〔0.0040, 0.1076〕）；裁员频次通过工作不安全感和心理契约违背以及裁员频次通过心理契约违背影响反生产行为（路径 D7）的间接效应总和为 0.0064（CI〔-0.0184, 0.0329〕）；裁员频次通过工作不安全感和心理契约违背以及裁员频次通过心理契约违背影响工作投入（路径 D8）的间接总效应为-0.0054（CI〔-0.0436, 0.0306〕；裁员频次通过工作不安全感和心理契约违背以及工作不安全感通过心理契约违背影响组织公民行为（路径 D9）的间接总效应为-0.0011（CI〔-0.0197, 0.0057〕）。

表 6-15 条件间接效应 Bootstrap 检验

路径	条件间接效应			95%CI		
	调节变量	效应	Boot. Se	p	Bc	Bca
A1	低值	0.0111	0.0394	〔-0.0634 0.0912〕	〔-0.0634 0.0912〕	〔-0.0622 0.0928〕
职业高原 W ↓ 裁员频次 X→虚幻控制感 M₂₁→工作投入 Y₁	高值	0.0310	0.0678	〔-0.0959 0.1694〕	〔-0.0955 0.1703〕	〔-0.0949 0.1718〕
	DIFF	0.0200	0.0295	〔-0.0350 0.0797〕	〔-0.0344 0.0802〕	〔-0.0340 0.0815〕
	INDEX	0.0142	0.0210	〔-0.0250 0.0568〕	〔-0.0245 0.0571〕	〔-0.0242 0.0580〕

续表

路径	条件间接效应			95%CI		
	调节变量	效应	Boot. Se	p	Bc	Bca
A2	低值	0.0028	0.0099	[-0.0161 0.0249]	[-0.0146 0.0275]	[-0.0144 0.0278]
职业高原 W ↓ 裁员频次 X→ 虚幻控制感 M_{21}→ 组织公民行为 Y_2	高值	0.0072	0.0174	[-0.0247 0.0469]	[-0.0224 0.0503]	[-0.0222 0.0506]
	DIFF	0.0044	0.0078	[-0.0095 0.0221]	[-0.0076 0.0240]	[-0.0075 0.0241]
	INDEX	0.0031	0.0055	[-0.0068 0.0158]	[-0.0054 0.0171]	[-0.0053 0.0171]
A3	低值	-0.0025	0.0045	[-0.0123 0.0059]	[-0.0144 0.0045]	[-0.0141 0.0047]
职业高原 W ↓ 裁员频次 X→工作不安 全感 M_1→虚幻控制感 M_{21}→工作投入 Y_1	高值	-0.0004	0.0074	[-0.0156 0.0141]	[-0.0166 0.0135]	[-0.0164 0.0138]
	DIFF	0.0021	0.0032	[-0.0042 0.0092]	[-0.0033 0.0100]	[-0.0033 0.0100]
	INDEX	0.0015	0.0023	[-0.0030 0.0065]	[-0.0023 0.0071]	[-0.0023 0.0071]
A4	低值	-0.0003	0.0009	[-0.0027 0.0013]	[-0.0040 0.0006]	[-0.0039 0.0006]
职业高原 W ↓ 裁员频次 X→工作不安 全感 M_1→虚幻控制感 M_{21}→组织公民行为 Y_2	高值	-0.0001	0.0014	[-0.0034 0.0028]	[-0.0044 0.0019]	[-0.0043 0.0020]
	DIFF	0.0002	0.0007	[-0.0011 0.0018]	[-0.0004 0.0030]	[-0.0004 0.0030]
	INDEX	0.0001	0.0005	[-0.0008 0.0013]	[-0.0003 0.0022]	[-0.0003 0.0022]
A5	低值	0.0065	0.0241	[-0.0408 0.0559]	[-0.0425 0.0541]	[-0.0418 0.0545]
A1+A3	高值	0.0185	0.0417	[-0.0637 0.1059]	[-0.0650 0.1027]	[-0.0643 0.1046]
	DIFF	0.0120	0.0183	[-0.0234 0.0509]	[-0.0225 0.0516]	[-0.0224 0.0517]
	INDEX	0.0086	0.0130	[-0.0166 0.0362]	[-0.0160 0.0367]	[-0.0160 0.0368]
A6	低值	0.0006	0.0049	[-0.0092 0.0122]	[-0.0062 0.0167]	[-0.0061 0.0169]
A2+A4	高值	0.0017	0.0087	[-0.0147 0.0222]	[-0.0090 0.0325]	[-0.0089 0.0325]
	DIFF	0.0011	0.0040	[-0.0061 0.0109]	[-0.0033 0.0158]	[-0.0033 0.0156]
	INDEX	0.0008	0.0029	[-0.0043 0.0077]	[-0.0023 0.0112]	[-0.0024 0.0111]
B1	低值	0.0638	0.0517	[-0.0416 0.1595]	[-0.0380 0.1625]	[-0.0383 0.1625]
职业高原 W ↓ 裁员频次 X→组织承诺 M_{22}→工作投入 Y_1	高值	0.1202	0.0889	[-0.0573 0.2900]	[-0.0509 0.2970]	[-0.0509 0.2970]
	DIFF	0.0563	0.0385	[-0.0210 0.1314]	[-0.0186 0.1337]	[-0.0181 0.1339]
	INDEX	0.0401	0.0274	[-0.0149 0.0936]	[-0.0132 0.0952]	[-0.0129 0.0954]
B2	低值	0.0353	0.0260	[-0.0150 0.0888]	[-0.0130 0.0901]	[-0.0131 0.0898]

路径	条件间接效应			95%CI		
	调节变量	效应	Boot. Se	p	Bc	Bca
职业高原 W ↓ 裁员频次 X→组织承诺 M_{22}→组织公民行为 Y_2	高值	0.0680	0.0450	[-0.0181 0.1609]	[-0.0150 0.1639]	[-0.0150 0.1639]
	DIFF	0.0327	0.0197	[-0.0047 0.0731]	[-0.0033 0.0751]	[-0.0031 0.0752]
	INDEX	0.0233	0.0140	[-0.0034 0.0520]	[-0.0024 0.0535]	[-0.0022 0.0535]
B3	低值	-0.0017	0.0093	[-0.0190 0.0180]	[-0.0201 0.0169]	[-0.0196 0.0175]
职业高原 W ↓ 裁员频次 X→工作不安全感 M_1→组织承诺 M_{22}→工作投入 Y_1	高值	0.0054	0.0160	[-0.0234 0.0401]	[-0.0233 0.0404]	[-0.0226 0.0409]
	DIFF	0.0070	0.0072	[-0.0053 0.0234]	[-0.0051 0.0237]	[-0.0050 0.0239]
	INDEX	0.0050	0.0051	[-0.0038 0.0167]	[-0.0036 0.0169]	[-0.0036 0.0170]
B4	低值	-0.0013	0.0046	[-0.0104 0.0083]	[-0.0108 0.0079]	[-0.0107 0.0080]
职业高原 W ↓ 裁员频次 X→工作不安全感 M_1→组织承诺 M_{22}→组织公民行为 Y_2	高值	0.0017	0.0079	[-0.0126 0.0187]	[-0.0121 0.0192]	[-0.0120 0.0195]
	DIFF	0.0030	0.0035	[-0.0032 0.0108]	[-0.0026 0.0117]	[-0.0025 0.0118]
	INDEX	0.0021	0.0025	[-0.0023 0.0077]	[-0.0018 0.0083]	[-0.0018 0.0084]
B5	低值	0.0444	0.0351	[-0.0246 0.1128]	[-0.0245 0.1128]	[-0.0222 0.1170]
B1+B3	高值	0.0836	0.0606	[-0.0342 0.2030]	[-0.0328 0.2054]	[-0.0300 0.2110]
	DIFF	0.0392	0.0263	[-0.0110 0.0922]	[-0.0098 0.0937]	[-0.0096 0.0939]
	INDEX	0.0279	0.0188	[-0.0079 0.0656]	[-0.0070 0.0667]	[-0.0062 0.0678]
B6	低值	0.0239	0.0174	[-0.0088 0.0600]	[-0.0071 0.0621]	[-0.0072 0.0621]
B2+B4	高值	0.0460	0.0305	[-0.0109 0.1103]	[-0.0072 0.1152]	[-0.0072 0.1152]
	DIFF	0.0221	0.0135	[-0.0022 0.0513]	[-0.0008 0.0534]	[-0.0007 0.0535]
	INDEX	0.0158	0.0096	[-0.0016 0.0366]	[-0.0006 0.0380]	[-0.0005 0.0381]
C0[a]	低值	0.2502	0.1189	[-0.0029 0.4664]	[-0.0062 0.4641]	[-0.0003 0.4680]
职业高原 W ↓ 裁员频次 X→工作满意度 M_{23}	高值	0.4517	0.2027	[0.0260 0.8299]	[0.0192 0.8200]	[0.0242 0.8294]
	DIFF	0.2015	0.0867	[0.0211 0.3662]	[0.1800 0.3641]	[0.0206 0.3651]
	INDEX	0.1435	0.0618	[0.0150 0.2608]	[0.0128 0.2593]	[0.0147 0.2600]
C1	低值	0.1270	0.0640	[-0.0034 0.2508]	[-0.0037 0.2508]	[-0.0006 0.2520]

续表

路径	条件间接效应			95%CI		
	调节变量	效应	Boot. Se	p	Bc	Bca
职业高原 W ↓ 裁员频次 X→工作满意度 M_{23}→工作投入 Y_1	高值	0.2277 *	0.1099	[0.0092　0.4394]	[0.0020　0.4359]	[0.0082　0.4383]
	DIFF	0.1007 *	0.0475	[0.0068　0.1931]	[0.0043　0.1911]	[0.0049　0.1917]
	INDEX	0.0717 *	0.0338	[0.0048　0.1375]	[0.0030　0.1361]	[0.0035　0.1365]
C2	低值	0.0648	0.0318	[−0.0020　0.1265]	[0.0019　0.1297]	[0.0040　0.1312]
职业高原 W ↓ 裁员频次 X→工作满意度 M_{23}→组织公民行为 Y_2	高值	0.1184 *	0.0549	[0.0050　0.2251]	[0.0109　0.2311]	[0.0136　0.2330]
	DIFF	0.0536 *	0.0238	[0.0059　0.0997]	[0.0076　0.1027]	[0.0081　0.1035]
	INDEX	0.0381 *	0.0169	[0.0042　0.0710]	[0.0054　0.0731]	[0.0058　0.0737]
C3	低值	−0.0009	0.0186	[−0.0362　0.0374]	[−0.0396　0.0341?]	[−0.0380　0.0357]
职业高原 W ↓ 裁员频次 X→工作不安全感 M_1→工作满意度 M_{23}→工作投入 Y_1	高值	0.0141	0.0317	[−0.0456　0.0812]	[−0.0474　0.0797]	[−0.0470　0.0802]
	DIFF	0.0150	0.0139	[−0.0098　0.0449]	[−0.0097　0.0451]	[−0.0096　0.0452]
	INDEX	0.0107	0.0099	[−0.0070　0.0320]	[−0.0069　0.0321]	[−0.0068　0.0322]
C4	低值	−0.0010	0.0090	[−0.0183　0.0177]	[−0.0196　0.0166]	[−0.0189　0.0170]
职业高原 W ↓ 裁员频次 X→工作不安全感 M_1→工作满意度 M_{23}→组织公民行为 Y_2	高值	0.0056	0.0154	[−0.0228　0.0381]	[−0.0239　0.0370]	[−0.0234　0.0376]
	DIFF	0.0067	0.0068	[−0.0058　0.0212]	[−0.0057　0.0213]	[−0.0057　0.0214]
	INDEX	0.0047	0.0048	[−0.0041　0.0151]	[−0.0040　0.0152]	[−0.0040　0.0152]
C5	低值	0.1018 *	0.0500	[0.0025　0.1984]	[0.0040　0.1996]	[0.0058　0.2027]
C1+C3	高值	0.1821 *	0.0854	[0.0103　0.3470]	[0.0121　0.3502]	[0.0149　0.3556]
	DIFF	0.0804 *	0.0367	[0.0063　0.1512]	[0.0093　0.1537]	[0.0096　0.1552]
	INDEX	0.0572 *	0.0261	[0.0045　0.1077]	[0.0066　0.1095]	[0.0068　0.1105]
C6	低值	0.0504 *	0.0258	[−0.0011　0.1019]	[0.0031　0.1062]	[0.0040　0.1076]
C2+C4	高值	0.0919 *	0.0445	[0.0054　0.1819]	[0.0107　0.1880]	[0.0123　0.1905]
	DIFF	0.0415 *	0.0193	[0.0047　0.0808]	[0.0066　0.0823]	[0.0074　0.0832]
	INDEX	0.0296 *	0.0137	[0.0033　0.0575]	[0.0047　0.0586]	[0.0053　0.0592]
D1	低值	−0.0009	0.0052	[−0.0131　0.0096]	[−0.0190　0.0051]	[−0.0189　0.0052]

续表

路径	条件间接效应			95%CI		
	调节变量	效应	Boot. Se	p	Bc	Bca
职业高原 W ↓ 裁员频次 X→ 心理契约违背 M₂₄→ 反生产行为 Y₃	高值	-0.0012	0.0084	[-0.0209 0.0162]	[-0.0295 0.0093]	[-0.0290 0.0095]
	DIFF	-0.0003	0.0034	[-0.0081 0.0069]	[-0.0103 0.0047]	[-0.0099 0.0048]
	INDEX	-0.0002	0.0000	[-0.0058 0.0049]	[-0.0074 0.0033]	[-0.0071 0.0034]
D2	低值	-0.0102	0.0359	[-0.0775 0.0674]	[-0.0802 0.0639]	[-0.0788 0.0656]
职业高原 W ↓ 裁员频次 X→ 心理契约违背 M₂₄→ 工作投入 Y₁	高值	-0.0086	0.0036	[-0.1246 0.1266]	[-0.1277 0.1226]	[-0.1269 0.1248]
	DIFF	0.0015	0.0272	[-0.0490 0.0611]	[-0.0498 0.0593]	[-0.0497 0.0604]
	INDEX	0.0011	0.0194	[-0.0349 0.0435]	[-0.0354 0.0422]	[-0.0353 0.0430]
D3	低值	-0.0042	0.0145	[-0.0322 0.0274]	[-0.0351 0.0250]	[-0.0333 0.0260]
职业高原 W ↓ 裁员频次 X→ 心理契约违背 M₂₄→ 组织公民行为 Y₂	高值	-0.0038	0.0252	[-0.0509 0.0536]	[-0.0536 0.0498]	[-0.0528 0.0513]
	DIFF	0.0004	0.0111	[-0.0189 0.0269]	[-0.0192 0.0266]	[-0.0191 0.0267]
	INDEX	0.0003	0.0079	[-0.0135 0.0191]	[-0.0136 0.0190]	[-0.0136 0.0190]
D4	低值	0.0018	0.0033	[-0.0047 0.0087]	[-0.0036 0.0101]	[-0.0036 0.0099]
职业高原 W ↓ 裁员频次 X→工作不安 全感 M₁→心理契约违 背 M₂₄→反生产行为 Y₃	高值	0.0005	0.0054	[-0.0110 0.0112]	[-0.0103 0.0120]	[-0.0105 0.0117]
	DIFF	-0.0013	0.0024	[-0.0067 0.0029]	[-0.0074 0.0025]	[-0.0074 0.0025]
	INDEX	-0.0009	0.0017	[-0.0048 0.0021]	[-0.0053 0.0018]	[-0.0053 0.0018]
D5	低值	-0.0007	0.0043	[-0.0096 0.0079]	[-0.0107 0.0070]	[-0.0104 0.0072]
职业高原 W ↓ 裁员频次 X→工作不安 全感 M₁→心理契约违 背 M₂₄→工作投入 Y₁	高值	0.0023	0.0072	[-0.0118 0.0180]	[-0.0092 0.0217]	[-0.0090 0.0220]
	DIFF	0.0030	0.0034	[-0.0025 0.0106]	[-0.0013 0.0135]	[-0.0013 0.0136]
	INDEX	0.0021	0.0024	[-0.0018 0.0076]	[-0.0010 0.0096]	[-0.0009 0.0097]
D6	低值	-0.0002	0.0014	[-0.0033 0.0027]	[-0.0052 0.0014]	[-0.0051 0.0014]
职业高原 W ↓ 裁员频次 X→工作不安 全感 M₁→心理契约违背 M₂₄→组织公民行为 Y₂	高值	0.0003	0.0024	[-0.0039 0.0064]	[-0.0029 0.0081]	[-0.0028 0.0084]
	DIFF	0.0005	0.0012	[-0.0013 0.0038]	[-0.0006 0.0056]	[-0.0006 0.0057]
	INDEX	0.0004	0.0009	[-0.0009 0.0027]	[-0.0004 0.0040]	[-0.0004 0.0040]

路径	条件间接效应			95%CI		
	调节变量	效应	Boot. Se	p	Bc	Bca
D7	低值	0.0064	0.0126	[−0.0202 0.0310]	[−0.0176 0.0333]	[−0.0184 0.0329]
D1+D4	高值	0.0080	0.0217	[−0.0392 0.0501]	[−0.0357 0.0533]	[−0.0361 0.0524]
	DIFF	0.0017	0.0095	[−0.0199 0.0198]	[−0.0189 0.0205]	[−0.0190 0.0205]
	INDEX	0.0012	0.0068	[−0.0142 0.0141]	[−0.0134 0.0146]	[−0.0136 0.0146]
D8	低值	−0.0054	0.0179	[−0.0417 0.0327]	[−0.0442 0.0298]	[−0.0436 0.0306]
D2+D5	高值	−0.0054	0.0311	[−0.0674 0.0626]	[−0.0697 0.0580]	[−0.0697 0.0580]
	DIFF	0.0000	0.0136	[−0.0261 0.0303]	[−0.0257 0.0308]	[−0.0256 0.0308]
	INDEX	0.0000	0.0097	[−0.0186 0.0216]	[−0.0183 0.0219]	[−0.0182 0.0220]
D9	低值	−0.0011	0.0057	[−0.0135 0.0113]	[−0.0209 0.0055]	[−0.0197 0.0057]
D3+D6	高值	−0.0011	0.0097	[−0.0213 0.0214]	[−0.0299 0.0119]	[−0.0295 0.0121]
	DIFF	0.0000	0.0043	[−0.0080 0.0104]	[−0.0094 0.0087]	[−0.0094 0.0086]
	INDEX	0.0000	0.0030	[−0.0057 0.0074]	[−0.0067 0.0062]	[−0.0067 0.0062]

注：*路径系数95%置信区间不含0；Bootstrap抽样5000次；Boot. Se 为 Bootstrap 抽样标准误。a 表示该路径在表6-12中调节效应检验为显著，故再次进行抽样检验，因路径 A、路径 B、路径 D 的调节交互项均不显著，故在此处不再进行重复抽样检验。样本缺失值行删法。

当职业高原这一变量为高值时，裁员频次通过工作满意度影响工作投入（路径C1）的效应为 0.2277（CI［0.0082，0.4383］），裁员频次通过工作满意度对组织公民行为（路径 C2）的效应为 0.1184（CI［0.0136，0.2330］）；裁员频次通过工作不安全感和虚幻控制感以及裁员频次通过虚幻控制感影响工作投入（路径 A5）的间接效应总和为 0.0185（CI［−0.0643，0.1046］）；裁员频次通过工作不安全感和虚幻控制感以及裁员频次通过虚幻控制感影响组织公民行为（路径 A6）的间接效应总和为 0.0017（CI［−0.0089，0.0325］）；裁员频次通过工作不安全感和组织承诺以及裁员频次通过组织承诺影响工作投入（路径 B5）的间接效应总和为 0.0836（CI［−0.0300，0.2110］）；裁员频次通过工作不安全感和组织承诺以及裁员频次通过组织承诺影响组织公民行为（路径 B6）的间接效应总和为 0.0460

（CI［-0.0072，0.1152］）；裁员频次通过工作不安全感和工作满意度以及裁员频次通过工作满意度影响工作投入（路径C5）的间接效应总和为0.1821（CI［0.0149，0.3556］）；裁员频次通过工作不安全感和工作满意度以及裁员频次通过工作满意度影响组织公民行为（路径C6）的间接效应总和为0.0919（CI［0.0123，0.1905］）；裁员频次通过工作不安全感和心理契约违背以及裁员频次通过心理契约违背影响反生产行为（路径D7）的间接效应总和为0.0080（CI［-0.0361，0.0524］）；裁员频次通过工作不安全感和心理契约违背以及裁员频次通过心理契约违背影响工作投入（路径D8）的间接总效应为-0.0054（CI［-0.0697，0.0580］）；裁员频次通过工作不安全感和心理契约违背以及工作不安全感通过心理契约违背影响组织公民行为（路径D9）的间接总效应为-0.0011（CI［-0.0295，0.0121］）。

　　路径C1、路径C2、路径C5、路径C6的置信区间均不包含0，说明无论职业高原取低值还是高值，裁员频次分别与工作投入和组织公民行为通过工作满意度的间接效应都是显著的。仅仅依靠条件间接效应检验有调节的中介作用是否存在可能会出现以偏概全的错误（Bolin，2014），可借鉴Hayes（2015）提出的系数乘积法计算调节中介效应检验指标INDEX。路径C1的调节作用INDEX指数为0.0717（CI［0.0035，0.1365］），路径C2的调节作用INDEX指数为0.0381（CI［0.0058，0.0737］），路径C5的调节作用INDEX指数为0.0572（CI［0.0068，0.1105］），路径C6的调节作用INDEX指数为0.0296（CI［0.0053，0.0592］）。这四个置信区间均不包括0，可以证明路径C1、路径C2、路径C5、路径C6四条链式调节中介路径显著有效。这说明与低职业高原相比，处于高职业高原的员工因为裁员频次增加而造成的工作不安全感对员工的工作投入和组织公民行为抑制作用减弱，假设29a和假设29b得到验证。另外路径A5、路径A6、路径B5、路径B6、路径D7、路径D8、路径D9的置信区间包含0，说明裁员频次通过链式调节中介作用后对工作投入、组织公民行为以及反生产行为的间接效应不显著，假设27a、假设27b、假设28a、假设28b、假设29a、假设29b、假设29c不被支持。

另外，本书还存在 A1-A4、B1-B4、C3-C4、D1-D6 几条调节的中介路径，对于这些路径同样进行上述条件间接效应和系数乘积法检验，所有置信区间均包含 0，路径的有效性无法获得数据支持。

为了直观展示调节效应，经过 5000 次 Bootstrap 抽样，在职业高原均值加一个标准差（M+1sd）的条件下，裁员频次对工作满意度的主效应为 $\beta_{M+1sd} = 0.08$；在职业高原均值减一个标准差（M-1sd）的条件下，裁员频次对工作满意度的主效应为 $\beta_{M-1sd} = -0.12^*$。根据上述结果，使用 R4.3.1 的 sim_slopes 函数画出职业高原在其 M±1sd 不同条件下的直接效应图，由此观察职业高原对裁员频次与工作满意度作用过程的调节作用形态，如图 6-1 所示。

同时利用 Johnson-Neyman 技术画出直接调节的效应图，如图 6-2 所示。图 6-1 中两条不同条件下的主效应拟合线，当职业高原的取值为 M-1sd 时，裁员频次对工作满意度的作用斜率为负；当职业高原的取值为 M+1sd 时，裁员频次对工作满意度的作用斜率为正。如图 6-2 所示的结果可知，当职业高原取值小于 1.85 和大于 4.05 时，简单斜率线的置信区间带排除了 0，表明结果显著。具体来说，当职业高原取值小于 1.85 时，斜率线在 X 轴下方，说明裁员频次对工作满意度的影响会随着职业高原状态加剧而越来越强，但斜率的绝对值不断减小，说明职业高原加剧裁员频次对工作满意度作用的程度在减小；当职业高原取值大于 4.05 时，斜率线在 X 轴上方，说明职业高原加剧裁员频次对工作满意度作用的程度越来越弱。图 6-1 和图 6-2 的结果均表明职业高原将削弱裁员频次对工作满意度的抑制作用。

接着继续利用 Johnson-Neyman 技术画出调节中介效应图。调节中介效应图可以通过 SPSS、SAS 软件的 Process 插件和 R 语言的软件包来实现，但因为本书的调节中介模型未被包含在内，因此无法直接使用上述途径和方法。本书根据 Johnson-Neyman 技术原理，使用 Stata17.0 自编程序，利用 Bootstrap 方法寻找调节中介效应的零界点、调节变量试探值及其对应的调节效应估计值和置信区间，并将这些数据编制成数据矩阵，再通

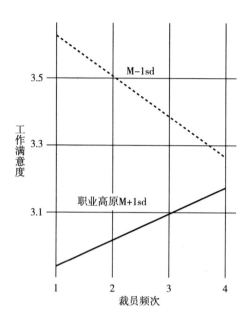

图 6-1 职业高原的直接调节效应

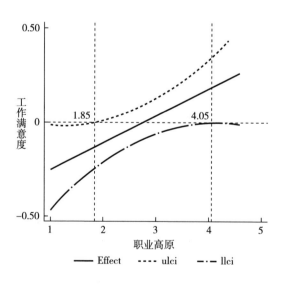

图 6-2 职业高原直接调节的 Johnson-Neyman 图

过 Stata17.0 的绘图命令制出 Johnson-Neyman 效应图。经过 Bootstrap5000
次抽样检验后，计算出路径 C1 和路径 C3 的效应值和95％置信区间的具体
数值，从而绘制出职业高原的调节中介效应图，如图 6-3 所示。

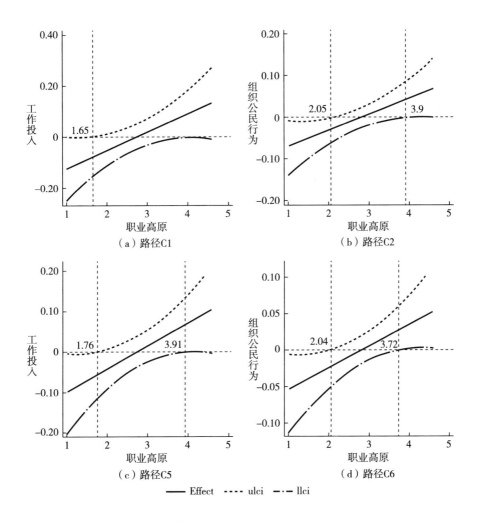

（a）路径C1　　　　　　　　　　（b）路径C2

（c）路径C5　　　　　　　　　　（d）路径C6

—— Effect　　-- -- ulci　　— · — llci

图6-3　有调节的中介效应及95％置信区间

如图 6-3 所示，路径 C1 的效应图表明，当职业高原取值小于 1.65 时
（实际取值区间 1.000~4.583），简单斜率线的置信区间带排除了 0，表明

结果显著，斜率线在 X 轴下方，说明在职业高原的影响下，裁员频次通过工作满意度的中介后对工作投入起到的作用是负的，但负值在变小。路径 C5 的效应图表明，职业高原取值小于 1.76 及大于 3.91 时，简单斜率线的置信区间带排除了 0，表明结果显著。当职业高原小于 1.76 时（实际取值区间 1.000~4.583），斜率线在 X 轴下方，裁员频次通过工作满意度和工作不安全感与工作满意度的双重中介后，对工作投入的间接作用是显著为负，但绝对值在不断减小；当职业高原大于 3.91 时（实际取值区间 1.000~4.583），裁员频次通过工作满意度的中介和工作不安全感与工作满意度的双重中介后，对工作投入的间接作用是显著为正。路径 C2 的效应图表明，职业高原取值小于 2.05 及大于 3.9 时，简单斜率线的置信区间带排除了 0，表明结果显著。当职业高原取值小于 2.05 时（实际取值区间 1.000~4.583），斜率线在 X 轴下方，裁员频次经过工作满意度的中介作用后对组织公民行为起到的作用是负的，但绝对值在不断减小；当职业高原取值大于 3.9 时（实际取值区间 1.000~4.583），斜率线在 X 轴上方，表明在高职业高原状态下，裁员频次经过工作满意度的中介作用后对组织公民行为起到的作用是正的。路径 C6 的效应图表明，职业高原取值小于 2.04 及大于 3.72 时，简单斜率线的置信区间带排除了 0，表明结果显著。当职业高原取值小于 2.04 时（实际取值区间 1.000~4.583），斜率线在 X 轴下方，裁员频次经过工作满意度和工作不安全感的双重中介作用后对组织公民行为的作用为负，但绝对值在不断减小；当职业高原取值大于 3.72 时（实际取值区间 1.000~4.583），斜率线在 X 轴上方，表明在高职业高原状态下，裁员频次经过工作满意度的中介作用后对组织公民行为的作用为正。这说明当职业高原为低值时，裁员频次经过工作满意度的调节或工作满意度和工作不安全感的双重中介后，对工作投入和组织公民行为的作用为负；当职业高原为高值时，裁员频次经过工作满意度的中介作用后，对组织公民行为起到正向作用，经过工作满意度和工作不安全感的双重中介后对工作投入和组织公民行为的作用显著为正。

7 结论与讨论

7.1 研究结论

　　裁员是一种常见的组织管理手段。在经济下行的宏观背景下，许多企业出于降低成本等原因采取甚至多次采取裁员活动。本书基于不确定性预期、资源保存理论和社会交换理论，构建了裁员频次对员工工作不安全感的影响，以及后续引发的四条路径的心理和行为反应的链式调节中介模型，然后通过结构化访谈和问卷调研，使用多种方法对模型假设进行了验证。

　　通过直接效应分析发现：①企业的裁员频次增加，员工的工作不安全感就会相应增加。这主要是因为裁员频次越高，给员工造成的不确定性预期就会越高，员工在心理上就会产生更高的工作不安全感。②工作不安全感的产生将促使员工消耗个人资源进行工作状态调整，基于资源保存理论和社会交换理论，为避免资源的进一步流失，员工会减少后续资源的投入，在心理上抑制虚幻控制感的产生，而虚幻控制感与员工的工作投入和组织公民行为之间存在显著的正相关关系，因此最终会减少员工的工作投入和组织公民行为。③由于工作不安全感的产生导致员工形成资源损耗，同样基于资源保存理论和社会交换理论，员工将在心理上和情感上产生更少的组织承诺和工作满意度，组织承诺和工作满意度对员工的工作投入和组织公民行为都存在显著的正向作用。④工作不安全感产生后，员工需要消耗更多的资源应对精力，基于资源保存理论和社会交换理论，为避免资源进一步流失，员工可能会产生补偿性的报复心理和行为，导致心理契约违背，进而促使员工产生反生产行为并抑制其工作投入和组织公民行为。

通过中介效应分析，本书验证了四条裁员幸存者的心理和行为反应路径，揭示了裁员综合症的详细作用过程。在路径 A 中，随着组织裁员次数的增加，会加剧幸存者的工作不安全感，进而抑制虚幻控制感的产生，最终降低幸存者的工作投入；在路径 B 中，裁员频次会增加幸存者的工作不安全感，从而减少组织承诺，最终导致幸存者减少工作投入和组织公民行为；在路径 C 中，用工作满意度替换路径 B 中的组织承诺，裁员频次依次通过工作不安全感与工作满意度对后续的工作投入和组织公民行为的抑制作用依然成立；在路径 D 中，当组织实施多轮裁员后，幸存者的工作不安全感也会随之增加，进而引发较高程度的心理契约违背，并最终导致反生产行为的增加和工作投入的减少。

此外，通过调节效应分析发现，相对而言，位于职业高原的裁员幸存者，裁员频次对工作满意度的抑制作用更明显。而职业高原在裁员频次与工作不安全感、虚幻控制感、组织承诺和心理契约违背间不存在调节作用。同时发现，职业高原在中介路径 C 中的调节效应，即相对而言，位于职业高原的幸存者，由于裁员频次对工作满意度的抑制作用更强，进而导致更低的工作投入和组织公民行为。而在路径 A、路径 B 和路径 D 中，职业高原的调节效应没有通过数据验证，因此无法得出相应结论。

7.2 研究贡献

第一，本书研究的首要贡献在于打开了裁员综合症心理和行为反应的"黑箱"。基于不确定性预期、资源保存理论以及社会交换理论，通过结构性访谈和问卷调研，同时构建结构方程模型，详细论述了裁员频次促使幸存者产生工作不安全感，进而产生三条不同的心理和行为路径。其中第一条路径为裁员频次增加引发工作不安全感，在心理层面上，工作不安全感抑制幸存者产生虚幻控制感，并最终抑制工作投入和组织公民行为；第二条路径为裁员频次促使幸存者产生工作不安全感，进一步在心理层面抑制组织承诺和工作满意度，并最终均抑制工作投入和组织公民行为；第三条路径为裁员频次促进产生工作不安全感，进一步促进幸存者产生心理契约违背感，在行为层面使幸存者减少工作投入和组织公民行为以及增加反生产行为。

第二，本书研究丰富了关于裁员的本土化研究。"裁员幸存者"这一名词是20世纪欧美裁员风潮的产物（魏丽坤和陈维政，2013）。在20世纪70年代和80年代的两次石油危机中，资本主义世界范围内出现了全球性的通货膨胀和经济衰退，导致大规模裁员。在资本主义国家（英国、美国、日本），企业在石油危机期间相继倒闭，失业人数激增，再加上其他几次大型裁员事件导致西方国家的员工不会将裁员视为个人重大事件，但在我国却被视为失败。中西方的文化差异也影响了员工对裁员的反应。西方偏好于低不确定性风险规避，而中国文化偏好稳定，属于高不确定性风险规避。裁员作为一种不确定性事件，会打破个人的稳定状态，并可能带来长期的情感和经济损失，在这种背景下，中西方的职员会有不一样的心理和行为反应。因此，本书将研究对象限定为中国籍员工，并长期在中国境内工作，长期处于中国的职场环境以更真实地反馈中国情境下裁员及裁员频次变化所产生的影响。

第三，本书关注的是分批多次的裁员活动给幸存者带来的不确定性预期。虽然已有研究表明，裁员会对组织（Mabert & Schonenner，1997）、被裁员者（Macky，2004）、裁员执行者（Wright & Barling，2009）以及裁员幸存（Dlouhy & Casper，2021）等产生影响，但本书创新性地从裁员频次的角度出发，不仅关注单次裁员本身，而且关注分批多次的裁员活动。尚航标和郑爱欣（2022）的元分析发现，工作不安全感是裁员的直接结果，随着企业第二次或第三次裁员，组织成员会认识到企业存在继续裁员的惯性，从而增强了裁员所带来的工作不安全感。因此，本书选择裁员幸存者为研究对象，探讨他们在企业裁员或多次裁员的环境中可能产生的心理和行为反应，以及这些反应对企业产生的影响。

第四，本书研究引入工作不安全感作为幸存者对裁员频次反应的中介机制。研究发现，裁员频次会促进工作不安全感的产生，进而对后续心理和行为产生放大效应。既有研究已经发现，工作不安全感是裁员产生的工作需求的结果，并在裁员和幸存者的身心健康之间起到中介作用。国外研究还表明，工作不安全感作为裁员的结果将促使技能过时的蓝领工人在工作场所付出更多的努力（Cappelli，1999），也有员工会在工作不安全感产生的背景下接受改革并努力获得组织中更安全的位置（Blyton & Bacon，2001）。更多研究认为，裁员产生的不确定性和威胁感将导致员工产生工作不安全感，进而影响组织公民行为和工作绩效，如 López Bohle 等（2017）的研究。本书将工作不安全感作为中介机制，在裁员频次和幸存者的心理反应之间起到中介作用。当幸存者产生工作不安全感后，基于资源保存理论和社会交换理论，为了避免资源进一步流失，他们将产生虚幻控制感、降低工作满意度和组织承诺，进而减少工作投入和组织公民行为。同时，一些幸存者会产生心理契约违背感，并为了补偿自己，在减少工作投入和组织公民行为的同时，还可能对组织采取报复行为，即反生产行为。

第五，本书研究引入职业高原作为调节变量，探讨裁员频次对后续心理和行为的边界影响。很多文献认为，职业高原是指员工在职场中面临的职位、职称、技能等方面处于停止状态的一种现象（Ference et al.，1977；Veiga，1981；Feldman & Weitz，1988；李忠民和张阳，2012）。处于这种状态的员工对组织承诺不高，工作积极性较低，所以裁员及裁员频次的增加对他们来说是一种改变现状的契机。如果成为下一个"裁员受害者"，他们将有机会结束在本组织的"停滞"和"透明"状态，重新寻找工作机会；如果继续成为"裁员幸存者"，裁员后的组织架构调整和工作内容调整将为他们提供表现自己并实现职场"新生"的绝佳时机。相较于非职业高原的员工，处于职业高原的幸存者由于职业发展各方面处于停滞状态，已经对工作满意度、工作投入、组织公民行为产生一定的影响。当裁员频次增加时，工作环境和工作内容的变化与职业高原形成冲突，从而削弱了裁员频次对工作满意度的直接作用以及对工作投入、组织公民行为的间接作用。

第六，本书研究打破了管理者"裁员就能提质增效"的常识，揭示了裁员背后的真实情况。裁员是企业进行组织结构设计与调整的常用手段，但实际上，裁员幸存者作为留在组织工作的群体，对裁员事件的反应将直接影响企业在组织调整后的运营效率（龙静等，2013）。既有的研究认为裁员能够消除冗余、精简业务、降低劳动成本，从而提高效率和绩效（Datta et al.，2010）；一项对加拿大1034家裁员公司的调查发现，大多数公司的收入水平有所提升且总成本下降（Axmith，1995）。但是，大部分裁员幸存者都将陷入工作不安全感的旋涡中，心理和行为上的反应多呈现为消极的，对企业运营极其不利。本研究通过揭示这一反应过程的"黑箱"，为企业提供战略性指导意见，以便在组织谋划裁员决策和决策实施过程中进行及时干预。

7.3 管理启示

7.3.1 应谨慎考虑裁员决策

本书研究结果表明，裁员及其频次的增加会导致员工产生工作不安全感，并引发负面的心理反应和行为反应。具体而言，这些消极的心理和态度会影响组织的工作氛围，当组织氛围发生变化时，身处组织的每一位员工在与组织进行交换的过程中都会有所感知，进而扩大负面影响的辐射范围，最终可能导致更多的幸存者出现裁员综合症。因此，企业在做出裁员决策时必须谨慎行事，考虑到可能对员工产生的负面影响以及对企业运营效率的影响。在进行裁员决策时，企业应采取措施减轻员工的心理负担，并确保幸存员工能够适应组织的变化并继续为企业做出贡献。

7.3.2 转变"减员增效"的认知

尽管有些研究认为裁员可以降低企业经营成本，提高效率和绩效（Datta et al.，2010），但大量研究表明裁员并不能为组织带来预期的财务指标（Guthrie & Datta，2008）。本书研究进一步向管理者揭示，裁员会导致裁员幸存者产生消极心理，如虚幻控制感的降低、组织承诺降低、工作满意度降低以及心理契约违背的增加。这些消极的心理反应又会进一步导致幸存者产生行为退缩，如工作投入和组织公民行为的减少，甚至引发幸存者的报复心理，采取反生产行为，使企业承受更多损失。因此，管理者在做出裁员决策之前，应对裁员可能带来的收益（如减少劳动力成本等）和损失（如给幸存者带来的长期消极影响）进行价值权衡，从而做出理性的决策。

7.3.3 裁员频次的警示

当管理者在权衡之后发现裁员是组织的必要选择时，应该谨慎思考裁员的频次，并进行严谨的思考和计划。本书研究的结果表明，裁员频次越高，对员工的负面影响越大。过多的裁员次数会导致员工的工作不安全感增强，从而对员工的工作态度和行为产生深远影响。这意味着裁员次数越多，给组织带来的损失可能越大。因此，企业应采取策略性的裁员方式，避免频繁释放裁员信号，以免影响员工的士气。在必要裁员时，应在执行决策前全面分析企业的经营现状，尽量一次性或少次完成裁员，以最大限度地减少其对组织造成的长期不利影响。

7.3.4 采取适当的激励措施以减少裁员对幸存者的影响

研究表明，裁员幸存者可能会出现心理亚健康状态，主要表现为悲伤、内疚和恐惧。而面对这种亚健康状态时，拥有强大心理资本的幸存者更容易适应裁员后的工作调整，并快速消除裁员综合症的影响（邵建平和张军，2010）。因此，为了减少裁员对幸存者的长期负面影响，企业应有意识、有计划地对幸存者采取激励措施，增强其心理资本，降低工作不安全感。同是，关注幸存者的心理健康和行为倾向，引导和干预其情绪变化。在裁员前制订严谨周密的计划，裁员过程中与幸存者做好沟通，并在裁员后关注幸存者的情绪变化，特别是对那些表现出消极情绪的幸存者给予特别关注（凡院连，2006）。

7.3.5 关注不同职业阶段的裁员幸存者

本书研究结果显示，裁员导致的工作环境和工作内容的变化可能会促使位于职业高原的员工产生工作投入和组织公民行为的正向行为，而对于非职业高原的员工，即处于职业成长期的员工，他们可能会因为裁员或多次裁员而产生工作不安全感，从而降低工作满意度，进而降低工作投入和组织公民行为。因此，当企业必须进行裁员时，管理者应考虑选择对位于职业高原的员工执行还是对非职业高原的后进生执行。当裁员发生时，如果位于职业高原的员工成为幸存者，那么企业应该抓住其心态和行为的契机，进一步激发其工作积极性；如果非职业高原的员工成为裁员幸存者，那么企业管理者则应该注重对其进行心理疏导，以减少工作不安全感和消极心理与行为的产生，并深度挖掘其潜力。

7.3.6　疏导工作不安全感等消极心态

根据本书研究结果我们发现，工作不安全感是裁员频次增加的必然结果，为了避免放大后续的消极心理和行为，组织和管理者应该进行提前干预，从而缓解或治愈幸存者综合症。首先，高层领导应该向幸存者解释裁员活动的必要性，并做好裁员受害者的离职管理，以维持幸存者的稳定性。其次，对幸存者的能力给予充分的肯定，并透明组织的发展计划，使他们感受到未来的希望（凡院连，2006）。最后，组织应对新团队进行精神培训，调整后应该采取新的激励措施，培养员工的职场信心，提高团队士气。此外，企业还可以通过行动支持与信息服务（如提供培训等支持幸存者的积极行为和为幸存者提供减少工作不确定性和模糊性的信息），引导员工自我激励（如学习心理知识）等措施应对工作不安全感（李涛，2006）。

7.3.7　对反生产行为进行观察、监督和警惕

如果幸存者认为裁员活动是不公正的，必然会引发幸存者的猜疑和暗斗。因此，企业在实施裁员活动时必须注重信息透明和公正公开，以避免使幸存者产生不公平的感知（彭移风，2009）。在 1982 年的 Williams V. Compa Maxam Ltd 案中，英国劳动上诉法院提出了关于裁员程序的五条原则：第一，需进行裁员时，企业应尽可能早、多地发出警告，以便职工做好心理和应对方案的准备；第二，对于裁减人员标准的设定必须与工会协商出最合适的方式；第三，被裁减人员的选择标准一定要经得起公正的检验；第四，企业需保证实际与标准的制定相符；第五，企业应明确是否

存在其他可能为职工提供工作。这些原则有助于减少员工的反生产行为，此外，企业还需在裁员发生后，密切关注组织中反生产行为发生的迹象，并在发现时采取相应的惩罚措施（王健和宋永泉，2003）。

7.3.8 对工作投入进行补偿、对组织公民行为进行奖励（荣誉和经济补贴）

裁员的发生减少了企业中的劳动力，从而增加了幸存者的工作压力，为了保证工作投入不减甚至增加，企业应该在裁员发生后进行人力资源整合。首先，修正并优化工作业务流程，以适应因裁员而产生的空缺岗位和业务流程变化。被裁员工离开后，企业需重新分配工作业务，并重点关注之前分配不合理的部分（如停滞状态的职业高原员工），以提高组织的运行效率。其次，应清晰地修订和界定岗位职责，并匹配适当的薪资报酬，以激励员工工作积极性。此外，当组织发展处于特殊时期，急需振奋员工士气时，组织可以考虑公开表彰并经济奖励具备组织公民行为的个人或部门，进一步激发此类行为，从而为组织带来更大的效益（彭移风，2009）。

7.4 研究局限与研究展望

首先，对工作不安全感前因的讨论有进一步丰富和细化的空间。本书以裁员频次作为触发工作不安全感的前因，并深入探讨引发的后续心理和行为，而实际上，关于裁员的其他特征也会对幸存者产生工作不安全感起到影响，如 Roskies 和 Louis-Guerin（1990）提到裁员是否正式宣布、员工是否感知到技术或经营上的变化等环境因素以及员工的情绪稳定性、年龄等个人因素都有可能对幸存者产生工作不安全感。此外，幸存者对自己被裁员后重新就业的信心也将影响其工作不安全感。因此，未来的研究可以从上述关于裁员的其他相关特征出发，进一步延展对工作不安全感的研究。

其次，本书预期对裁员频次所引发的裁员综合症进行全面的心理和行为分析，包括正向、平衡和负向三条路径。然而，目前的研究数据并未支持正向路径的存在。我们推测这可能与工作不安全感的心理结果变量的选择有关。Taylor 和 Brown（1988）提出，虚幻控制感是个体对自身及外界环境的积极感知或想象，它是一种错误的精神意象或概念。虽然虚幻控制感能激发个体的积极情感并增加他们在工作场所的积极行为，但过度的虚幻控制感可能导致个体对结果过度自信，从而抑制他们的投入意愿。因此，未来的研究可以考虑更新数据或更换其他变量来探索正向效应的可能性。

最后，本书研究选取职业高原作为裁员频次与工作不安全感、虚幻控制感、组织承诺、工作满意度和心理契约违背作用关系的调节变量，但裁员频次对员工心理的影响并非单一因素作用的结果，而是受到其他宏观经济环境、工作环境和个人层面的微观因素的影响（王振源和段永嘉，2014）。这些因素包括个人感知、组织公正和社会支持（尚航标和郑爱欣，2022）、资源获取（龙静等，2013）等。因此，未来的研究可以进一步丰富调节变量的内容，以更深入地探讨裁员频次引发幸存者工作不安全感以及影响幸存者一系列心理状态的边界条件。

参考文献

[1] Aaken V D, Rost K, Seidl D. The impact of social class on top managers' attitudes towards employee downsizing [J]. Long Range Planning, 2021, 55 (2): 102-129.

[2] Abolade D A. Impact of employees' job insecurity and employee turnover on organisational performance in private and public sector organisations [J]. Studies in Business Economics, 2018, 13 (2): 5-19.

[3] Acevedo L. Disadvantages to Company Downsizing [EB/OL]. 2017, https: //smallbusiness. chron. com/disadvantages-company-downsizing-26158. html

[4] Adler P S, Goldoftas B, Levine D I. Flexibility versus efficiency? A case study of model changeovers in the Toyota production system [J]. Oraganization Science, 1999, 10 (1): 43-68.

[5] Ahmadjian C L, Robinson P. Safety in numbers: Downsizing and the deinstitutionalization of permanent employment in Japan [J]. Administrative Science Quarterly, 2001, 46 (4): 622-654.

[6] Alakent E, Lee S H. Do institutionalized traditions matter during crisis? Employee downsizing in Korean manufacturing organizations [J]. Journal of Management Studies, 2010, 47 (3): 509-532.

[7] Aldarmaki O, Kasim N. Leadership style and turnover intention: The moderating role of supervisor trust [J]. International Journal of Recent Technology

Engineering, 2019, 8 (2): 310-315.

[8] Alloy L B, Abramson L Y. Judgment of contingency in depressed and nondepressed students: Sadder but wiser? [J]. Journal of Experimental Psychology: General, 1979, 108 (4): 441.

[9] Amundson N E, Borgen W A, Jordan S, et al. Survivors of downsizing: Helpful and hindering experiences [J]. The Career Development Quarterly, 2004, 52 (3): 256-271.

[10] Anderson C R. Locus of control, coping behaviors, and performance in a stress setting: A longitudinal study [J]. Journal of Applied Psychology, 1977, 62 (4): 446.

[11] Appelbaum E, Bailey T, Berg P, et al. Manufacturing advantage: Why high-performance work systems pay off [M]. Ithaca, New York: Cornell University Press. 2000.

[12] Appelbaum S H, Delage C, Labib N, et al. The survivor syndrome: Aftermath of downsizing [J]. Career Development International, 1997, 2 (6): 278-286.

[13] Appelbaum S H, Everard A, Hung L T. Strategic downsizing: Critical success factors [J]. Management Decision, 1999, 37 (7): 535-552.

[14] Appelbaum S H, Simpson R, Shapiro B T. The tough test of downsizing [J]. Organizational Dynamics, 1987, 16 (1): 68-79.

[15] Armstrong-Stassen M. Coping with transition: A study of layoff survivors [J]. Journal of Organizational Behavior, 1994, 15 (7): 597-621.

[16] Armstrong-Stassen M. Production workers' reactions to a plant closing: The role of transfer, stress, and support [J]. Anxiety, Stress and Coping, 1993, 6 (3): 201-214.

[17] Arshad R. Psychological contract violation and turnover intention: Do cultural values matter? [J]. Journal of Managerial Psychology, 2016, 31 (1): 251-264.

［18］ Ashby F G, Isen A M. A neuropsychological theory of positive affect and its influence on cognition ［J］. Psychological Review, 1999, 106 (3): 529.

［19］ Ashford S J, Lee C, Bobko P. Content, cause, and consequences of job insecurity: A theory–based measure and substantive test ［J］. Academy of Management journal, 1989, 32 (4): 803–829.

［20］ Ashforth B E, Kreiner G E. "How can you do it?": Dirty work and the challenge of constructing a positive identity ［J］. Academy of management Review, 1999, 24 (3): 413–434.

［21］ Ataullah A, Le H, Wang Z, et al. Corporate diversification and down-sizing decisions: International evidence from sharp and sudden performance shocks ［J］. International Review of Financial Analysis, 2022 (82): 102203.

［22］ Axmith M. Dismissal practices survey ［M］. Toronto: Murray Axmith. 1995.

［23］ Batson C D, Coke J S, Chard F, et al. Generality of the "glow of goodwill": Effects of mood on helping and information acquisition ［J］. Social Psychology Quarterly, 1979, 42 (2): 176–179.

［24］ Baumol W J, Blinder A S, Wolff E N. Downsizing in America: Reality, causes, and consequences ［M］. New York: Russell Sage Foundation, 2003.

［25］ Beaumont P B, Harris R I. Internal wage structures and organizational performance ［J］. British Journal of Industrial Relations, 2003, 41 (1): 53–70.

［26］ Beehr T A, Newman J E. Job stress, employee health, and organizational effectiveness: A facet analysis, model, and literature review 1 ［J］. Personnel Psychology, 1978, 31 (4): 665–699.

［27］ Bewley T F. Why not cut pay? ［J］. European Economic Review, 1998, 42 (3–5): 459–490.

［28］ Beylerian M, Kleiner B H. The downsized workplace ［J］. Nonprofit World, 2002, 20 (3): 30–32.

[29] Bies R J, Martin C L, Brockner J. Just laid off, but still a "good citizen?" Only if the process is fair [J]. Employee Responsibilities and Rights Journal, 1993, 6 (3): 227-238.

[30] Blau P. Exchange and power in social life [M]. London, New York: Routledge, 2017.

[31] Blyton P, Bacon N. Job insecurity: A review of measurement, consequences and implications [J]. Human Relations, 2001, 54 (9): 1223-1233.

[32] Bolin J H. Review of introduction to mediation, moderation, and conditional process analysis: A regression-based approach Andrew F. Hayes [J]. Journal of Educational Measurement, 2014, 51 (3): 335-337.

[33] Borg I, Elizur D. Job insecurity: Correlates, moderators and measurement [J]. International Journal of Manpower, 1992, 13 (2): 13-26.

[34] Brandes P, Castro S L, James M S, et al. The interactive effects of job insecurity and organizational cynicism on work effort following a layoff [J]. Journal of Leadership Organizational Studies, 2008, 14 (3): 233-247.

[35] Brayfield A H, Rothe H F. An index of job satisfaction [J]. Journal of Applied Psychology, 1951, 35 (5): 307-311.

[36] Brockner J, Davy J, Carter C. Layoffs, self-esteem, and survivor guilt: Motivational, affective, and attitudinal consequences [J]. Organizational Behavior Human Decision Processes, 1985, 36 (2): 229-244.

[37] Brockner J, Greenberg J, Brockner A, et al. Layoffs, equity theory, and work performance: Further evidence of the impact of survivor guilt [J]. Academy of Management Journal, 1986, 29 (2): 373-384.

[38] Brockner J, Grover S, Reed T F, et al. Layoffs, job insecurity, and survivors' work effort: Evidence of an inverted-U relationship [J]. Academy of Management Journal, 1992, 35 (2): 413-425.

[39] Brockner J, Grover S, Reed T, et al. Survivors' reactions to layoffs: We get by with a little help for our friends [J]. Administrative Science

Quarterly, 1987, 7 (3): 526-541.

[40] Brockner J, Spreitzer G, Mishra A, et al. Perceived control as an antidote to the negative effects of layoffs on survivors' organizational commitment and job performance [J]. Administrative Science Quarterly, 2004, 49 (1): 76-100.

[41] Brockner J. Managing the effects of layoffs on survivors [J]. California Management Review, 1992, 34 (2): 9-28.

[42] Brockner J. Scope of justice in the workplace: How survivors react to co-worker layoffs [J]. Journal of Social Issues, 1990, 46 (1): 95-106.

[43] Brockner J. The effects of work layoffs on survivors: Research, theory, and practice [J]. Research in Organizational Behavior, 1988 (10): 213-255.

[44] Bruton G D, Keels J K, Shook C L. Downsizing the firm: Answering the strategic questions [J]. Academy of Management Perspectives, 1996, 10 (2): 38-45.

[45] Budros A. A conceptual framework for analyzing why organizations downsize [J]. Organization Science, 1999, 10 (1): 69-82.

[46] Budros A. Causes of early and later organizational adoption: The case of corporate downsizing [J]. Sociological Inquiry, 2004, 74 (3): 355-380.

[47] Budros A. Organizational types and organizational innovation: Downsizing among industrial, financial, and utility firms [C]. Sociological Forum. Kluwer Academic Publishers-Plenum Publishers, 2000, 15 (2): 273-306.

[48] Budros A. The mean and lean firm and downsizing: Causes of involuntary and voluntary downsizing strategies [C]. Sociological Forum. Kluwer Academic Publishers-Plenum Publishers, 2002: 307-342.

[49] Budros A. The new capitalism and organizational rationality: The adoption of downsizing programs, 1979-1994 [J]. Social Forces, 1997, 76 (1): 229-250.

［50］ Bui H T, Chau V S, Cox J. Managing the survivor syndrome as scenario planning methodology... and it matters！［J］. International Journal of Productivity Performance Management, 2019, 68（4）：838-854.

［51］ Bultena C D. Social exchange under fire：Direct and moderated effects of job insecurity on social exchange ［M］. Denton：University of North Texas, 1998.

［52］ Burger J M. Desire for control and achievement - related behaviors ［J］. Journal of Personality & Social Psychology, 1985, 48（6）：1520-1533.

［53］ Burke R J, Cooper C L. The new organizational reality：Transition and renewal ［M］//The organization in crisis：Downsizing, restructuring, privatization. Oxford：Blackwell, 2000, 15（3）：3-19.

［54］ Burke R J. Downsizing and restructuring in organizations：Research findings and lessons learned-introduction ［J］. Canadian Journal of Administrative Sciences, 1998, 15（4）：297-305.

［55］ Ćulibrk J, Delić M, Mitrović S, Ćulibrk D. Job satisfaction, organizational commitment and job involvement：The mediating role of job involvement ［J］. Frontiers in Psychology, 2018（9）：132.

［56］ Cameron K S, Freeman S J, Mishra A K. Best practices in white-collar downsizing：Managing contradictions ［J］. Academy of Management Perspectives, 1991, 5（3）：57-73.

［57］ Cameron K S, Freeman S J, Mishra A K. Downsizing and redesigning organizations ［M］//G. P. Huber & W. H. Glick（Eds.）, Organizational change and redesign, New York：Oxford University Press. 1993：19-65.

［58］ Cameron K S. Strategies for successful organizational downsizing ［J］. Human Resource Management, 2010, 33（2）：189-211.

［59］ Campbell-Jamison F, Worrall L, Cooper C. Downsizing in Britain and its effects on survivors and their organizations ［J］. Anxiety, Stress & Coping, 2001, 14（1）：35-58.

［60］ Caplan R D, Cobb S, French Jr J R P, et al. Job demands and worker health main effects and occupational differences. US department of health, education, and welfare ［Z］. (Report No. 75 ~ 160) . Washington, DC: U. S. Department of Health, Education, & Welfare. Public Health Service, Center for Disease Control, National Institute for Occupational Safety and Health, 1975.

［61］ Cappelli P. Career jobs are dead ［J］. California Management Review, 1999, 42 (1): 146-167.

［62］ Carrell M R, Dittrich J E. Equity theory: The recent literature, methodological considerations, and new directions ［J］. Academy of Management Review, 1978, 3 (2): 202-210.

［63］ Carriger M. Three strikes and you are out? The impact of the frequency of downsizing on financial health and market valuation ［J］. Journal of Strategy Management, 2017, 10 (4): 417-429.

［64］ Carver C S, Scheier M F. Outcome expectancy, locus of attribution for expectancy, and self-directed attention as determinants of evaluations and performance ［J］. Journal of Experimental Social Psychology, 1982, 18 (2): 184-200.

［65］ Cascio W F, Young C E, Morris J R. Financial consequences of employment-change decisions in major US corporations ［J］. Academy of Management Journal, 1997, 40 (5): 1175-1189.

［66］ Cascio W F. Downsizing: What do we know? What have we learned? ［J］. Academy of Management Perspectives, 1993, 7 (1): 95-104.

［67］ Chao G T. Exploration of the conceptualization and measurement of career plateau: A comparative analysis ［J］. Journal of Management, 1990, 16 (1): 181-193.

［68］ Chao J M C, Cheung F Y L, Wu A M S. Psychological contract breach and counterproductive workplace behaviors: Testing moderating effect of attribution style and power distance ［J］. The International Journal of Human Resource Management, 2011, 22 (04): 763-777.

［69］Chatrath A，Ramchander S，Song F. Are market perceptions of corporate layoffs changing? ［J］. Economics Letters，1995，47（3）：335-342.

［70］Cho H，Ahn J Y. The dark side of wars for talent and layoffs：Evidence from Korean firms［J］. Sustainability，2018，10（5）：1365.

［71］Choo F. Job stress，job performance，and auditor personality characteristics［J］. Auditing-A Journal of Practice & Theory，1986，5（2）：17-34.

［72］Clair J A，Dufresne R L. Playing the grim reaper：How employees experience carrying out a downsizing［J］. Human Relations，2004，57（12）：1597-1625.

［73］Cohee G L. Corporate downsizing：Getting our policy right［J］. Organizational Dynamics，2019，48（1）：38-43.

［74］Collier J，Esteban R. Corporate social responsibility and employee commitment［J］. Business Ethics A European Review，2007，16（1）：19-33.

［75］Conway N，Coyle-Shapiro J A M. The reciprocal relationship between psychological contract fulfilment and employee performance and the moderating role of perceived organizational support and tenure［J］. Journal of Occupational and Organizational Psychology，2012，85（2）：277-299.

［76］Coucke K，Pennings E，Sleuwaegen L. Employee layoff under different modes of restructuring：exit，downsizing or relocation［J］. Industrial Corporate Change，2007，16（2）：161-182.

［77］Coyle-Shapiro J A M，Kessler I. Consequences of the psychological contract for the employment relationship：A large scale survey［J］. Journal of Management Studies，2000，37（7）：903-930.

［78］Coyle-Shapiro，J A M，Shore L M. The employee-organization relationship：Where do we go from here? ［J］. Human Resource Management Review，2007，17（2）：166-179.

［79］Céspedes-Lorente J J，Magán-Díaz A，Martínez-Ros E. Information technologies and downsizing：Examining their impact on economic performance

[J]. Information Management, 2019, 56 (4): 526-535.

[80] Dahl S-Å, Nesheim T. Downsizing strategies and institutional environ-ments [J]. Scandinavian Journal of Management, 1998, 14 (3): 239-257.

[81] Datta D K, Basuil D A. Does employee downsizing really work? [C]//Andresen M, Nowak C (eds). Human Resource Management Practices. Management for Professionals. Springer, Cham. 2015: 197-221.

[82] Davis G F, Stout S K. Organization theory and the market for corporate control: A dynamic analysis of the characteristics of large takeover targets, 1980-1990 [J]. Administrative Science Quarterly, 1992, 37 (4): 605-633.

[83] Davis K, Newstrom J W. Human Behavior at work: Organizational Behavior [M]. New York: Mc. Graw-Hill, 1985.

[84] Davy J A, Kinicki A J, Scheck C L. Developing and testing a model of survivor responses to layoffs [J]. Journal of Vocational Behavior, 1991, 38 (3): 302-317.

[85] DeGoeij M C, Suhrcke M, Toffolutti V, et al. How economic crises affect alcohol consumption and alcohol-related health problems: A realist systemat-ic review [J]. Social Science and Medicine, 2015 (131): 131-146.

[86] DeMeuse K P, Bergmann T J, Vanderheiden P A, et al. New evi-dence regarding organizational downsizing and a firm's financial performance: A long-term analysis [J]. Journal of Managerial Issues, 2004, 16 (2): 155-177.

[87] DeMeuse K P, Dai G. Organizational downsizing: Its effect on finan-cial performance over time: JMI [J]. Journal of Managerial Issues, 2013, 25 (4): 324-441.

[88] DeMeuse K P, Vanderheiden P A, Bergmann T J. Announced layoffs: Their effect on corporate financial performance [J]. Human Resource Management, 2010, 33 (4): 509-530.

[89] Devine K, Reay T, Stainton L, et al. The stress of downsizing: Com-

paring survivors and victims [J]. Human Resource Management, 2003 (42):
109-124.

[90] DeVries M K, Balazs K. The Downside Of Downsizing [J]. Human
Relations, 1997, 50 (1): 11-50.

[91] DeVries M K, Balazs K. The human side of downsizing [J]. European
Management Journal, 1996, 14 (2): 111-120.

[92] Dewitt R-L, Trevino L K, Mollica K A. Stuck in the middle: A con-
trol-based model of managers "reactions to their subordinates" layoffs [J]. Jour-
nal of Managerial Issues, 2003, 15 (1): 32-49.

[93] Dimaggio P J, Powell W W. The iron cage revisited: Institutional iso-
morphism and collective rationality in organizational fields [J]. American Sociolog-
ical Review, 1983, 48 (2): 147-160.

[94] Dlouhy K, Casper A. Downsizing and surviving employees' engagement
and strain: The role of job resources and job demands [J]. Human Resource Man-
agement, 2021, 60 (3): 435-454.

[95] Do B R, Yeh P W. Perceived organizational change on employees'
service-oriented OCB: Exploring the mediation of affective commitment [J]. In-
ternational Journal of Information and Management Sciences, 2015, 26 (2):
139-149.

[96] Doherty N, Horsted J. Helping survivors to stay on board [EB/OL].
People Management, 1995: 26-31. https://www.peoplemanagement.co.uk/ar-
ticle/1793603/read-people-management-magazine-online.

[97] Dolan S, Belout A, Balkin D B. Downsizing without downgrading:
Learning how firms manage their survivors [J]. International Journal of Manpower,
2000, 21 (1): 34-47.

[98] Dorfman J R. Heard on the street: Stocks of companies announcing
layoffs fire up investors, but prices often wilt [N]. Wall Street Journal (Eastern
edition), 1991-12-10.

［99］ Dougall A L, Herberman H B, Delahanty D L, et al. Similarity of prior trauma exposure as a determinant of chronic stress responding to an airline disaster ［J］. Journal of Consulting and Clinical Psychology, 2000, 68 (2): 290-295.

［100］ Druckman D. Social exchange theory: Premises and prospects ［J］. International Negotiation, 1998, 3 (2): 253-266.

［101］ Dugan R D. Corporate executions: The ugly truth about layoffs-how corporate greed is shattering lives, companies, and communities ［J］. Personnel Psychology, 1996, 49 (4): 998-1001.

［102］ Dunford R, Bramble T, Littler C R. Gain and pain: The effects of Australian public sector restructuring ［J］. Public Productivity & Management Review, 1998, 21 (4): 386-402.

［103］ Ehrenberg R G, Smith R S. Modern labor economics: Theory and public policy ［M］. London; New York: Routledge, 2016.

［104］ Eisenhardt K M. Agency theory: An assessment and review ［J］. Academy of Management Review, 1989, 14 (1): 57-74.

［105］ Elangovan A R, Shapiro D L. Betrayal of trust in organizations ［J］. Academy of Management Review, 1998, 23 (3): 547-566.

［106］ Elser H, Ben-Michael E, Rehkopf D, et al. Layoffs and the mental health and safety of remaining workers: A difference-in-differences analysis of the US aluminium industry ［J］. Epidemiol Community Health, 2019, 73 (12): 1094-1100.

［107］ Emshoff J R. How to increase employee loyalty while you downsize ［J］. Business Horizons, 1994, 37 (2): 49-58.

［108］ Erlinghagen M. Self-perceived job insecurity and social context: are there different European cultures of anxiety? ［R］. DIW Discussion Papers, 2007.

［109］ Fast N J, Gruenfeld D H S. Illusory control: A generative force behind power's far-reaching effects ［J］. Psychological Science, 2009, 4 (20): 502-

508.

[110] Feldman D C, Weitz B A. Career plateaus in the salesforce: Understanding and removing blockages to employee growth [J]. Journal of Personal Selling & Sales Management, 1988, 8 (3): 23-32.

[111] Feldman D C. Better practices in managing layoffs [J]. Human Resource Management, 2006, 33 (2): 239-260.

[112] Ference T P, Stoner J A F, Warren E K. Managing the career plateau [J]. Academy of Management Review, 1977, 2 (4): 602-612.

[113] Ferrara-Love R. Layoff survivor sickness: How to cope when you do not lose your job [J]. Journal of PeriAnesthesia Nursing, 1998, 13 (4): 236-238.

[114] Ferris G R. Activation – increasing properties of task performance [J]. Psychological Reports, 1983, 52 (3): 731-734.

[115] Fida R, Paciello M, Tramontano C, et al. An integrative approach to understanding counterproductive work behavior: The roles of stressors, negative emotions, and moral disengagement [J]. Journal of Business Ethics, 2015, 130 (1): 131-144.

[116] Filatotchev I, Buck T, Zhukov V. Downsizing in privatized firms in Russia, Ukraine, and Belarus [J]. Academy of Management Journal, 2000, 43 (3): 286-304.

[117] Fisher C D. Why do lay people believe that satisfaction and performance are correlated? Possible sources of a commonsense theory [J]. Journal of Organizational Behavior: The International Journal of Industrial, Occupational and Organizational Psychology and Behavior, 2003, 24 (6): 753-777.

[118] Fisher S R, White M A. Downsizing in a learning organization: Are there hidden costs? [J]. Academy of Management Review, 2000, 25 (1): 244-251.

[119] Fiss P C. Building better causal theories: A fuzzy set approach to

typologies in organization research [J]. Academy of Management Journal, 2011, 54 (2): 393-420.

[120] Fligstein N. Markets as politics: A political-cultural approach to market institutions [J]. American Sociological Review, 1996, 61 (4): 656-673.

[121] Foster W M, Hassard J S, Morris J, et al. The changing nature of managerial work: The effects of corporate restructuring on management jobs and careers [J]. Human Relations, 2019, 72 (3): 473-504.

[122] Fox S, Spector P E, Miles D. Counterproductive work behavior (CWB) in response to job stressors and organizational justice: Some mediator and moderator tests for autonomy and emotions [J]. Journal of Vocational Behavior, 2001, 59 (3): 291-309.

[123] Frone M R, Blais A - R. Organizational downsizing, work conditions, and employee outcomes: Identifying targets for workplace intervention among survivors [J]. International Journal of Environmental Research and Public Health, 2020, 17 (3): 719.

[124] Frone M R. What happened to the employed during the Great Recession? A US population study of net change in employee insecurity, health, and organizational commitment [J]. Journal of Vocational Behavior, 2018 (107): 246-260.

[125] Gandolfi F, Hansson M. Causes and consequences of downsizing: Towards an integrative framework [J]. Journal of Management Organization, 2011, 17 (4): 498-521.

[126] Gandolfi F. Corporate downsizing demystified: A scholarly analysis of a business phenomenon [M]. Hyderabad: ICFAI University Press, 2006.

[127] Gandolfi F. Cost reductions, downsizing - related layoffs, and HR practices [J]. SAM Advanced Management Journal, 2008, 73 (3): 46-56.

[128] Gandolfi F. Executing downsizing: The experience of executioners [J]. Contemporary Management Research, 2009, 5 (2): 185-200.

［129］ Gandolfi F. How and why should training and development （T&D） be implemented during the process of organisational downsizing? ［D］. Southern Cross University, 2001.

［130］ Gandolfi F. How do large Australian and Swiss banks implement downsizing? ［J］. Journal of Management and Organization, 2007, 13 （2）: 145 - 159.

［131］ Gandolfi F. How do organizations implement downsizing? - An Australian and New Zealand study ［J］. Contemporary Management Research, 2005, 1 （1）: 57-68.

［132］ Gilliland S W, Schepers D H. Why we do the things we do: A discussion and analysis of determinants of just treatment in layoff implementation decisions ［J］. Human Resource Management Review, 2003, 13 （1）: 59-83.

［133］ Goergen M, Brewster C, Wood G. The effects of the national setting on employment practice: The case of downsizing ［J］. International Business Review, 2013, 22 （6）: 1051-1067.

［134］ Goesaert T, Heinz M, Vanormelingen S. Downsizing and firm performance: Evidence from German firm data ［J］. Industrial Corporate Change, 2015, 24 （6）: 1443-1472.

［135］ Gouaux C. Induced affective states and interpersonal attraction ［J］. Journal of Personality & Social Psychology, 1971, 20 （1）: 37-43.

［136］ Gould S, Hawkins B L. Organizational career stage as a moderator of the satisfaction - performance relationship ［J］. Academy of Management Journal, 1978, 21 （3）: 434-450.

［137］ Greenhalgh L, Rosenblatt Z. Job insecurity: Toward conceptual clarity ［J］. Academy of Management Review, 1984, 9 （3）: 438-448.

［138］ Grevin F. Posttraumatic stress disorder, ego defense mechanisms, and empathy among urban paramedics ［J］. Psychological Reports, 1996, 79 （2）: 483-495.

[139] Grunberg L, Moore S, Greenberg E S. Work stress and problem alcohol behavior: A test of the spillover model [J]. Journal of Organizational Behavior: The International Journal of Industrial, Occupational and Organizational Psychology and Behavior, 1998, 19 (5): 487-502.

[140] Gruys M L, Sackett P R. Investigating the dimensionality of counterproductive work behavior [J]. International Journal of Selection and Assessment, 2003, 11 (1): 30-42.

[141] Guay R P, Choi D, Oh I S, et al. Why people harm the organization and its members: Relationships among personality, organizational commitment, and workplace deviance [J]. Human Performance, 2016, 29 (1): 1-15.

[142] Guest D E. Human resource management and employee well-being: Towards a new analytic framework [J]. Human Resource Management Journal, 2017, 27 (1): 22-38.

[143] Guo C, Giacobbe-Miller J K. Understanding survivors' reactions to downsizing in China [J]. Journal of Managerial Psychology, 2012, 27 (1): 27-47.

[144] Gupta A, Nadkarni S, Mariam M. Dispositional sources of managerial discretion: CEO ideology, CEO personality, and firm strategies [J]. Administrative Science Quarterly, 2019, 64 (4): 855-893.

[145] Gupta V, Agarwal U A, Khatri N. The relationships between perceived organizational support, affective commitment, psychological contract breach, organizational citizenship behaviour and work engagement [J]. Journal of Advanced Nursing, 2016, 72 (11): 2806-2817.

[146] Guthrie J P, Datta D K. Dumb and dumber: The impact of downsizing on firm performance as moderated by industry conditions [J]. Organization Science, 2008, 19 (1): 108-123.

[147] Hallock K F. Layoffs in large US firms from the perspective of senior managers [J]. Research in Personnel and Human Resources Management, 2006

（25）：137-179.

[148] Hallock K F. Layoffs, top executive pay, and firm performance [J]. The American Economic Review, 1998, 88 (4): 711-723.

[149] Harney B, Fu N, Freeney Y. Balancing tensions: Buffering the impact of organisational restructuring and downsizing on employee well-being [J]. Human Resource Management Journal, 2018, 28 (2): 235-254.

[150] Harrigan R. Strategies for declining industries [J]. Journal of Business Strategy, 1980, 1 (2): 20-34.

[151] Hartley J, Jacobson D, Klandermans B, et al. Job insecurity: Coping with jobs at risk [M]. London: Sage Publications Ltd, 1990.

[152] Harvey J, Bolino M C, Kelemen T K. Organizational citizenship behavior in the 21st century: How might going the extra mile look different at the start of the new millennium? [J]. Research in personnel and human resources management, 2018 (36): 51-110.

[153] Havlovic S J, Bouthillette F, Van Der Wal R. Coping with downsizing and job loss: Lessons from the Shaughnessy hospital closure [J]. Canadian Journal of Administrative Sciences/Revue Canadienne des Sciences de l' Administration, 1998, 15 (4): 322-332.

[154] Hayes A F. An index and test of linear moderated mediation [J]. Multivariate Behavioral Research, 2015, 50 (1): 1-22.

[155] Heckman J J, Borjas G J. Does unemployment cause future unemployment? Definitions, questions and answers from a continuous time model of heterogeneity and state dependence [J]. Economica, 1980, 47 (187): 247-283.

[156] Henle C A. Predicting workplace deviance from the interaction between organizational justice and personality [J]. Journal of Managerial Issues, 2005 (1): 247-263.

[157] Herda D N, Lavelle J J. The effects of organizational fairness and commitment on the extent of benefits big four alumni provide their former firm

［J］. Accounting, Organizations and Society, 2011, 36 (3): 156-166.

［158］Hillier D, Marshall A, Mccolgan P, et al. Employee layoffs, shareholder wealth and firm performance: Evidence from the UK ［J］. Journal of Business Finance Accounting, 2007, 34 (3-4): 467-494.

［159］Hobfoll S E, Halbesleben J, Neveu J P, et al. Conservation of resources in the organizational context: The reality of resources and their consequences ［J］. Annual Review of Organizational Psychology and Organizational Behavior, 2018, 5 (1): 103-128.

［160］Hobfoll S E. Conservation of resources: A new attempt at conceptualizing stress ［J］. American Psychologist, 1989, 44 (3): 513-524.

［161］Hobfoll S E. The influence of culture, community, and the nested-self in the stress process: Advancing conservation of resources theory ［J］. Applied Psychology, 2001, 50 (3): 337-421.

［162］Hochwarter W A, Perrewe P L, Ferris G R, et al. Job satisfaction and performance: The moderating effects of value attainment and affective disposition ［J］. Journal of Vocational Behavior, 1999, 54 (2): 296-313.

［163］Hollinger R C, Clark J P. Deterrence in the workplace: Perceived certainty, perceived severity, and employee theft ［J］. Soc Forces, 1983, 62 (2): 398-418.

［164］Hoppock R. Job satisfaction ［M］. New York: Harper and Brothers, 1935.

［165］Hui C, Lee C, Rousseau D M. Psychological contract and organizational citizenship behavior in China: investigating generalizability and instrumentality ［J］. Journal of Applied Psychology, 2004, 89 (2): 311-321.

［166］Hunter E M, Penney L M. The waiter spit in my soup! Antecedents of customer-directed counterproductive work behavior ［J］. Human Performance, 2014, 27 (3): 262-281.

［167］Ivanovic T, Ivancevic S, Maricic M. The relationship between recruiter burnout, work engagement and turnover intention: Evidence from Serbia ［J］.

Engineering Economics, 2020, 31 (2): 197-210.

［168］Iverson R D, Pullman J A. Determinants of voluntary turnover and layoffs in an environment of repeated downsizing following a merger: An event history analysis ［J］. Journal of Management, 2000, 26 (5): 977-1003.

［169］Iverson R D, Zatzick C D. High－commitment work practices and downsizing harshness in australian workplaces ［J］. Industrial Relations: A Journal of Economy Society, 2007, 46 (3): 456-480.

［170］Jamal M. Job stress and job performance controversy: An empirical assessment ［J］. Organizational Behavior Human Performance, 1984, 33 (1): 1-21.

［171］Jiang J J, Klein G J. Effects of downsizing policies on is survivors' attitude and career management ［J］. Management 2000, 38 (1): 35-45.

［172］Johnny H, Magnus S, Kerstin I. A two-dimensional approach to job insecurity: Consequences for employee attitudes and well－being ［J］. European Journal of Work & Organizational Psychology, 1999, 2 (8): 179-195.

［173］Jones D A. Getting even with one's supervisor and one's organization: Relationships among types of injustice, desires for revenge, and counterproductive work behaviors ［J］. Journal of Organizational Behavior: The International Journal of Industrial, Occupational and Organizational Psychology and Behavior, 2009, 30 (4): 525-542.

［174］Jones M D, Sliter M, Sinclair R R. Overload, and cutbacks, and freezes, oh my! The relative effects of the recession-related stressors on employee strain and job satisfaction ［J］. Stress Health, 2016, 32 (5): 629-635.

［175］Judge T A, Thoresen C J, Bono J E, et al. The job satisfaction-job performance relationship: A qualitative and quantitative review ［J］. Psychological Bulletin, 2001, 127 (3): 376-407.

［176］Judge T A, Weiss H M, Kammeyer-Mueller J D, Hulin C L. Job attitudes, job satisfaction, and job affect: A century of continuity and of change ［J］. Journal of Applied Psychology, 2017, 102 (3): 356-374.

［177］Kahn W A. Psychological conditions of personal engagement and disengagement at work ［J］. Academy of Management Journal, 1990, 33（4）: 692-724.

［178］Kaplan H B. Self-attitudes and deviant response ［J］. Social Forces, 1976, 54（4）: 788-801.

［179］Kawai, Norifumi. Does downsizing really matter? Evidence from Japanese multinationals in the European manufacturing industry ［J］. The International Journal of Human Resource Management, 2015, 26（4）: 501-519.

［180］Kickul J, Lester S W, Belgio E. Attitudinal and behavioral outcomes of psychological contract breach: A cross cultural comparison of the United States and Hong Kong Chinese ［J］. International Journal of Cross Cultural Management, 2004, 4（2）: 229-252.

［181］Kim W - B. Economic crisis, downsizing and "layoff survivor's syndrome" ［J］. Journal of Contemporary Asia, 2003, 33（4）: 449-464.

［182］King J E. White-collar reactions to job insecurity and the role of the psychological contract: Implications for human resource management ［J］. Human Resource Management: Published in Cooperation With The School of Business Administration, The University of Michigan and in Alliance With The Society of Human Resources Management, 2000, 39（1）: 79-92.

［183］Kinnunen U, Mauno S, Nätti J, et al. Organizational antecedents and outcomes of job insecurity: A longitudinal study in three organizations in Finland ［J］. Journal of Organizational Rehavior, 2000, 21（4）: 443-459.

［184］Klug K, Bernhard-Oettel C, Mkikangas A, et al. Development of perceived job insecurity among young workers: A latent class growth analysis ［J］. International Archives of Occupational and Environmental Health, 2019, 92（6）: 901-918.

［185］Knoop R. Relationships among job involvement, job satisfaction, and organizational commitment for nurses ［J］. The Journal of Psychology, 1995, 129

（6）：643-649.

［186］Komazec S, Maričić M, Đurić M. Exploring the effects of the proce-dural justice of downsizing on survivors' behaviour ［J］. Engineering Econo-mics, 2023, 34 （3）: 293-307.

［187］Kotter J P. The psychological contract: Managing the joining－up process ［J］. California Management Review, 1973, 15 （3）: 91-99.

［188］Kozlowski S W, Chao G, Smith E, Hedlund J. Organizational down-sizing: Strategies, interventions, and research implications ［J］. International Review of Industrial and Organizational Psychology, 1993 （8）: 263-332.

［189］Langer E J. The illusion of control ［J］. Journal of Personality and Social Psychology, 1975, 32 （2）: 311-328.

［190］Lavelle J J, Rupp D E, Brockner J. Taking a multifoci approach to the study of justice, social exchange, and citizenship behavior: The target simi-larity model ［J］. Journal of Management, 2007, 33 （6）: 841-866.

［191］Laverty K J. Managerial myopia or systemic short－termism? The importance of managerial systems in valuing the long term ［J］. Management Deci-sion, 2004, 42 （8）: 949-962.

［192］Lazarus R S, Folkman S. Stress, appraisal, and coping ［M］. Berlin: Springer Publishing Company, 1984.

［193］Lees M, Steeves W. Survivor's syndrome: A comparison of the per-ceptions of administrators, managers, nurses and physicians during the restructu-ring of Ontario hospitals ［J］. Healthcare Management Forum, 2003, 16 （4）: 9-13.

［194］Lim V K G. Job insecurity and its outcomes: Moderating effects of work－based and nonwork－based social support ［J］. Human Relations, 1996, 49 （2）: 171-194.

［195］Limaj E, Bernroider E W, Choudrie J. The impact of social informa-tion system governance, utilization, and capabilities on absorptive capacity and innovation: A case of Austrian SMEs [J]. Information Management, 2016, 53 (3): 380-397.

[196] Lo S, Aryee S. Psychological contract breach in a Chinese context: An integrative approach [J]. Journal of Management Studies, 2003, 40 (4): 1005-1020.

[197] Locke E A. What is job satisfaction? [J]. Organizational Behavior and Human Performance, 1969, 4 (4): 309-336.

[198] Lodahl T M, Kejnar M. The definition and measurement of job involvement [J]. Journal of Applied Psychology, 1965, 49 (1): 24-33.

[199] Lynch D J, Telford T. GM Layoffs and plant shutdowns suggest U. S. economy may be starting to slow-And Dent Trump's claim of an industrial renaissance [Z]. The Washington Post. 2018.

[200] López Bohle S, Bal P M, Jansen P G, et al. How mass layoffs are related to lower job performance and OCB among surviving employees in Chile: An investigation of the essential role of psychological contract [J]. The International Journal of Human Resource Management, 2017, 28 (20): 2837-2860.

[201] Mabert V A, Schmenner R W. Assessing the roller coaster of downsizing [J]. Business Horizons, 1997, 40 (4): 45-53.

[202] Macky K. Organizational downsizing and redundancies: The New Zealand workers experience [J]. New Zealand Journal of Employment Relations, 2004, 29 (1): 63-87.

[203] Manrai L A, Manrai A. Hofstede's cultural dimensions and tourist behaviors: A review and conceptual framework [J]. Journal of Economics, Finance & Administrative Science, 2011, 16 (31): 23.

[204] Mansour-Cole D M, Scott S G. Hearing it through the grapevine: the influence of source, leader-relations, and legitimacy on survivors' fairness perceptions [J]. Personnel Psychology, 1998, 51 (1): 25-54.

[205] Marks M L, DeMeuse K P. Resizing the organization: Maximizing the

gain while minimizing the pain of layoffs, divestitures, and closings [J]. Organizational Dynamics, 2005, 34 (1): 19-35.

[206] Massingham P. Measuring the Impact of Knowledge Loss: More Than Ripples on a Pond? [J]. Management Learning, 2008, 39 (5): 541-560.

[207] Matthijs Bal P, Chiaburu D S, Jansen P G W. Psychological contract breach and work performance: Is social exchange a buffer or an intensifier? [J]. Journal of Managerial Psychology, 2010, 25 (3): 252-273.

[208] Mavromaras K G, Orme C D. Temporary layoffs and split population models [J]. Journal of Applied Econometrics, 2004, 19 (1): 49-67.

[209] Meng H, Luo Y, Huang L, et al. On the relationships of resilience with organizational commitment and burnout: A social exchange perspective [J]. The International Journal of Human Resource Management, 2019, 30 (15): 2231-2250.

[210] Mengstie M M. Perceived organizational justice and turnover intention among hospital healthcare workers [J]. BMC Psychology, 2020, 8 (1): 1-11.

[211] Meyer J P, Allen N J, Smith C A. Commitment to organizations and occupations: Extension and test of a three-component conceptualization [J]. Journal of Applied Psychology, 1993, 78 (4), 538-551.

[212] Meyer J P, Allen N J. A three-component conceptualization of organizational commitment [J]. Human Resource Management Review, 1991, 1 (1): 61-89.

[213] Meyer J P, Stanley D J, Herscovitch L, Topolnytsky L. Affective, continuance, and normative commitment to the organization: A meta-analysis of antecedents, correlates, and consequences [J]. Journal of Vocational Behavior, 2002, 61 (1): 20-52.

[214] Miller V D, Johnson J R, Grau J. Antecedents to willingness to participate in a planned organizational change [J]. Journal of Applied Communication Research, 1994, 22 (1): 59-80.

[215] Milliman J. Causes, consequences, and moderating factors of career plateauing [D]. Los Angeles: University of Southern California, 1992.

[216] Mishra K E, Spreitzer G M, Mishra A K. Preserving employee morale during downsizing [J]. MIT Sloan Management Review, 1998, 39 (2): 83-95.

[217] Moore S, Grunberg L, Greenberg E. Repeated downsizing contact: The effects of similar and dissimilar layoff experiences on work and well-being outcomes [J]. Journal of Occupational Health Psychology, 2004, 9 (3):247-257.

[218] Moorman R H. The influence of cognitive and affective based job satisfaction measures on the relationship between satisfaction and organizational citizenship behavior [J]. Human Relations, 1993, 46 (6): 759-776.

[219] Morrison E W, Robinson S L. When employees feel betrayed: A model of how psychological contract violation develops [J]. Academy of Management Review, 1997, 22 (1): 226-256.

[220] Morrow P C. Managing organizational commitment: Insights from longitudinal research [J]. Journal of Vocational Behavior, 2011, 79 (1): 18-35.

[221] Mujtaba B G, Senathip T. Layoffs and downsizing implications for the leadership role of human resources [J]. Journal of Service Science Management, 2020, 13 (2): 209.

[222] Muldoon J, Liguori E W, Bendickson J, et al. Revisiting perspectives on George Homans: correcting misconceptions [J]. Journal of Management History, 2018, 24 (1), 57-75.

[223] Murray T J. For downsizers, the real misery is yet to come [J]. Business Month, 1989, 133 (2): 71-72.

[224] Nekoei A, Weber A. Seven facts about temporary layoffs [Z]. St. Louis: Federal Reserve Bank of St Louis. 2020.

[225] Niederland W G. Clinical observations on the "survivor syndrome" [J]. The International Journal of Psychoanalysis, 1968, 49 (2-3): 313-315.

[226] Noveria M. Challenges of population ageing in Indonesia [C]. Paper

presented at Conference on "Impact of Ageing: A Common Challenge for Europe and Asia. 2006: 9-28.

[227] Ocampo L, Acedillo V, Bacunador A M, et al. A historical review of the development of organizational citizenship behavior (OCB) and its implications for the twenty-first century [J]. Personnel Review, 2018, 47 (4): 821-862.

[228] Organ D W, Ryan K. A meta-analytic review of attitudinal and dispositional predictors of organizational citizenship behavior [J]. Personnel Psychology, 1995, 48 (4), 775-802.

[229] Organ D W. The subtle significance of job satisfaction: Organizational citizenship behavior [J]. Clinical Laboratory Management Review, 1990, 4 (1), 94-98.

[230] Organ D. Organizational citizenship behavior: The good soldier syndrome [M]. MA: Lexington Books, 1988.

[231] Osterman P. Work reorganization in an era of restructuring: Trends in diffusion and effects on employee welfare [J]. Industrial & Labor Relations Review, 2000, 53 (2): 179-196.

[232] O'Neill H M, Lenn D J. Voices of survivors: Words that downsizing CEOs should hear [J]. Academy of Management Executive, 1995, 9 (4): 23-33.

[233] O'Reilly C, Chatman J. Organizational commitment and psychological attachment: The effects of compliance, identification, and internalization on prosocial behavior [J]. Journal of Applied Psychology, 1986, 71 (3): 492-499.

[234] Pare G, Tremblay M. The influence of high - involvement human resources practices, procedural justice, organizational commitment, and citizenship behaviors on information technology professionals' turnover intentions [J]. Group & Organization Management, 2007, 32 (3): 326-357.

[235] Park C H, Kim W, Song J H. The impact of ethical leadership on employees' in-role performance: The mediating effect of employees' psychological

ownership [J]. Human Resource Development Quarterly, 2015, 26 (4): 385-408.

[236] Pearlin L I, Schooler C. The structure of coping [J]. Journal of Health and Social Behavior, 1978, 19 (1): 2-21.

[237] Perry T, Shivdasani A. Do boards affect performance? Evidence from corporate restructuring [J]. The Journal of Business, 2005, 78 (4): 1403-1432.

[238] Piccoli B, DeWitte H. Job insecurity and emotional exhaustion: Testing psychological contract breach versus distributive injustice as indicators of lack of reciprocity [J]. Work & Stress, 2015, 29 (3): 246-263.

[239] Podsakoff P M, MacKenzie S B, Paine J B, Bachrach D G. Organizational citizenship behaviors: A critical review of the theoretical and empirical literature and suggestions for future research [J]. Journal of Management, 2000, 26 (3): 513-563.

[240] Powell R, Yawson A. Internal restructuring and firm survival [J]. International Review of Finance, 2012, 12 (4): 435-467.

[241] Redman T, Keithley D. Downsizing goes east? Employment restructuring in post-socialist Poland [J]. International Journal of Human Resource Management, 1998, 9 (2): 274-295.

[242] Reisel W D, Probst T M, Chia S L, et al. The effects of job insecurity on job satisfaction, organizational citizenship behavior, deviant behavior, and negative emotions of employees [J]. International Studies of Management & Organization, 2010, 40 (1): 74-91.

[243] Rihoux B, Ragin C C. Configurational comparative methods: Qualitative comparative analysis (QCA) and related techniques [M]. London: Sage Publications, 2008.

[244] Robinson M D, Watkins E R, & Harmon-Jones E. Handbook of cognition and emotion [M]. New York: Guilford Press, 2013.

［245］ Robinson S L, Morrison W E. The development of psychological con-tract breach and violation: A longitudinal study ［J］. Journal of Organizational Behavior, 2000, 21 (5): 525-546.

［246］ Robinson S L, Rousseau D M. Violating the psychological contract: Not the exception but the norm ［J］. Journal of Organizational Behavior, 1994, 15 (3): 245-259.

［247］ Robinson S L. Retreat, voice, silence and destruction: A typology of behavioral responses to organizational dissatisfaction and an examination of their contextual predictors ［M］. Evanston: Northwestern University, 1992.

［248］ Robinson S L. Trust and breach of the psychological contract ［J］. Administrative Science Quarterly, 1996, 41 (4): 574-599.

［249］ Roskies E, Louis-Guerin C. Job insecurity in managers: Antecedents and consequences ［J］. Journal of Organizational Behavior, 1990, 11 (5): 345-359.

［250］ Rothbaum F, Weisz J R, Snyder S S. Changing the world and chan-ging the self: A two-process model of perceived control ［J］. Journal of Personali-ty and Social Psychology, 1982, 42 (1): 5-37.

［251］ Rotter J B. Generalized expectancies for internal versus external control of reinforcement ［J］. Psychological Monographs: General and Applied, 1966, 80 (1): 1-28.

［252］ Rousseau D M, Parks M J. The contracts of individuals and organiza-tions ［J］. Research in Organizational Behavior, 1993 (15): 1-43.

［253］ Rousseau D M. Psychological and implied contracts in organizations ［J］. Employee Responsibilities and Rights Journal, 1989, 2 (2): 121-139.

［254］ Rusbult C E, Farrell D, Rogers G, et al. Impact of exchange varia-bles on exit, voice, loyalty, and neglect: An integrative model of responses to declining job satisfaction ［J］. Academy of Management Journal, 1988, 31 (3): 599-627.

［255］ Russell H, Mcginnity F. Under pressure: The impact of recession on employees in I reland ［J］. British Journal of Industrial Relations, 2014, 52 (2): 286-307.

［256］ Salter K M. Job insecurity and its antecedents ［M］. West Lafayette: Purdue University, 1998.

［257］ Schneider C Q, Wagemann C. Set-theoretic methods for the social sciences: A guide to qualitative comparative analysis ［M］. Cambridge: Cambridge University Press, 2012.

［258］ Schein E H. The individual, the organization, and the career?: A conceptual scheme ［J］. The Journal of Applied Behavioral Science. 1971, 7 (4): 401-426.

［259］ Schulz A C, Wiersema M F. The impact of earnings expectations on corporate downsizing ［J］. Strategic Management Journal, 2018, 39 (10): 2691-2702.

［260］ Schulz A-C, Johann S. Downsizing and the fragility of corporate reputation: An analysis of the impact of contextual factors ［J］. Scandinavian Journal of Management, 2018, 34 (1): 40-50.

［261］ Shaw J B, Barrett-Power E. A conceptual framework for assessing organization, work group, and individual effectiveness during and after downsizing ［J］. Human Relations, 1997, 50 (2): 109-127.

［262］ Sheaffer Z, Carmeli A, Steiner-Revivo M, et al. Downsizing strategies and organizational performance: A longitudinal study ［J］. Management Decision, 2009, 47 (6): 950-974.

［263］ Shi G, Zhang L. Managerial ability, layoffs, and unemployment ［J］. Applied Economics Letters, 2019, 26 (21): 1785-1789.

［264］ Shoss M K. Job insecurity: An integrative review and agenda for future research ［J］. Journal of Management, 2017, 43 (6): 1911-1939.

［265］ Sigursteinsdóttir H, Rafnsdóttir G L. Sickness and sickness absence of remaining employees in a time of economic crisis: A study among employees of municipalities in Iceland [J]. Social Science and Medicine, 2015 (132): 95-102.

[266] Spector P E, Fox S. An emotion-centered model of voluntary work behavior: Some parallels between counterproductive work behavior and organizational citizenship behavior [J]. Human Resource Management Review, 2002, 12 (2): 269-292.

[267] Spreitzer G M, Mishra A K. To stay or to go: Voluntary survivor turnover following an organizational downsizing [J]. Journal of Organizational Behavior: The International Journal of Industrial, Occupational and Organizational Psychology and Behavior, 2002, 23 (6): 707-729.

[268] Staw B M, Sandelands L E, Dutton J E. Threat rigidity effects in organizational behavior: A multilevel analysis [J]. Administrative Science Quarterly, 1981, 26 (4): 501-524.

[269] Stout S K, Slocum Jr J W, Cron W L. Dynamics of the career plateauing process [J]. Journal of Vocational Behavior, 1988, 32 (1): 74-91.

[270] Sverke M, Hellgren J, Näswall K. No security: a meta-analysis and review of job insecurity and its consequences [J]. Journal of occupational health psychology, 2002, 7 (3): 242.

[271] Sweeney J T, Quirin J J. Accountants as layoff survivors: A research note [J]. Accounting, organizations society, 2009, 34 (6-7): 787-795.

[272] Taylor S E, Brown J D. Illusion and well-being: A social psychological perspective on mental health [J]. Psychological Bulletin, 1988, 103 (2): 193-210.

[273] Tiwari B, Lenka U. Employee engagement: A study of survivors in Indian IT/ITES sector [J]. IIMB Management Review, 2020, 32 (3): 249-266.

[274] Tremblay M, Roger A. Individual, familial, and organizational

determinants of career plateau: An empirical study of the determinants of objective and subjective career plateau in a population of Canadian managers [J]. Group & Organization Management, 1993, 18 (4): 411-435.

[275] Trevor C O, Nyberg A J. Keeping your headcount when all about you are losing theirs: Downsizing, voluntary turnover rates, and the moderating role of HR practices [J]. Academy of Management Journal, 2008, 51 (2): 259-276.

[276] Turnley W H, Bolino M C, Lester S W, et al. The effects of psychological contract breach on union commitment [J]. Journal of Occupational and Organizational Psychology, 2004, 77 (3): 421-428.

[277] Turnley W H, Bolino M C, Lester S W, et al. The impact of psychological contract fulfillment on the performance of in-role and organizational citizenship behaviors [J]. Journal of Management, 2003, 29 (2): 187-206.

[278] Turnley W H, Feldman D C. The impact of psychological contract violations on exit, voice, loyalty, and neglect [J]. Human Relations, 1999, 52 (7): 895-922.

[279] Tzafrir S S, Eitam-Meilik M. The impact of downsizing on trust and employee practices in high tech firms: A longitudinal analysis [J]. The Journal of High Technology Management Research, 2005, 16 (2): 193-207.

[280] Van Dyne L, Graham J W, Dienesch R M. Organizational citizenship behavior: Construct redefinition, measurement, and validation [J]. Academy of Management Journal, 1994, 37 (4): 765-802.

[281] Van Vuuren T. Met ontslag bedreigd: Werknemers in oze-kerheid over hun arbeidsplaats bij veranderingen in de organisatie [M]. Amsterdam: VU Uitgeverij, 1990.

[282] Veiga J F. Plateaued versus nonplateaued managers: Career patterns, attitudes, and path potential [J]. Academy of Management Journal, 1981, 24 (3): 566-578.

[283] Vicente-Lorente J D, Suárez-González I. Ownership traits and down-

sizing behaviour: Evidence for the largest Spanish firms, 1990-1998 [J]. Organization Studies, 2007, 28 (11): 1613-1638.

[284] Von Wachter T, Song J, Manchester J. Long-term earnings losses due to mass layoffs during the 1982 recession: An analysis using US administrative data from 1974 to 2004 [A]. Unpublished Paper, Columbia University, 2009.

[285] Widerszal-Bazyl M, Mockałło Z. Do all types of restructuring threaten employees' well-being? An exploratory study [J]. International journal of occupational medicine and environmental health, 2015, 28 (4): 689-706.

[286] Wiesenfeld B M, Brockner J, Thibault V. Procedural fairness, managers' self-esteem, and managerial behaviors following a layoff [J]. Organizational Behavior Human Decision Processes, 2000, 83 (1): 1-32.

[287] William G. Environmental effects on interpersonal affective behavior: Ambient effective temperature and attraction [J]. Journal of Personality and Social Psychology, 1970, 15 (3): 240-244.

[288] Wilmar B S, Marsia S, Vicente G A, Arnold B B. The measurement of engagement and burnout: A two sample confirmatory factor analytic approach [J]. Journal of Happiness Studies, 2002, 1 (3): 71-92.

[289] Wisetsri W, Lourens M E, Cavaliere L P L, et al. The effect of layoffs on the performance of survivors at healthcare organizations [J]. Nveo-Natural Volatiles Essential Oils Journal, 2021 (1): 5574-5593.

[290] Wood S, Michaelides G, Ogbonnaya C. Recessionary actions and absence: A workplace-level study [J]. Human Resource Management, 2020, 59 (6): 501-520.

[291] Wright B, Barling J. "The executioners' song": Listening to downsizers reflect on their experiences [J]. Canadian Journal of Administrative Sciences/Revue Canadienne des Sciences de l'Administration, 1998, 15 (4): 339-354.

[292] Zaleznik A, DeVries M F K, Howard J. Stress reactions in organizations: Syndromes, causes and consequences [J]. Behavioral Science, 1977, 22

（3）：151-162.

［293］Zapf D, Dormann C, Frese M. Longitudinal studies in organizational stress research：A review of the literature with reference to methodological issues ［J］. Journal of Occupational Health Psychology, 1996, 1（2）：145.

［294］Zhang C, Mayer D M, Hwang E. More is less：Learning but not relaxing buffers deviance under job stressors ［J］. Journal of Applied Psychology, 2018, 103（2）：123.

［295］Zhao H, Wayne S J, Glibkowski B C, et al. The impact of psychological contract breach on work-related outcomes：a meta-analysis ［J］. Personnel Psychology, 2007, 60（3）：647-680.

［296］Zorn M L, Norman P M, Butler F C, et al. Cure or curse：Does downsizing increase the likelihood of bankruptcy? ［J］. Journal of Business Research, 2017（76）：24-33.

［297］蔡林海，翟锋. 前车之鉴：日本的经济泡沫与"失去的十年"［M］. 经济科学出版社，2007.

［298］程雪莲，薛姗，陈宏辉，史丽华. 责任型领导抑制员工反生产行为和离职意愿的跨层次研究［J］. 管理学报，2023，20（10）：1468-1476.

［299］丁璐，刘文. 组织承诺影响因素分析方法实证研究［J］. 煤炭经济研究，2006（2）：49-51.

［300］杜运周，贾良定. 组态视角与定性比较分析（QCA）：管理学研究的一条新道路［J］. 管理世界，2017，285（6）：155-167.

［301］凡院连. 裁员后"幸存者综合症"预防［J］. 中国人力资源开发，2006（1）：46-48.

［302］福克讷. 美国经济史（下）［M］. 商务印书馆，1964.

［303］关涛，秦一琼，陶悦. 裁员幸存者心理契约变化路径：不确定性规避的视角［J］. 管理科学，2015，28（6）：50-64.

［304］何曼青. 影响跨国经营的9大关键价值观［J］. 中外管理导报，2001（10）：45-47.

［305］胡三嫚，刘明前．社会转型期新生代员工工作不安全感问题［J］．当代青年研究，2017，348（3）：79-84.

［306］胡三嫚，佐斌．工作不安全感及其对工作压力感、工作满意感和绩效的影响［J］．中国临床心理学杂志，2007，15（2）：142-145.

［307］胡拥军，赵浩鸿．基于美国科技企业裁员的海外人才引进启示与政策［J］．中国经贸导刊，2023，1041（3）：82-84.

［308］黄春生．工作满意度、组织承诺与离职倾向相关研究［D］．厦门大学，2004.

［309］黄蝶君，李娟，李桦．辱虐管理对乡镇公务员工作场所偏差行为的影响机制——心理契约违背的中介作用［J］．软科学，2017，31（3）：87-91.

［310］贾冀南，张琦，郭海英．契约违背对新生代科技人才反生产行为的内在机理——一个跨层次的有调节的中介模型［J］．科技管理研究，2017，37（1）：144-148+159.

［311］贾旭东，衡量．扎根理论的"丛林"、过往与进路［J］．科研管理，2020，41（5）：151-163.

［312］姜友文，张爱卿．企业社会责任对员工工作压力及组织承诺的影响研究［J］．经济问题，2015，436（12）：72-77.

［313］柯丽菲，黄远仅，姚建明．服务性企业员工组织公民行为与组织承诺、组织公平感关系实证研究［J］．软科学，2007，21（5）：17-21.

［314］李涛．企业员工不安全感产生的原因及对策［J］．中国人力资源开发，2006（2）：40-42.

［315］李伟，梅继霞．内在动机、工作投入与员工绩效：基于核心自我评价的调节效应［J］．经济管理，2012，34（9）：77-90.

［316］李锡元，曾晋莹．职业经理人的职业高原现象探析［J］．科技进步与对策，2009，26（18）：144-147.

［317］李原．员工心理契约的结构及相关因素研究［D］．首都师范大学，2002.

［318］李峥，王垒．关于工作压力的研究［J］．中国人力资源开发，2003（7）：41-42.

［319］李志伟，王慧，张梦旭．美国企业裁员潮加剧经济衰退担忧［N］．人民日报，2023-05-17.

［320］李忠民，张阳．知识型员工职涯高原影响因素实证研究——心理控制源的调节作用［J］．软科学，2012，26（12）：93-98

［321］廖冰清．推特再裁员10%延续美企裁员潮［N］．经济参考报，2023-03-01.

［322］凌文辁，张治灿，方俐洛．中国职工组织承诺研究［J］．中国社会科学，2001（2）：90-102.

［323］刘红波，姚孟佳．公共服务数字化转型：驱动因素与路径选择——基于31个省份的定性比较分析［J］．领导科学，2023（4）：71-76.

［324］刘善仕．企业员工越轨行为的组织控制策略研究［J］．华南师范大学学报（社会科学版），2004（6）：135-138.

［325］刘薇，常振海，张德生．基于Bootstrap法的BCa区间二阶矫正性质研究［J］．延安大学学报（自然科学版），2014，33（4）：8-11.

［326］刘文彬，高世威．中国文化情境下工作越轨行为结构维度的初步探索［C］//中国管理现代化研究会．第四届（2009）中国管理学年会——组织行为与人力资源管理分会场论文集，2009：328-337.

［327］刘文彬，井润田．组织文化影响员工反生产行为的实证研究——基于组织伦理气氛的视角［J］．中国软科学，2010（9）：118-129.

［328］刘颖，陈钰瑶，崔文韬等．绩效薪酬制会催生更多员工逢迎吗？基于资源保存理论的视角［J］．中国人力资源开发，2022，39（12）：99-111.

［329］刘远，周祖城．员工感知的企业社会责任、情感承诺与组织公民行为的关系——承诺型人力资源实践的跨层调节作用［J］．管理评论，2015，27（10）：118-127.

［330］刘泽照．基于心理契约履行的公务员工作行为研究［J］．中国管

理科学，2012，20（S1）：8-13.

[331] 龙静，李嘉，祝凤灵. 裁员幸存者的威胁感与资源获取对创新的影响 [J]. 科研管理，2013，34（4）：144-150.

[332] 聂琦，张捷，彭坚等. 基于体验取样法的工间微休息对组织公民行为的影响研究 [J]. 管理学报，2021，18（2）：223-233.

[333] 彭移风. 裁员幸存者的工作心理及组织干预对策 [J]. 中国人力资源开发，2009（1）：39-42.

[334] 齐琳，刘泽文. 心理契约破坏对员工态度与行为的影响 [J]. 心理科学进展，2012，20（8）：1296-1304.

[335] 尚航标，郑爱欣. 企业裁员对幸存者行为特征影响的元分析 [J]. 管理现代化，2022，42（5）：80-88.

[336] 邵建平，张军. 裁员幸存者综合症治理策略研究 [J]. 管理现代化，2010（5）：39-41.

[337] 苏方国，赵曙明. 组织承诺、组织公民行为与离职倾向关系研究 [J]. 科学学与科学技术管理，2005，26（8）：111-116.

[338] 孙维苗，张立. 定性比较分析（QCA）综述：内涵、操作与应用 [J]. 社会研究方法评论，2022，2（2）：133-163.

[339] 唐睿，唐世平. 历史遗产与原苏东国家的民主转型——基于26个国家的模糊集与多值 QCA 的双重检测 [J]. 世界经济与政治，2013（2）：39-57.

[340] 王健，宋永泉. 公司合并与职工权益保护 [J]. 法学论坛，2003（1）：64-69.

[341] 王娟，张喆，范文娜. 高绩效工作系统、心理契约违背与反生产行为之间的关系研究：一个被调节的中介模型 [J]. 管理工程学报，2018，32（2）：8-16.

[342] 王晴. 国内工作投入研究的15年：文献计量综述 [J]. 心理研究，2018，11（6）：522-531.

[343] 王士红，孔繁斌. 心理契约违背对国家审计人员 EVLN 行为的影

响——基于组织支持感的调节作用研究［J］.南京社会科学，2015（3）：88-94.

［344］王振源，段永嘉.国外裁员受害者研究综述与未来展望［J］.华东经济管理，2014，28（5）：149-153.

［345］魏峰，李燚，卢长宝等.心理契约破裂、管理欺凌与反生产行为关系研究［J］.管理科学学报，2015，18（3）：52-63.

［346］魏丽坤，陈维政.幸存者的裁员公平感：内涵、维度与本土化研究探索［J］.管理现代化，2013（2）：53-55.

［347］魏仕龙.服务型领导对员工职业成功感的影响——领导—成员交换的中介作用与组织支持感的调节作用［J］.学术探索，2022，270（5）：106-115

［348］校锐.情绪管理视角下资质过剩对组织公民行为的作用机制分析［J］.领导科学，2018，718（17）：33-35.

［349］谢宝国，龙立荣.职业生涯高原研究述评［J］.心理科学进展，2005（3）：348-355.

［350］杨杰，Hannah-Hanh Nguyen，陈小锋.工作场所越轨行为结构分类研究［J］.管理学报，2011，8（3）：403-408.

［351］杨洁.从个体控制感知角度探究权力对非伦理行为的影响机制［D］.浙江大学，2015.

［352］易涛，栗继祖.工作不安全感对矿工安全绩效的影响：基于代际差异视角［J］.中国安全科学学报，2021，31（4）：49-56.

［353］于桂兰，陈明，于楠.心理契约与组织公民行为的关系——元分析回顾及样本选择与测量方法的调节作用［J］.吉林大学社会科学学报，2013，53（2）：115-123.

［354］于海波.跨学科交叉研究视角下的定量与定性——以旅游研究为例［J］.科学学研究，2012，30（6）：807-812.

［355］张纪豪，郭舒婕，成巧梅等.工作不安全感与护士工作满意度、生活满意度的关系：情绪耗竭的中介作用［J］.中国临床心理学杂志，

2018，26（3）：595-598.

　　［356］张士菊，廖建桥.员工工作满意度各维度对整体满意度的影响研究［J］.科学学与科学技术管理，2007（8）：184-188.

　　［357］张璇，龙立荣，夏冉.心理契约破裂与破坏性建言行为：自我损耗的视角［J］.管理科学，2017，30（3）：3-13.

　　［358］郑季良，陈白雪，王麒翔.制造企业转型升级中的资源配置有效组态研究——基于模糊集定性比较分析法［J］.技术经济，2020，39（10）：38-44.

　　［359］钟建安，黄继久，沈励斌等.负性情绪在心理契约违背与反生产行为中的作用［J］.应用心理学，2014，20（2）：122-129.

　　［360］周文霞，肖平.国外裁员幸存者综合症研究综述［J］.外国经济与管理，2008，30（2）：60-65.